dtv
premium

Christian Nürnberger

Die Machtwirtschaft

Ist die Demokratie noch zu retten?

Deutscher Taschenbuch Verlag

Originalausgabe
Juni 1999

Umschlagkonzept: Balk & Brumshagen
Umschlagfoto: © TONY STONE
Satz und Gestaltung: Hartmut Czauderna,
Gräfelfing
Gesetzt aus der 10,4/13,3˙ Palatino
auf Apple Macintosh, QuarkXPress
Druck und Bindung: Kösel, Kempten
Gedruckt auf säurefreiem, chlorfrei gebleichtem Papier
Printed in Germany · ISBN 3-423-24162-4

Inhalt

Vorwort

Sie sagen »Markt« – und meinen ihre Macht. Sie sagen »Fortschritt« – und meinen ihre Technik. Sie sagen »Freiheit« – und meinen ihren Profit. Sie sagen »weniger Staat« – und meinen weniger Demokratie.

»Sie«, das sind vordergründig die großen Unternehmen und deren leitende Manager in der Welt, dazu die Arbeitgeberverbände, Wirtschaftslobbyisten und von ihnen beeinflußte Politiker. Sie sind aber nicht die eigentlichen Akteure dessen, was wir »Globalisierung«, »Umstrukturierung der Weltwirtschaft« oder »Wechsel in die Informationsgesellschaft« nennen. Sie sind nur Vollzugsorgane, handeln im Auftrag anderer.

Die anderen, das sind meist Unbekannte, Besitzer riesiger Kapitalvermögen, die sich diskret im Hintergrund halten, Großaktionäre, Investoren, Aufsichtsräte. Es sind wenige Promille der Weltbevölkerung. Ich werde sie in diesem Buch unter dem Begriff »Shareholder« zusammenfassen, denn alles, was Unternehmen und Manager derzeit und künftig tun, verfolgt – und das haben sie selber ganz offen gesagt – nur noch ein einziges Ziel: die Erhöhung des »Shareholder value«.[1]

Das allein, den Sinn allen Wirtschaftens in höheren Dividenden und Aktienkursen aufgehen zu lassen, ist schon inakzeptabel für eine Gesellschaft, die sich laut Verfassung als soziale Demokratie versteht. Vollends unzumutbar für demokratische Gesellschaften ist das Bestreben der Shareholder-value-Verfechter, ihre ökonomische Sichtweise auf andere gesellschaftliche Bereiche auszuweiten und zu verlangen, die Politik, das Bildungswesen, die Wissenschaft, der Sport, die Medien und sogar die Kultur hätten sich um der internationalen Wettbewerbsfähigkeit willen ökonomischen Prinzipien zu unterwerfen. Das wird zwar so von niemandem explizit gesagt, aber die Summe aller vorgetragenen öffentlichen Forderungen aus der Wirtschaft läuft genau auf diesen Ökonomismus hinaus.

Um steigende Aktienkurse und gute wirtschaftliche Bedingungen geht es immer in einer Marktwirtschaft, und dagegen ist nichts einzuwenden, aber früher gab es daneben auch noch die gesellschaftliche Verantwortung der Unternehmen, die Sozialpartnerschaft, den Interessensausgleich und die gerechte Verteilung des Produktivitätszuwachses. Das war Konsens in der »Bonner Republik«. In der »Berliner Republik« möchte der BDI-Chef Hans-Olaf Henkel von dieser »Konsenssoße« nichts mehr wissen.

Daß die Aktienkurse seit etlichen Jahren immer dann einen deutlichen Sprung nach oben machen, wenn in der Wirtschaft Massenentlassungen die Arbeitslosenkurve nach oben treiben, dafür hätten sich die Unternehmen früher, zumindest deklaratorisch, ein bißchen geschämt. Heute schämt sich dafür niemand mehr.

Deshalb verdient die neue Art des Wirtschaftens nicht mehr den Namen »Marktwirtschaft«. Vielmehr erleben wir derzeit deren Transformation zu einem System, das ich Machtwirtschaft nenne. Diese Transformation hat mit dem Übergang von der Bonner zur Berliner Republik aber nur wenig zu tun, denn wir erleben diese Transformation weltweit. Ihre Ursache liegt im Übergang von der Industrie- zur Informationsgesellschaft. Diese Übergangsphase wird von den Shareholdern genutzt, um gleichzeitig die Regeln zu ihren Gunsten zu ändern. Die Regeln, die in der Industriegesellschaft der letzten 50 Jahre bestimmt haben, wie wir leben und arbeiten wollen und wie der gemeinsam erarbeitete Wohlstand verteilt wird, sollen in der Informationsgesellschaft nicht mehr gelten.

Diese Regeländerung hat schon begonnen, und sie gelingt, weil sich das Machtgleichgewicht zwischen den Shareholdern und dem Rest der Welt in den letzten zehn, fünfzehn Jahren entscheidend zugunsten der Shareholder verschoben hat und sich immer noch weiter verschiebt. Die Shareholder waren nie freiwillig »Sozialpartner«, haben Produktivitätsgewinne nie freiwillig mit den Arbeitnehmern geteilt und haben nie freiwillig gesellschaftspolitische Verantwortung übernommen. Sie mußten es tun, sie waren dazu gezwungen, weil es starke Gewerkschaften und einen starken Staat gab. Und weil es mit dem Kommunismus ein Alternativmodell gegeben hat, das trotz offensichtlicher Schwächen über viele Jahrzehnte hinweg eine gewisse Faszination ausübte, besonders auf Intellektuelle.

Das alles ist vorbei. Die Sowjetunion gibt es nicht mehr, die kommunistische Idee ist tot, die Gewerkschaften sind entmachtet, und der Staat wird schwach und immer schwächer, weil er, teils freiwillig, teils unfreiwillig, immer mehr Macht abgibt an supranationale Organisationen wie die EU oder die UN, aber auch an supranationale Konzerne, die sich durch Großfusionen ein wirtschaftliches und politisches Gewicht verschaffen, das denen von Kleinstaaten gleichkommt.

Warum ist das so? Meine These lautet: Die Entmachtung der Gewerkschaften und die Schwächung des Staates und sogar der Zusammenbruch des Kommunismus haben eine ihrer wichtigsten Ursachen in zwei harmlos und unscheinbar aussehenden technischen Produkten. Das eine ist der Computer, das andere die Glasfaser, welche die weltweiten Computernetze ermöglicht. Beide zusammen bilden die technische Basis der Globalisierung und der permanenten Rationalisierung in den Unternehmen. Nur wenig wäre gegen Globalisierung und Rationalisierung einzuwenden, wenn die daraus resultierenden Gewinne gerecht verteilt würden. Aber diese Gewinne fließen fast ausschließlich in die Taschen der Shareholder. Die Arbeitnehmer, der Staat, die Gesellschaft, die Entwicklungsländer – sie gehen leer aus. Die Shareholder verfügen mit der Informationstechnologie nicht nur über ein Mittel, um Globalisierungs- und Rationalisierungsgewinne zu erzielen, sondern auch über die Macht, diese Gewinne für sich zu behalten.

Der erste Abschnitt meines Buches wird sich daher mit dem Wesen und der Geschichte der Informationstechnologie auseinandersetzen und zeigen, daß Europa von den Folgen dieser Technik härter getroffen wird als Asien und Amerika, weil die Europäer versäumt haben, eine Mikroelektronik-Industrie aufzubauen.

Der Computer und das Internet – sie sind inzwischen mehr als nur zwei neuere technische Erfindungen. Sie sind zum Symbol geworden. Wie das Auto und die Autobahnen die Mobilität und die Industriegesellschaft symbolisieren, so symbolisieren der Computer und die Datenhighways die Informationsgesellschaft. Obwohl sie sich gerade erst entwickelt, ist die mit ihr entstandene neue Industrie schon jetzt größer als die Automobilindustrie.

Fast über Nacht ist eine neue mächtige Branche entstanden, die von vielen in unserem Land noch gar nicht richtig wahrgenommen, kaum verstanden und meist falsch eingeschätzt wird, auch von Politikern und sogar von jenen, die in dieser Branche ihr Geld verdienen. Die informationstechnische Industrie ist nicht nur ein neuer Zweig im Baum der Wirtschaft, sondern ein neuer Baum, der zugleich den alten Baum der Industrie verändert, dort ebenfalls neue Zweige hervortreibt und alte absterben läßt.

Der Versuch der Regeländerung kommt im schicken Mäntelchen der modernen Marktwirtschaft, der digitalen Technik und der »Cyber-Kultur« daher und hat deshalb die Aura jugendlicher Frische, des Lifestyles und des Kults. Dieses Mäntelchen aufzuknöpfen und den darunter versteckten Machtapparat bloßzulegen, habe ich mir im zweiten Abschnitt dieses Buches vorgenommen.

Daß die vielen die Regeländerung nicht einfach hinnehmen, sondern versuchen, neue und bessere Regeln zu ersinnen und bewährte Regeln aus der alten Zeit in die neue hinüberzuretten, das ist meine Hoffnung. Ein paar Vorschläge, wie das gehen könnte, mache ich im dritten Abschnitt.

Wertegemeinschaft oder Wertpapiergemeinschaft?

Europa ist rot. Seit der deutschen Bundestagswahl im Oktober 1998 regieren in 13 von 15 Ländern der Europäischen Union die Sozialdemokraten. Aber Europas Zukunft wird weniger demokratisch, weniger sozial und weniger solidarisch werden, wir werden mehr Ungleichheit erleben, und die Massenarbeitslosigkeit wird uns noch lange begleiten. Die Gründe dafür heißen Zusammenbruch des Kommunismus, Globalisierung, Neoliberalismus und digitale Revolution. Diese Gründe wiegen schwerer als sämtliche sozialdemokratisch geführten Regierungen von Europa zusammen.

Mag sich die liberalistische und ökonomistische Ideologie auch noch so schick tarnen und modisch spreizen, so kann sie doch nicht vertuschen, worum es letztlich geht: die Auflösung einer Arbeitswelt, in der sich die Mehrzahl der Menschen geborgen fühlte. Globalisierung, Rationalisierung, Massenarbeitslosigkeit, das Verschwinden des Norm-Arbeitsverhältnisses, immer tiefere Einschnitte ins soziale Netz – das macht den Menschen angst. Zu Recht. Wahrscheinlich deshalb sind die Wähler in der EU zu den Sozialdemokraten geflüchtet, obwohl die Wähler schon ahnen und fürchten: Es wird nichts nützen. Ihre Politiker werden nicht viel ändern, allenfalls das Schlimmste verhindern können. Diese Einschätzung teile ich.

Es ist eine Illusion zu glauben, es bedürfe nur einer neuen Regierung, die ein paar Gesetze auf den Weg bringt, Bündnisse für Arbeit schmiedet, ein bißchen an der Steuerschraube dreht, die Lohnnebenkosten senkt, und schon verschwänden die Arbeitslosen von der Straße. Die Welt hat sich in den letzten 20 Jahren zu radikal geändert, als daß sich die Probleme mit konventionellen Methoden beseitigen ließen. Die Entwicklung der letzten Jahre – Arbeitsplatzexporte, Megafusionen, Lohndrückerei, wachsende Steuer- und Abgabenbelastung der Arbeitnehmer, Umverteilung von unten nach oben, Gewinnexplosionen der Unternehmen bei gleichzeitiger Zunahme der Arbeitslosigkeit, Wirtschaftswachstum trotz sinkender Beschäftigtenzahlen, Souveränitätsverlust des Staats – wird trotz roter Regierungen weitergehen, und auch schwarze werden daran nichts ändern, denn diese Phänomene hängen aufs engste mit der neuen technischen Revolution zusammen, die auch zu einer Entmachtung der Politiker führt. Deshalb überfordern die Bürger ihre Politiker, wenn sie von ihnen erwarten, daß sie die kommenden Probleme lösen.

Das Wesen dieser technischen Revolution zu beschreiben ist daher der Zweck der folgenden Kapitel. Wer dieses Wesen nicht verstanden hat, wird die positiven Folgen dieser Revolution nicht nutzen und ihre negativen nicht verhindern können. Und ich habe nicht den Eindruck, daß europäische Spitzenpolitiker genau verstanden haben, was läuft. Diesen Eindruck habe ich deshalb nicht, weil ich sehe, wie diese Politiker allenthalben die Hoffnung auf rasche Rückkehr zur Vollbeschäftigung schüren, entweder wider besseres Wissen, oder weil sie tatsächlich so naiv sind, das zu glauben.

Zwar kann ich nicht sagen, was in 30 Jahren sein wird, aber daß wir in Deutschland, in Europa und auf der ganzen Welt noch viele Jahre lang mit der Massenarbeitslosigkeit leben müssen, mit dieser Prophezeiung stehe ich nicht alleine. Zumindest bis zum Jahr 2020 wird sie von der Schweizer Prognos AG bestätigt, die für das Jahr 2010 noch über vier Millionen Arbeitslose erwartet, für 2020 immer noch drei Millionen.[2] Erst danach soll es besser werden.

Ich möchte gerne glauben, daß wir wenigstens ab 2020 eine Trendwende bekommen, aber erstens frage ich mich, mit welchem Recht wir vier Millionen Menschen und deren Familien für weitere zwei Jahrzehnte von der Teilhabe am Wohlstand ausschließen, und zweitens fürchte ich, daß wir das Übel der Massenarbeitslosigkeit überhaupt nicht mehr loswerden und jene recht haben, die schon seit Jahren sagen und schreiben, uns gehe die Arbeit aus.

Um 3,6 Millionen Arbeitslose wieder zu beschäftigen, ist ein Wirtschaftswachstum von 35 Prozent nötig[3] – eine illusorische Zahl, illusorisch auch deshalb, weil in Deutschland seit 30 Jahren die Produktivität pro Arbeitsstunde schneller steigt als das Bruttoinlandsprodukt (BIP). Deutsche Arbeitnehmer können heute das BIP von 1970 in der Hälfte der Arbeitszeit von damals erwirtschaften.[4]

Außerdem zeichnet sich ab, daß das Norm-Arbeitsverhältnis – Vollarbeitszeit im Angestelltenverhältnis mit allen sozialen und rechtlichen Sicherungen – erodiert. Zeitarbeitsverträge, flexible Beschäftigung, Subunternehmertum und Scheinselbständigkeit nehmen dagegen zu und verdecken den tatsächlichen Mangel an gesicherten Vollzeitjobs. Und es sieht so aus, als wäre dieser Trend unumkehrbar.

Der Arbeitsmarkt zeige seit etwa 1960 unabhängig von allen konjunktur- und beschäftigungspolitischen Maßnahmen einen ganz eindeutigen Trend: Die Zahl der Vollzeitarbeitsverhältnisse gehe zurück, während die Zersplitterung des Arbeitsmarktes zunehme, zitiert Sachsens Ministerpräsident Kurt Biedenkopf Erkenntnisse der von Bayern und Sachsen gegründeten Kommission für Zukunftsfragen.[5]

Wenn das so ist, dann ist es besonders verhängnisvoll, wenn die Politiker wertvolle Zeit und auch Geld mit dem Versuch vergeuden, das Nichtwiederherstellbare wiederherzustellen, statt sich auf das Ende der Vollbeschäftigung – zumindest auf das Ende des Norm-Arbeitsverhältnisses – einzustellen und dafür zu sorgen, daß die davon Betroffenen nicht ins Bodenlose fallen. Wenn der Trend anhält, mit immer weniger Menschen immer mehr zu produzieren, dann muß geklärt werden, wie jene, die nicht mehr gebraucht werden, angemessen am Wirtschaftswachstum beteiligt werden. Im Augenblick sieht die Lösung so aus: Arbeitslosengeld, Arbeitslosenhilfe, Sozialhilfe, möglicherweise Zwangsverpflichtung zu gemeinnütziger Arbeit, möglicherweise »Bürgerarbeit«, also Arbeit zweiter Klasse, sozialer Abstieg.

Das kann nicht die Lösung sein. Wir brauchen Alternativmodelle und Sicherungen für jene, die aus der Erwerbsarbeit herausfallen oder gar nicht erst hineinkommen. Nicht weniger, sondern mehr Sozialstaat ist also in der Zukunft nötig, nicht eine Abtragung, sondern eine Aufstockung des Deichs gegen die nahende Jahrhundert-Sturmflut. Das wird Geld kosten, und das Geld kann unmöglich die sinkende Zahl der bereits bis an die Grenzen der Erträglichkeit belasteten Vollzeit-Arbeitnehmer aufbringen. Das Geld wird sich der Staat dort holen müssen, wo es vorhanden ist, bei den Wohlhabenden, deren Zahl und Einkommen in den letzten zehn Jahren überdurchschnittlich gewachsen ist. Das wird nicht ohne Kampf, nicht ohne öffentlichen Druck gehen, denn die Wohlhabenden empfehlen ja, um sich zu schonen, das Deichen zu lassen.

Die Frage, was aus jenen werden soll, die nicht schwimmen können, die sich kein Rettungsboot leisten können, wird nicht gestellt. Der große Trend läuft genau in die andere Richtung. Immer weniger schneiden sich immer größere Stücke vom Kuchen ab, und für die übergroße Mehrheit werden die Stücke immer kleiner. Das ist so, weil sich unsere Wirtschaft zu einer Machtwirtschaft transformiert hat. Die Wohlhabenden haben dank der Informationstechnik und verschiedener anderer Entwicklungen eine Macht errungen, die ihnen ermöglicht, ihre Interessen gegen alle anderen durchzusetzen. Sie macht aus der ehemaligen »Wertegemeinschaft des Westens« eine globale Wertpapiergemeinschaft.

Die Priesterherrschaft der Ökonomen

»Wer mischt sich da in Sachen ein, von denen er nichts versteht?« fragte im vergangenen Jahr Ralf-Dieter Brunovsky, Chefredakteur des Wirtschaftsmagazins ›Capital‹,[6] und er meinte mich. Ich hatte mir angemaßt, über Brunovskys Börsenkolumnisten André Kostolany zu schreiben, die Essenz seiner munteren Plaudereien über Aktien und Wirtschaft erschöpfe sich in der Botschaft: Wenn der Hahn kräht auf dem Mist, ändert sich die Börse, oder sie bleibt so, wie sie ist.

So etwas darf man als Feuilletonist nicht sagen am Industriestandort Deutschland, schon gar nicht, wenn man kein Diplom in Betriebs- oder Volkswirtschaft vorzuweisen hat. Das Schöne daran ist, daß ›Capital‹ einst einen Chefredakteur hatte, der Ludolf Herrmann hieß und Theologe war. Ich hatte ihn Anfang der achtziger Jahre an der Journalistenschule von Gruner + Jahr in Hamburg kennengelernt, wo er gefragt wurde, wie er als Theologe ein Wirtschaftsmagazin führen könne. Er antwortete, gerade weil er Theologe sei, also von Wirtschaft keine Ahnung habe, sei er der beste Mann dafür, denn nur dann, wenn er als Laie einen von seinen Fachleuten geschriebenen Artikel verstehe, für wichtig halte und für interessant, könne er sicher sein, daß seinen Lesern es geradeso ergehe.

Mit dieser Antwort habe ich mich – nach Theologiestudium und Journalistenschule – bei ihm beworben, er stellte mich ein, und so wurde ich Redakteur bei ›Capital‹. Das nützt aber heute nichts mehr. Man bekommt trotzdem Probleme mit den Leuten vom Fach, wenn man sich später unter dem Blickwinkel des Feuilletons in ihr Revier einmischt. Schweig Bub, sagen sie, davon verstehst du nichts. Ihr Feuilletonisten, die ihr bekanntlich nur Theologie, Philosophie und auch sonst nichts Gescheites gelernt habt, seid im Grunde völlig unberechtigt, eine

Debatte über Globalisierung, Marktwirtschaft und Neoliberalismus anzuzetteln.

So, wie die Ökonomen die Wirtschaft am liebsten zur staatsfreien Zone erklären möchten, die sich jeder Kontrolle entzieht, so möchten sie am liebsten auch unter sich bleiben, wenn über Wirtschaft geredet wird, und ihre Zirkel rein halten von Nichtökonomen und Feuilletonisten. Deshalb ermuntere ich alle Laien, diese Priesterherrschaft der Ökonomen zu beenden. Die Wirtschaft ist viel zu wichtig, um sie allein den Klerikern des Marktes zu überlassen.

Man muß nicht das Handwerk des Kochs erlernt haben, um zu erkennen, daß die panierte Ledersohle, die uns der Wirt auftischt, kein Wiener Schnitzel ist, und man muß kein Huhn sein, um zu riechen: Das Ei ist faul.

Gerade den Ökonomen müßte einleuchten, was jeder erfolgreiche Kaufmann weiß: Der Kunde ist König. Und als Kunden der Wirtschaft haben wir Nichtökonomen, und nur wir, darüber zu befinden, was uns die Volks- und Betriebswirte auftischen. Nur wir haben darüber zu befinden, ob die Wirtschaft uns allen dient, oder nur einigen wenigen, oder ob die Wirtschaft sich am Ende sogar einbildet, wir hätten ihr zu dienen. Daß den Wirten das nicht paßt, ist verständlich, denn ihre Resultate, das ahnen sie wohl selbst, lassen doch sehr zu wünschen übrig.

Der Beitrag der Ökonomen zur Lösung der wirtschaftlichen und sozialen Probleme eines Landes ist vernachlässigenswert. Es sind Sprachspiele, die uns die Chefwirte servieren. Entweder sind die Theorien so abstrakt, verspielt und fern der Wirklichkeit, daß sich aus ihnen keinerlei Nutzen für die praktische Politik ergibt, oder sie sind praxisnah und auf die Politik anwendbar, dann jedoch zufällig immer so beschaffen, daß von der Anwendung der Ökonomenratschläge nur bestimmte Interessengruppen profitieren, meistens die Vermögenden und Reichen.

Das ist kein Wunder. Eine hohe berufliche Stellung in der Politik, der Wirtschaft oder Wissenschaft verschafft den Stelleninhabern nicht nur ein hohes Einkommen, sondern auch Zugang zu den Medien. So ergibt sich automatisch, daß der größte Teil aller wirtschaftlichen Empfehlungen, Kommentare und Forderungen von wohlhabenden Leuten kommt. Da die Wohlhabenden selten ganz dumm sind, kommen ihre Stellungnahmen nur selten ihren eigenen Interessen in die Quere.

Fast immer predigen daher die Ökonomen den Gewerkschaften Lohnzurückhaltung, und sie äußern sich gerne mit der Autorität der angeblich objektiven Wissenschaft. Aber jede Theorie, jedes Modell und jedes Expertengutachten enthält implizit politische und ideologische Präferenzen, die naiven Fachleuten gar nicht bewußt sind oder von den zynischeren bewußt verschwiegen werden, und stets dienen die impliziten Präferenzen bestimmten Interessen. Deshalb gleicht es anmaßendem Schulmeistergehabe, wenn die sogenannten »Weisen« der Politik Ratschläge erteilen, ein Jahresgutachten abgeben und den Politikern – als wären sie Schulbuben – ihr Zeugnis überreichen.

Manchmal findet man in den Theorien der Ökonomen etwas, das wie Erkenntnisgewinn aussieht, so, als habe man jetzt einen fundamentalen, objektivierbaren Zusammenhang zwischen bestimmten wirtschaftlichen Größen entdeckt und als lasse sich daraus eine Handlungsanleitung gewinnen, die immer funktioniert. John Maynard Keynes glaubte, so eine Entdeckung gemacht zu haben. Mit der Konjunktur gehe es bergab, lehrte Keynes, wenn die Nachfrage nach Gütern kleiner ist als das Angebot. Die Unternehmen senken dann die Produktion und entlassen deshalb Arbeitnehmer. Das vermindere die Kaufkraft der Konsumenten, als Folge sinke die Nachfrage noch weiter, und so entstehe eine sich selbst verstärkende Abwärtsspirale. Um diese Spirale zu verhindern, müsse der Staat frühzeitig die zurückgehende Konsumneigung auffangen, selbst als Konsument auftreten, durch Ausgabenerhöhung mehr Güter und Dienstleistungen kaufen oder die Steuern senken und über die Notenbank billiges Geld in die Wirtschaft pumpen oder sogar beides.

Diese Theorie klingt nicht nur plausibel, sie hat sogar einmal funktioniert. John F. Kennedy ist mit Keynes' Rezept in der ersten Hälfte der sechziger Jahre in den USA ein prachtvoller Aufschwung gelungen, später hat der ehemalige Wirtschaftsminister Karl Schiller die deutsche Wirtschaft mit diesem Rezept aus einer konjunkturellen Talsohle geführt. Als dann wenig später die ersten Menschen auf dem Mond landeten, war man von den Ökonomen wie von den Technikern so beeindruckt, daß man glaubte, alles sei machbar, und Krisen, wirtschaftliche Not, soziales Elend seien nun ausgerottet oder zumindest heilbar wie die Tuberkulose.

Dann kam in den siebziger Jahren die Ölkrise, welche die Preise und die Zahl der Arbeitslosen nach oben beförderte. Bundeskanzler Helmut Schmidt versuchte es deshalb abermals mit Keynes. Und scheiterte. Seine Kritiker sagten, mit seinen staatlichen Ausgabeprogrammen heize er nur die Inflation an. Schmidt antwortete mit dem berühmten Satz: »Ein paar Prozent Inflation sind mir lieber als ein paar Prozent Arbeitslose.« Was er dann bekam, waren ein paar Prozent Inflation und ein paar Prozent Arbeitslose, Inflation und Stagnation zugleich – Stagflation. Schmidt dachte, vielleicht war es nicht genug, was der Staat ausgegeben hat, daher gab er noch mehr aus. Es stiegen die Schulden, die Preise und die Zahl der Arbeitslosen. Das Keynessche Rezept war gescheitert auf der ganzen Linie, nicht nur in Deutschland.

Das verschaffte einer Gruppe von Gegenpäpsten Gehör, die in Chicago lehrten und wirkten und deren Oberhaupt Milton Friedman ist. Sie kritisierten, die Keynessche Politik habe dem Staat ein unangemessen hohes Gewicht verschafft, mit dem er die wirtschaftliche Dynamik lähme. Der Sozialstaat sei zum Wohlfahrtsstaat umgebaut worden, habe eine teure und wenig effiziente Sozialbürokratie erschaffen und letztlich in einen modernen Feudalismus geführt, einen Verbändestaat, in dem organisierte Interessen, vor allem die Gewerkschaften, ihren Besitzstand verteidigten und nicht jenen geholfen werde, die wirklich bedürftig seien, sondern jenen, die dank guter Organisation am lautesten zu schreien verstünden. Das Ergebnis dieser »Politik der sozialen Hängematte« seien Inflation, eine zu hohe Staatsverschuldung, zu hohe Steuern, zu hohe Löhne, gehemmtes Wirtschaftswachstum und Arbeitslosigkeit.

Das Rezept zur Heilung heiße daher: weniger Staat, weniger Steuern, Beschränkung der Staatsausgaben, niedrigere Löhne, Beschneidung der »Auswüchse des Wohlfahrtsstaats«.

Auch das klang irgendwie einleuchtend. Ronald Reagan und Maggie Thatcher haben das Rezept radikal, Helmut Kohl hat es in Maßen angewandt. Die Inflation konnte damit tatsächlich fast auf Null gedrückt, das wirtschaftliche Wachstum vor allem in Amerika und England deutlich angekurbelt werden, aber der Preis war und ist bis heute eine anhaltend hohe Arbeitslosigkeit. Die Vermögenden sind durch diese Politik noch vermögender geworden, die Habenichtse sind Habenichtse geblieben, und wer nur ein bißchen was hatte, hat heute weniger. Es war eine Umverteilung von unten nach oben.

In den USA gingen in den achtziger Jahren »sämtliche realen Lohnzuwächse bei den Löhnen der männlichen Erwerbstätigen an die obersten 20 Prozent. Das oberste Prozent allein kassierte 64 Prozent der Gehaltszuwächse. Blickt man auf die Einkommen, so fielen dem obersten Prozent gar 90 Prozent der Einkommensgewinne zu«, schreibt der deutsche Diplomat Konrad Seitz in seinem neuesten Buch ›Wettlauf ins 21. Jahrhundert‹.[7] Seitz, heute Botschafter in China, war zuvor Leiter des Planungsstabs im Auswärtigen Amt und hat in dieser Funktion besonders die »Triade« USA-Japan-Europa beobachtet und vor der »japanisch-amerikanischen Herausforderung« gewarnt. In seinem neuen Buch schreibt Seitz über die Umverteilung von unten nach oben dank »Reagonomics« weiter: »1973 hatten die Reallöhne für männliche Beschäftigte zum ersten Mal zu fallen begonnen. In der ersten Hälfte der neunziger Jahre fielen sie in jeder Industrie- und für jede Ausbildungsgruppe. Beschäftigte mit Universitätsabschluß bildeten keine Ausnahme.«

Das Einkommensgefälle vergrößere sich in den USA stetig, heißt es in einer Studie der SPD-nahen Friedrich-Ebert-Stiftung.[8] »Die hohen Gehälter steigen, die Niedriglöhne gehen eher noch zurück. Qualifizierte Arbeitnehmer sind knapp, Billiglöhner machen sich dagegen Konkurrenz. Immer mehr Jobs bringen nicht genug ein, um ein menschenwürdiges Leben zu sichern.«[9]

So eine Roßkur sei aber nötig, sagen die Chicago-Boys und beharren darauf, daß sie noch weitergehe. Nur dann, so verheißen sie, werde es ab einem bestimmten Zeitpunkt auch wieder mehr Jobs und mehr Wohlstand für die unteren Einkommensschichten geben. Das verheißen sie jetzt schon ziemlich lange, und wie lange die soziale Gerechtigkeit noch weiter auf dem Altar der Preisstabilität und des Sparzwangs geopfert werden soll, sagen sie nicht.

Damit mutiert der Glaube der Chicago-Boys allmählich zu einer Religion, die an bekannte ältere Verheißungen erinnert. Die Welt hienieden ist zwar ein Jammertal, aber wenn du diesen Jammer hinnimmst, wirst du ins himmlische Paradies eingehen, haben die Kirchen gelehrt. Als den Menschen die Hoffnung auf ein besseres Jenseits immer trügerischer erschien, haben die Marxisten das Paradies ins Diesseits verlegt, allerdings in ein zukünftiges. Noch geht es dir schlecht, erklärten Marx und Lenin dem kleinen Mann, aber der Anfang vom Ende des Elends hat begonnen. Erfülle du nur deine kommunistischen Pflichten, dann wird das Reich der Gerechtigkeit und des ewigen Friedens schon bald anbrechen. Was dann kam, war Stalin, und den endgültigen Ausgang kennen wir.

Nun soll es also der Turbokapitalismus sein, der uns Frieden, Freiheit, Wohlstand und soziale Gerechtigkeit bringen wird, und für diesen Glauben werden allerhand Evangelisten und Apostel bemüht, die als Garanten dafür geradestehen. Mal muß Friedrich A. von Hayek herhalten, um die Machtübernahme der Konzerne zu rechtfertigen, mal wird Joseph A. Schumpeter ausgegraben, dann wieder Walter Eucken und Ludwig Erhard und immer und regelmäßig Milton Friedman. Eucken hielt Monopole, Megakonzerne und Fusionen für ein Übel, Friedman findet sie gut, Hayek sind sie egal. Eucken und Erhard waren für die soziale Marktwirtschaft, Hayek sagt, er wisse nicht, was sozial sei, und Friedman verkündet, wenn man die »Selbstheilungskräfte des Marktes« nur lange genug und unbeeinflußt von außen wirken lasse, stelle sich soziale Gerechtigkeit von selbst ein. Und Schumpeter wird unentwegt als Kronzeuge für die Forderung nach dem »dynamischen Unternehmer« und »Innovationen« zitiert.

Helfen tut das alles nichts. Zieht man von allem, womit die Ökonomen einander widersprechen und sich gegenseitig aufheben, ab, was als Konsens übrigbleibt, erhält man die triviale Lehre über die Vorzüge des Marktes. In einer Marktwirtschaft würden besser als in jeder anderen denkbaren Ordnung die auf dem Markt handelnden Subjekte so miteinander koordiniert, daß sich Angebot und Nachfrage über die Preise einpendeln und deshalb Güter auf die effizienteste Art produziert und verteilt werden. Der Wettbewerb sorge für ständige Verbesserung der Produkte, für Innovationen und für preisgünstige Waren und Dienstleistungen. Der Markt gewährleiste die ökonomischste Verwendung knapper Ressourcen und Güter, belohne den Tüchtigen, bestrafe den Faulen. Der größte Vorzug der Marktwirtschaft sei, daß sie ohne moralische Belehrungen und Appelle an den Altruismus auskomme, sondern das Gemeinwohl gerade dadurch am besten fördere, daß sie dem natürlichen Egoismus des einzelnen freien Lauf lasse.

Für Begriffsstutzige wird dann gern noch das Bild mit den Warteschlangen vor den 24 Supermarktkassen gemalt. Das Interesse jedes einzelnen, die Wartezeit so kurz wie möglich zu halten, sorge dafür, daß sich die Wartenden wie von einer unsichtbaren Hand gelenkt gleichmäßig auf alle geöffneten Kassen verteilen, ohne daß irgendein menschlicher Lenker eingreifen müsse. Ein Lenker oder Platzanweiser würde nur stören und die Verteilung verzögern, da er nie die Interessen aller so gut wahrnehmen könnte, wie das jeder einzelne für sich selbst am besten kann. Darum brauche es auch im großen, in einer Volkswirtschaft, keinen Lenker, also keinen Staat, und darum solle sich der Staat aus allen wirtschaftlichen Angelegenheiten möglichst heraushalten. Der Staat habe allenfalls für einen »Ordnungsrahmen« zu sorgen, innerhalb dessen sich das Treiben auf dem Markt vollziehe. Also lautet die Forderung: Je mehr Markt und je weniger Staat, desto besser.

In der Theorie klingt das schlüssig. In der Theorie sprachen allerdings auch ein paar prächtige Argumente für den Kommunismus. Was aber zählt, ist die Praxis. Daran scheiterte der Kommunismus. Die Marktwirtschaft erscheint da realitätsnäher.

Und dennoch hat auch dieses Modell Probleme. Sie beginnen mit der Frage nach dem Ordnungsrahmen. Wie eng oder wie weit gefaßt soll er sein? Die Antworten reichen von »ganz eng« bis »fast unendlich weit«, und für jede Position gibt es Gründe und Gegengründe, die sich in den volkswirtschaftlichen Seminaren der Universitäten auftürmen. Das Problem setzt sich fort mit der Tatsache, daß diese famose Marktwirtschaft nur dann ganz genau nach ihrem theoretischen Modell funktioniert, wenn alle Marktteilnehmer ungefähr gleich stark sind und sich auf jedem Markt ausreichend viele Konkurrenten tummeln.

Davon kann in der Realität keine Rede sein. Ein weltbeherrschendes Duopol wie Intel und Microsoft war in diesen Modellen nicht vorgesehen. Daß mehrere Unternehmen durch Fusion eine marktbeherrschende Stellung erringen, sollte das Kartellrecht verhindern. In den nationalen Volkswirtschaften der Vergangenheit funktionierte dieses Kartellrecht leidlich. Gegen die transnationalen Zusammenschlüsse von Groß- zu Weltkonzernen richten nationale Kartellgesetzgebungen nichts mehr aus.

Und schließlich ist ganz offensichtlich, daß der Markt allein noch lange keinen Wohlstand für alle garantiert. Marktwirtschaft haben wir in vielen Ländern, in Argentinien, Brasilien oder Israel genauso wie in England, Frankreich, Deutschland, Japan und den USA, und dennoch sind Argentinien und Brasilien ärmer als Israel und ist Israel ärmer als die USA. Wir haben innerhalb der EU ein Wohlstandsgefälle, und wir haben es sogar innerhalb der einzelnen Länder. Italiens Norden ist relativ wohlhabend, Italiens Süden relativ arm. Süd-Bayern und das Rhein-Main-Gebiet prosperieren, Länder wie Bremen oder das Saarland gehen an der Krücke. Den Menschen in den Ländern der ehemaligen Sowjetunion geht es seit Einführung der Marktwirtschaft schlechter als jemals zuvor.

Verteidiger der Marktwirtschaft wissen sofort eine endlose Folge von Gründen ins Feld zu führen, warum das Wirken des unsichtbaren Händchens nicht überall gleichermaßen segensreich ausfällt: andere Mentalität, schlechteres Bildungssystem, militante Gewerkschaften, unfähige Regierung, geographische Benachteiligung, militärische Schwäche, schlechtes Klima, historische Altlasten, unterentwickelte Infrastruktur, ungeklärte

Rechtsverhältnisse, instabile Währung, ineffiziente Verwaltung, korrupte Justiz, zu hohe Steuern, zuwenig Forschung, starre Klassenschranken, Nepotismus, religiöse Einflüsse und so weiter und so weiter.

Die Aufzähler dieser Litaneien merken gar nicht, wie mit jedem weiteren Grund, den sie anführen, das Marktargument immer mehr verblaßt. Marktwirtschaft, so muß man aus der Litanei schließen, ist eine vielleicht notwendige, aber noch keine hinreichende Bedingung für Wohlstand, soziale Gerechtigkeit und Demokratie.

Nebenbei erkennt man auch die Engführung der Diskussion, die bei uns seit einigen Jahren läuft. Es gibt so viele Faktoren, die Voraussetzung für eine gesunde Wirtschaft sind, aber bei uns wird im Grunde nur über drei geredet: Steuern, Löhne und Sozialstaat. Die sollen an allem schuld sein. Das ist lächerlich, und die Verbissenheit, mit der hierzulande über die 630-Mark-Jobs oder die Ökosteuer diskutiert wird, ist absurd.

Wirtschaft ist kein Supermarkt mit 24 Kassen, sondern ein komplexes System aus historischen, geographischen, politischen, soziologischen, demographischen, psychologischen und zufälligen Bedingtheiten, rational und irrational handelnden Akteuren, undurchschaubaren Kaskaden von Rückkopplungen und Nebenwirkungen und sich ständig ändernden nichtlinearen Entwicklungen – zu komplex für wissenschaftliche Theorienbildung, zu dynamisch und verflochten, um Teilaspekte aus diesem Geflecht herauszulösen und durch Experiment und Beobachtung empirisch meßbare Gesetzmäßigkeiten zu gewinnen. Theoretische Modelle können immer nur Teile des Gesamtzusammenhangs abbilden, und selbst wenn diese Teile zutreffend abgebildet werden, besteht keine Garantie, daß diese Abbildung den betreffenden Ausschnitt zu jeder Zeit zutreffend beschreibt.

Daher wird, wer sich eine bestimmte Theorie zurechtlegt, in diesem Dschungel von Komplexität mühelos jene sechs bis zwölf Belege finden, die seine Theorie stützen. Ein zweiter wird zwölf andere Belege finden, die das Gegenteil der Theorie beweisen, ein dritter findet die Belege für eine dritte Theorie, und so kann man das Spiel immer weiter treiben, und was immer dabei als Theorie herauskommt, wird sich rasch als Theorie mit begrenzter Reichweite herausstellen, die schnell an der Realität zerbricht.

Und es wird dabei bleiben, daß sich wegen der Komplexität der Wirtschaft jene Experten regelmäßig irren und ihre Prognosen dauernd korrigieren müssen, die wider besseres Wissen vorgeben, diese Komplexität zu durchschauen oder gar unter Kontrolle zu haben. Die Blamage des Jahrhunderts war die Erwartung des ehemaligen Finanzministers Theo Waigel samt seines Kanzlers Helmut Kohl, »ein sich selbst tragender Aufschwung« in den neuen Bundesländern werde es dem Bund ermöglichen, die Kosten der deutschen Einheit aus der Portokasse zu bezahlen – und es gab nur wenige Experten, die ihm widersprachen. Wie die Kinder an den Weihnachtsmann, so haben diese Experten an die Zauberkraft und »die Selbstheilungskräfte« des Marktes geglaubt. Einer der wenigen, die das nicht taten, war übrigens Oskar Lafontaine, der in seiner kurzen Amtszeit als Finanzminister den Haß aller Experten auf sich gezogen hat.

Ein bißchen mehr Bescheidenheit stünde daher den Ökonomen wohl an, und weil ihre Lehren immer interessengeleitet sind, haben Laien allen Grund, den Leuten vom Fach auf die Finger zu sehen. Dort, wo es nicht primär um Wahrheit und Erkenntnis geht, sondern um Macht und Interesse, müssen sich Laien sogar einmischen.

Es gibt keine objektiv richtige Wirtschaftspolitik. Es gibt nur Regierungen, die mal diese, mal jene Klientel besser bedienen. In den letzten Jahren hat sich die Politik eindeutig an jenen Theorien orientiert, welche den Interessen der wohlhabenden Minderheit dienten. Darum möchte ich in diesem Buch die Interessen der vernachlässigten Mehrheit wieder in den Vordergrund rücken, die in der Vergangenheit kaum noch öffentlich zu Wort gekommen ist und kaum noch zu Wort kommt.

Die digitale Revolution

Analog – digital

Die Zeit der analogen Technik geht zu Ende, die Zeit der digitalen Technik hat begonnen. Es ist eine Revolution, aber diese Revolution läßt uns ziemlich kalt, weil wir sie vordergründig nur als bloßen Technikwechsel erleben und kaum bemerken. Darum haben viele noch gar nicht richtig verstanden, was eigentlich passiert.

Fangen wir deshalb beim Einfachsten an. Seit etlichen Jahren kommt die Musik in unseren Wohnzimmern vom CD-Player. Ach ja, der ist ja digital, haben wir ganz vergessen. Klingt ein bißchen besser als die Musik vom analogen Kassettenrekorder, richtig. Statt eines analogen Telefons benutzen wir jetzt ein digitales, das soll ein paar Vorteile haben, die wir aber kaum nutzen, weil dann die Bedienung zu kompliziert wird. Wir haben auch schon gehört, daß es jetzt digitales Fernsehen und digitales Radio gibt. Worin der Unterschied zum analogen besteht, wissen wir nicht so genau, aber es soll damit noch mehr TV- und Radio-Kanäle geben. Auch digitale Kameras und digitale Videorekorder haben wir schon zur Kenntnis genommen, die sind aber noch zu teuer für uns, und natürlich schreiben wir mit dem Computer.

Bleibt die Frage: Was ist so gut am Digitalen, daß wir es jetzt mit Macht einführen? Was ist so schlecht am Analogen, daß wir es nun nicht mehr wollen? Worin besteht überhaupt der Unterschied zwischen analog und digital?

Die Antwort weist uns der PC. Der Computer ist die Inkarnation des digitalen Prinzips. Seinem innersten Wesen nach ist er nicht das, wofür wir ihn nehmen – die Schreibmaschine, Rechenmaschine, das Zeichenwerkzeug oder Kommunikationsmedium –, sondern etwas viel Abstrakteres; eine Maschine, die große Teile der Wirklichkeit digital codiert, verarbeitet und wieder decodiert. Der Computer frißt die Wirklichkeit in sich hinein, verdaut sie zu einem digitalen Einheitsbrei, und aus dem Brei setzt er die Wirklichkeit wieder neu zusammen.

Im Wörtchen digital steckt das Wort zwei und im digitalen Prinzip die zweiwertige Logik. Das ist eine Logik, die nur Dualitäten kennt: ja – nein, wahr – falsch, und – oder, Strom aus – Strom an, magnetisiert – nicht magnetisiert. Mit diesen Dualitäten und einer begrenzten Anzahl logischer Regeln lassen sich Aussagen und Systeme von Aussagen auf Widerspruchsfreiheit abklopfen.

Es gehört nun zu den erstaunlichen Eigenschaften unserer Welt, daß sich ihre bunte Vielfalt zu großen Teilen in das primitive Schema dieser binären Ja-Nein- und Entweder-Oder-Logik pressen und damit auf binäre Zahlenkolonnen aus Folgen von Null und Eins reduzieren läßt. Buchstaben, Zahlen, Linien, Farben, Töne kann man als Null-Eins-Reihen darstellen. Gedichte, Romane, Gemälde, Skulpturen, Symphonien, Opern, Spielfilme, TV-Übertragungen werden auf diese Weise digital codiert, auch so komplexe Dinge wie die Regeln und Strategien des Schachspiels, die technischen Abläufe in einem Eisenbahnstellwerk, die Auswirkungen der Gravitation von Erde und Mond auf die Flugbahn einer Rakete oder die Umlaufbahn eines Satelliten und sogar das Wissen von Experten, beispielsweise das eines Geologen, der Ölfelder aufspürt. Dies alles läßt sich reduzieren auf komplexe Ja-Nein-Verzweigungen.

Stellen wir uns einen Mikrochip in vieltausendfacher Vergrößerung vor. Dann sehen wir Millionen kleinster Schalter, die mal auf »ein«, mal auf »aus« stehen. Jede Schalterstellung entspricht einem Bit. Ob ein Schalter so oder so steht, hängt davon ab, ob er ein Stromschlägchen bekommen hat oder nicht, und das wiederum hängt von einem Menschen ab, der per Software mit dem Hardwarechip interagiert. In ihrer Gesamtheit bilden die Schalter ein bestimmtes An-Aus-Muster, das im Computerprogramm als Folge von Nullen und Einsen steckt. Innerhalb weniger Nanosekunden ändern sich die Schalterstellungen, danach erneut und so fort. Und diese unaufhörliche Bit-Prozession nennen wir digitale Datenverarbeitung.

Digitale Technik reduziert also die komplexe Vielfalt auf binären Code. Da alles zu Nullen und Einsen zermahlen wird und das Mehl vom Computer wieder zu dem zusammengebacken werden kann, was es ursprünglich einmal war, wachsen jetzt so viele Techniken zusammen, die ehemals analog strukturiert und deshalb getrennt waren: Für Texte brauchte man bisher einen Stift oder eine Schreibmaschine und Papier, dazu Fotokopierer und Faxgerät, für Grafiken ein Zeichenwerkzeug, für Bilder Pinsel und Farbe oder einen Fotoapparat und für die Unterhaltung und Information Rundfunk- und TV-Geräte, Videorekorder, Schallplattenspieler, Kassettenrekorder und CD-Player. Und jedes Gerät verlangte sein eigenes Medium: die Schallplatte, das Tonband, die Videokassette, das Papier.

Damit räumt die digitale Technik auf. Ein Gerät, ein Medium, aber dieses eine Medium speichert alles und gibt alles wieder, was in der analogen Welt auf viele Medien verteilt werden mußte.

Das ist nicht der einzige Vorteil. Ein weiterer besteht in der »Verschleißfreiheit«. Digitale Daten lassen sich, im Gegensatz zu analogen, ohne Qualitätsverlust wiedergeben, beliebig oft kopieren und über weite Strecken übertragen, weil es ja nicht mehr sich abnutzende und sich verflüchtigende Magnetspuren auf Bändern oder Schallplattenrillen sind, die verarbeitet werden, sondern Zahlen. Ist ein Bild erst einmal digitalisiert, also in binären Zahlencode übersetzt, dann ist es so fixiert, daß auch tausendfaches Kopieren des tausendfach Kopierten das Bild weder verschmieren noch entfärben, noch verbleichen kann. Es werden ja beim Kopieren keine Farben und Konturen übertragen, sondern nur Farb- und Konturinformationen in Form von binären Zahlenreihen.

Der dritte Vorteil liegt in der leichten Manipulierbarkeit digitaler Daten und ein vierter in der Universalität der digitalen Sprache, die dazu führt, daß unterschiedlichste Maschinen, die früher »analoge Dialekte« sprachen, einander jetzt verstehen und miteinander kommunizieren können.

Das alles zusammen verleiht der digitalen Technik eine enorme Schubkraft – auch in der Wirtschaft. Aber wie hängen Shareholder value und Globalisierung mit Computer und ISDN-Telefon zusammen, und was hat das mit der Massenarbeitslosigkeit bei uns zu tun und mit der Ideologie des Neoliberalismus? Diese Erklärung wird man erst verstehen, wenn man mehr über die digitale Revolution weiß. Daher werde ich zunächst die Geschichte dieser Revolution erzählen. In den folgenden Kapiteln beschränke ich mich auf zwei Fragen: Wie ist die informationstechnische Industrie entstanden, und warum ist sie in den USA entstanden statt in Europa oder Japan?

Die nicht erkannte Revolution

Die großen Erfindungen des Industriezeitalters – Dampfmaschine, Eisenbahn, Auto – haben allesamt zwei Dinge gemeinsam: Zum einen waren sie anschauliche Erfindungen. Jeder, der sie sah, begriff sofort, wozu sie gut sind. Zum anderen konnte jede Erfindung ihrem Erfinder zugeordnet werden, und manchmal ging dessen Name sogar auf die Erfindung über – Otto-Motor, Diesel-Motor, Röntgen-Röhre.

Wer aber hat die Mikroelektronik erfunden und wer das Programmieren? Die großen Erfindungen des Informationszeitalters sind nicht anschaulich, ihre Erfinder kaum bekannt und meistens keine Individuen, sondern Teams. Weil wir so wenig darüber wissen, tun wir uns schwer zu verstehen, was diese Erfindungen bewirkt haben. Deshalb erzähle ich auf den nächsten Seiten die Geschichte der Mikroelektronik, des Computers und der digitalen Revolution. Die Geschichte muß erzählt werden, weil sich aus ihr viel über das Zusammenspiel von Zufall und Notwendigkeit in der Technik und der Wirtschaft lernen läßt und weil sie erklärt, warum jetzt neoliberale Ideen so im Schwange sind, warum das Arbeitslosenproblem in Europa gravierender und schwerer zu lösen ist als in Amerika und warum die uns aufgenötigte Debatte über zu hohe Lohnnebenkosten und zu hohe Steuern absurd ist. Am Ende dieser Geschichte wird man vielleicht verstehen, warum es lächerlich ist zu glauben, durch ein bißchen Drehen an der Lohn- und Steuerschraube, dem Zurechtstutzen des Sozialstaats, etlichen als »Reform« verkauften Verschlechterungen und regelmäßigen Hauruck-Appellen könnten wir wieder zur Vollbeschäftigung zurückkehren und alles würde wieder, wie es war. Es wird nichts mehr, wie es war.

Wir stehen heute, wie zu Beginn der industriellen Revolution, wieder an einem durch Technik induzierten geschichtlichen Wendepunkt, und die neue Zeit, die damit anbricht, meistert man nicht mit konventioneller Politik, einer »Politik der neuen Mitte«, einer »angebotsorientierten Politik«, einer »nachfrageorientierten Politik« oder einem »Modernisierungsschub«, und wie die Schlagwörter alle heißen. Dafür sind andere Entwicklungen nötig, aber das ist offenbar noch immer nicht ganz begriffen worden.

Darum beginne ich meine Geschichte mit Walter Houser Brattain, John Bardeen und William Bradford Shockley. Kaum jemand kennt diese Namen. Deren Träger haben 1947/48 in den Bell Laboratories den Transistor erfunden, ein unscheinbares elektronisches Bauelement mit drei Drahtbeinchen. Den Prototyp, ein primitives Teil aus einer Büroklammer und ein paar Metallstücken, haben die Bell Labs in Glas gegossen und in ihrer Eingangshalle ausgestellt.

Nur wenige Wissenschaftler und Ingenieure werden damals, kurz nach dem letzten Weltkrieg, die Bedeutung dieser Erfindung erfaßt haben, und die ganze Tragweite war wahrscheinlich nicht einmal den Erfindern selbst bewußt. Der Transistor, das war aus damaliger Sicht ein neues elektrisches Bauelement, das gegenüber den herkömmlichen ein paar bedeutsame Vorteile hatte: universelle Anwendbarkeit (viele integrierte Schaltungen können durch Neuprogrammieren an andere Gegebenheiten angepaßt werden), niedrigerer Preis, höhere Funktionssicherheit und geringere Stromaufnahme – normaler technischer Fortschritt also. Nach und nach ersetzte der Transistor die großvolumigen, stromfressenden, unzuverlässigen Elektronenröhren, die elektromagnetischen Schwingkreise aus dicken Kondensatoren und schweren und aufwendig gewickelten Spulen und die langsam schaltenden Relais. Die Elektromechanik verschwand, die Elektronik entstand, war aber von der Mikroelektronik noch etliche Jahrzehnte entfernt. Von Elektronik sprach man jetzt, weil elektrische Vorgänge materielos von Elektronen induziert und gesteuert wurden und nicht mehr von Kombinationen aus mechanischen und elektrischen Elementen.

Der Computer war auch schon erfunden. Der Deutsche Konrad Zuse hatte 1936 die erste programmgesteuerte, mit dem binären Zahlensystem arbeitende Rechenanlage (Z 1) der Weltöffentlichkeit vorgestellt. Sie arbeitete noch komplett auf mechanischer Basis. Sein zweites Modell (Z 2) enthielt neben dem mechanischen Speicher bereits elektromechanische Bauteile. Mit Z 3 war dann 1941 der erste betriebsfähige programmgesteuerte und mit 2000 Relais ausgestattete Rechenautomat mit logischen Schaltungen fertiggestellt. Vier Jahre später hatte Zuse mit »Plankalkül« die erste Programmiersprache der Welt entwickelt. Es war also alles vorhanden, was man für einen heutigen Personal Computer braucht, aber bis dahin sollte es noch ein weiter Weg sein. Warum die Amerikaner diesen Weg gegangen sind, die Europäer aber nicht und die Japaner zunächst auch nicht, dann aber mit Macht, und was das für Folgen hat, das ist die Frage, um derentwillen ich die Leser jetzt mit technischen Details belästigen muß.

Der Transistor bestand zum größten Teil aus einer damals noch ungebräuchlichen, wenig erforschten und seltsamen Substanz, aus Silizium. Heute ist Silizium das am besten erforschte Material. Aber niemand hat damals geahnt, welche Möglichkeiten in diesem Werkstoff liegen. Mit dem Transistor hat nach Stein-, Bronze- und Eisenzeit die Siliziumzeit begonnen, niemand hat es gemerkt, und niemand konnte wissen, daß aus diesem Material später mal Prozessoren, Speicherchips, Glasfasern, Solarzellen, Laserquellen und Computer entstehen würden. Und daß diese neuen Produkte irgendwann einen Hurrikan auslösen würden, der über den ganzen Erdball fegt und alle gewachsenen Ordnungen über den Haufen wirft, das hätte sich angesichts eines mickrigen Transistors auch der Phantasiebegabteste nicht ausmalen können.

Silizium gehört zur Klasse der Halbleiter, zu den Materialien, die Strom besser leiten als Isolatoren, aber schlechter als Metalle. Die Leitfähigkeit kann nach oben wie nach unten stark beeinflußt werden durch die Temperatur, durch Licht, Druck oder auch durch kleinste Verunreinigungen. Wegen dieser Eigenschaften waren Halbleiter schwer beherrschbar, wegen des großen Einflusses sogenannter »Dreckeffekte« war das physikalische Verhalten von Halbleitern kaum prognostizierbar. Darum hat die Mehrheit der Physiker und Chemiker Halbleiter lange Zeit kaum beachtet.

Aber einige Forscher haben schon erkannt, wofür man

Halbleiter brauchen könnte, wenn man sie beherrschte: Wenn man einen Halbleiter durch äußere Einflüsse nach Belieben mal zum Leiter und mal zum Isolator machen kann, dann hat man einen Schalter, aber einen ganz besonderen, nämlich einen Schalter, der praktisch materielos, verschleißfrei und daher sehr schnell schalten kann, und außerdem mit wenig Energieaufwand. Bei den Schaltern, die es bisher gab, Relais zum Beispiel, mußten materielle Teile, wie Elektromagnete oder Kontakt-Träger, bewegt werden. Das kostete Energie, begrenzte die Geschwindigkeit des Schaltens und führte zu Verschleiß.

Nun sind kleine, schnelle, stromsparende Schalter genau das, was man in Computern braucht. Strom ein – Strom aus, das ist physikalisch das, was logisch ja – nein bedeutet und mit Hilfe eines Programms in Datenverarbeitung umgesetzt werden kann. Die ersten, die das erkannten, wußten sofort, daß sie da eine aufregende Spur entdeckt hatten. Wie aber kriegt man diese komplizierten Halbleiter so in den Griff, daß sie zuverlässig ein- und ausschalten, und wie kriegt man Wissen in dieses Material?

Erst als Atomphysiker verstanden hatten, wie Materie aufgebaut ist, konnte man auch verstehen, was in Halbleitern vorgeht, und erst als man technisch in der Lage war, hochreines Halbleitermaterial herzustellen, konnte man sich die Dreckeffekte zunutze machen. Siemens-Ingenieure hatten verstanden, wie Materie aufgebaut ist, und es ist ihnen gelungen, hochreines Silizium herzustellen. Trotzdem wurde der Transistor in Amerika erfunden. Dort begann ein Wettlauf um die optimale Beherrschung des Siliziums.

Europäische und japanische Wissenschaftler hatten diese Entwicklung kaum, und wenn, dann eher beiläufig, zur Kenntnis genommen, denn sie hatten damals ganz andere Sorgen. Japan stand unter dem Schock der Atombombe, Europa lag in Schutt und Asche. Die amerikanischen Wissenschaftler dagegen konnten, beflügelt von ihrem Erfolg, auf dem einmal eingeschlagenen Weg in aller Ruhe weitergehen. Und sie bekamen qualifizierte Verstärkung aus Europa. Schon vor und während des Zweiten Weltkrieges haben vor den Nazis geflohene deutsche und europäische Wissenschaftler Amerikas Wissenschaft befruchtet und nach dem Krieg weiter mit vorangetrieben. Damals wurde der Grundstein gelegt für einen amerikanischen Technologievorsprung, den Japan bisher nur halb und Europa überhaupt nicht eingeholt hat und der sich immer noch weiter vergrößert.

Schon bald nach dem Ende des Zweiten Weltkrieges begann der Kalte Krieg zwischen den Systemen und spaltete die Welt in Ost und West, in kommunistisch regierte, zentralwirtschaftlich organisierte Länder und in demokratisch regierte, marktwirtschaftlich gesteuerte. Der Kalte Krieg führte zum Rüstungswettlauf, der einen ersten Höhepunkt im »Sputnik-Schock« erreichte.

Den Russen war es vor den Amerikanern gelungen, am 4. Oktober 1957 einen Satelliten namens Sputnik mit einer Rakete in eine Erdumlaufbahn zu schicken. Es hatte den Anschein, daß der Osten dem Westen technologisch überlegen sei. Für die USA, für die NATO und für die ganze westliche Welt war das ein Schock. Er veranlaßte Amerika, in einen Technologie-Wettlauf zu starten. Parallel zur Rüstungsspirale schraubte sich die Technologiespirale in die Höhe und mündete in das Apollo-Projekt, die Landung eines Menschen auf dem Mond, das große nationale Ziel der Amerikaner während der sechziger Jahre. Das Pentagon, schon vorher der größte Finanzier von Wissenschaft, Technik, Forschung und Entwicklung, schüttete noch mehr aus seinem Füllhorn über die Universitäten und privaten Forschungsinstitute.

Die Elektronik, die Halbleiterforschung, die Siliziumtechnologie profitierten davon in besonderem Maße, denn deren Vorzüge – Gewichts- und Volumenreduktion durch Miniaturisierung, Verringerung des Energieverbrauchs, Schnelligkeit, Zuverlässigkeit, Programmierbarkeit – waren genau das, was die Raumfahrt brauchte. Und was für die Raumfahrt gut war, war auch fürs Militär gut. Später in den achtziger Jahren bekam die damals schon sehr weit fortgeschrittene Mikroelektronik noch einmal einen kräftigen Schub durch Ronald Reagans Star-Wars-Projekt SDI (Strategic Defense Initiative). Das wurde zwar aus den verschiedensten Gründen nie verwirklicht, aber eine Zeitlang haben große Teile der US-Wirtschaft und -Wissenschaft daran geforscht, und während dieser Zeit flossen aus dem Pentagon rund 30 Milliarden Dollar allein in dieses Projekt. Der Krieg war, wie so oft, wieder einmal der Vater aller Dinge, übrigens auch beim Internet, das aus einem Militärprojekt entstanden ist.

Der zweite Höhepunkt im Wettlauf der Systeme wurde am 21. Juli 1969 erreicht. Neil Armstrong betrat als erster Mensch den Boden des Mondes und sprach den historischen Satz: »Ein kleiner Schritt für einen Menschen, aber ein großer Schritt für die Menschheit.« Der Wettlauf gegen die Sowjetunion und den Kommunismus war gewonnen. Das Selbstbewußtsein der USA war gestärkt, und dieses Selbstbewußtsein, das Gefühl, alles richtig gemacht zu haben, übertrug sich auf alle gesellschaftlichen Bereiche und war in der Wissenschaft und Technik bis ins letzte Labor spürbar. Dort fühlte man sich bestärkt, die Halbleiterforschung und die Computerwissenschaft weiter voranzutreiben.

Zu jener Zeit machten unten auf der Erde ein paar Unbekannte ebenfalls einige Schritte, die mindestens so bedeutsam waren wie die von Armstrong. Nur nahm damals kaum jemand Notiz davon, und weitgehend unbekannt geblieben sind diese Männer bis heute. Was sie damals machten, war ja auch viel unspektakulärer und viel schwieriger zu begreifen als die Mondlandung. Gordon Moore und Robert Noyce hatten gerade im kalifornischen Mountain View eine Halbleiter-Klitsche gegründet und auf den Namen Intel Corporation getauft. Intel steht für *Int*egrated *El*ectronics. Etwas später kam als dritter Andy S. Grove hinzu.

Die Halbleiterforschung war in den USA inzwischen schon weit gediehen, und die Ingenieure hatten es geschafft, integrierte Schaltungen auf Silizium zu ätzen. Auch der von Zuse erfundene Computer hatte sich weiterentwickelt, spielte aber noch keine bedeutsame Rolle, denn zwei der großen Probleme des Computers – Speichermangel und Datenverarbeitungstempo – waren noch ungelöst. Der Speicher bestand aus magnetisierbaren Ferrit-Ringen, aufgehängt in einem Leitungsgeflecht.

Natürlich gab es schon seit längerer Zeit die Idee, diesen

langsamen und voluminösen Speicher durch integrierte Schaltungen zu ersetzen. Die Idee war gut, ihre Realisierung jedoch zu teuer. Zu teuer war die Sache aber nur, weil man das Silizium noch nicht richtig im Griff hatte. Es besser in den Griff zu kriegen war der Zweck des Unternehmens Intel.

Das Unternehmen hatte Erfolg damit, wenn auch nicht gleich und vorerst nur relativ. Intel löste gewisse Probleme der Verfahrenstechnik und entwickelte einen 64-bit-Speicherchip auf Halbleiterbasis, der bewies, daß das Intel-Verfahren funktioniert. Geld verdienen ließ sich mit dem Chip noch nicht.

Es folgte ein zweiter Chip, der ungefähr zu dem Zeitpunkt fertig wurde, als die US-Astronauten auf dem Mond gelandet waren. Auch dieser zweite Chip war praktisch unverkäuflich, bewies aber die prinzipielle Überlegenheit der Intel-Technologie gegenüber konkurrierenden Verfahren.

Ein dritter Chip folgte schneller als erwartet und brachte technologisch den Durchbruch. Intel produzierte einen dynamischen Speicherchip mit einer Fertigungstechnik, die noch heute angewendet wird. Der Chip bedeutete das Aus für die bisher verwendeten Magnetkernspeicher, setzte sich auf dem Markt durch, und bald wurde erstmals Geld verdient.

Das eigentlich wichtige Ereignis jedoch, der historisch entscheidende Wendepunkt in der Unternehmensgeschichte von Intel, kam, eher zufällig, zwei Jahre später. Der japanische Rechenmaschinen-Hersteller Busicom erteilte Intel für 60 000 Dollar den Auftrag, eine programmierte Rechenlogik aus Chip-Bausteinen zu entwickeln. Intel-Ingenieur Marcian E. Hoff – auch so ein unbekannter Pionier – wurde mit der Entwicklung beauftragt und fing an, das Design für ein paar Chips zu entwickeln und sie miteinander zu verbinden. Was dabei herauskam, hatte es so noch nicht gegeben. Hoff erkannte, daß seine Chips in der Lage sein müßten, nicht nur in Busicom-Maschinen Rechenoperationen auszuführen. Sie könnten auch mit höchst unterschiedlichen Programmen für ganz andere Zwecke eingesetzt werden.

Unter der Leitung von Federico Faggin machte sich ein Intel-Team an die Arbeit. Das Resultat war der Intel 4004, der erste funktionierende Mikroprozessor der Welt. Der Schritt vom

Transistor zum Mikroprozessor war gemacht. Der Weg vom Prozessor zum Personal Computer war damit zwar noch nicht vorgezeichnet, aber ermöglicht. Als die Intel-Leute das erkannt hatten, zahlten sie schleunigst den Großteil der 60 000 Dollar an Busicom zurück, um das Urheberrecht an dem Prozessor zu behalten. Wenn sie das versäumt hätten, wäre die Unternehmensgeschichte von Intel völlig anders verlaufen, und wahrscheinlich auch die Geschichte des Personal Computers an sich.

Zwei Jahre nach der Mondlandung hat Intel auf die Bedeutung seines Prozessors mit Hilfe einer Anzeige in einer Fachzeitschrift hingewiesen. »Announcing a new era of integrated electronics«, hieß es dort. Das war nicht übertrieben. Die Erfindung des Mikroprozessors gleicht in ihrer Bedeutung der des Otto- oder Dieselmotors. So, wie nach der Erfindung des Motors klar war, daß er überall dort eingesetzt werden konnte, wo bisher körperliche Arbeit verrichtet wurde, so war den Intel-Leuten klar, daß der Prozessor überall dort eingesetzt werden kann, wo geistige Arbeit verrichtet, wo Informationen und Daten verarbeitet werden, und zusätzlich auch als Steuerung von Motoren. Die Logikmaschine, eine neue Art von universellem Gerät, war erfunden. Aber die Weltöffentlichkeit hat kaum Notiz davon genommen. Was hätten Zeitschriften und TV-Kameras den Menschen auch zeigen sollen? Ein daumennagelkleines, dünnes Siliziumplättchen?

Die Unscheinbarkeit und schwere Vermittelbarkeit der epochalen Erfindung war auch den Intel-Managern bewußt. Deshalb illustrierten sie ihre Anzeige mit einer Zeichnung, die klarmachen sollte, wozu so ein Plättchen gut sein könnte. Die Zeichnung zeigte einen Tischcomputer mit integriertem Bildschirm und zwei Diskettenlaufwerken, daneben einen Drukker – die Idee des Personal Computers. Fünf Jahre später wurde sie Wirklichkeit.

Aber damals, 1971, haben nicht einmal alle Ingenieure begriffen, was Intel eigentlich erfunden hatte, und genaugenommen war es den Intel-Managern auch nicht gleich klar. Mitte der siebziger Jahre, so erinnert sich Gordon Moore, wurde bei Intel die Idee diskutiert, den Mikroprozessor mit einer Tastatur und mit einem Monitor in Verbindung zu bringen. Diese Produktkombination sollte als Heimcomputer vermarktet werden. »Ich fragte damals«, so berichtete Moore, »wozu ein solches Produkt gut sei, und die Antwort war, damit könne die Hausfrau ihre Kochrezepte verwalten. Das war mir persönlich zuwenig, und wir nahmen uns vor, nie mehr einen Gedanken an einen Heimcomputer zu verschwenden.« Damit gestand Moore seine größte Fehleinschätzung ein. Mit dieser Fehleinschätzung befand er sich jedoch in guter Gesellschaft. Der große, alles beherrschende Riese IBM hat sich genauso verschätzt. Auch dort hielt man den Personal Computer für eine unsinnige Idee.

Wahrscheinlich waren die Leute, die Personal Computer für Unsinn hielten, schon zu alt. Man mußte offenbar jung sein, um sich für eine komplizierte Maschine zu begeistern, mit der man im Grunde nichts Vernünftiges anstellen konnte. Der Altair war die erste Realisierung dieser scheinbar nutzlosen Maschine. Eine Firma mit dem Namen MITS (Model Instrumentation Telemetry Systems) aus Albuquerque in New Mexico kam auf die Idee, den Prozessor von Intel zusammen mit einem Gehäuse als Bausatz zu verkaufen. Und es fanden sich tatsächlich Käufer, obwohl man mit ihm nichts anderes machen konnte, als Schalter zu verstellen (acht Schalter für ein Byte Programmcode), und man einen Output nur dann erhielt, wenn man auf eine Reihe von acht winzigen roten Leuchtdioden blickte.

Die begeisterten Käufer dieses Unfugs waren überwiegend jünger als 20 und saßen fast allesamt in jener Gegend zwischen Palo Alto und der südlichen San Francisco Bay, die später Silicon Valley heißen sollte. Zwei der Käufer hießen Steve Jobs und Steve Wozniak. Sie sahen sich das Ding an, beschlossen, etwas Besseres zu bauen, und verwendeten dafür nicht den Prozessor von Intel, sondern von einem Konkurrenz-Unternehmen. Jobs und Wozniak nannten den Computer Apple, er kostete 666,66 Dollar, und er verkaufte sich gut. Zwei Jahre später verkauften sie eine wesentlich verbesserte Variante ihres Computers – den Apple II. Der wurde ein Hit. Noch einmal zwei Jahre später, 1980, waren Wozniak und Jobs Millionäre, und Apple wurde weltweit bekannt.

Apples Erfolg führte bei IBM zu dem folgenschweren Entschluß, ebenfalls ins PC-Geschäft einzusteigen. Dem Konzern, der bisher nur Großcomputer herstellte, sogenannte Mainframes, fehlten aber zwei entscheidende Dinge: ein Prozessor und ein Betriebssystem. Daher machten sich die IBM-Manager auf die Suche nach einem Lieferanten für den Prozessor und einem fürs Betriebssystem. Nach gründlicher Suche entschied sich IBM für Intel als Prozessorlieferant und für Bill Gates junges Unternehmen Microsoft.

Der Computer, der dabei herauskam, war dem Apple technologisch unterlegen. Aber IBM hat mit seiner schieren Marktmacht das schlechtere Produkt als Weltstandard durchgedrückt. Damit war der Grundstein gelegt für den kometenhaften Aufstieg der beiden Unternehmen Intel und Microsoft. In über 90 Prozent aller Computer auf dieser Welt arbeitet heute ein Prozessor von Intel mit dem Betriebssystem DOS oder Windows von Microsoft. Bis heute beherrscht das Wintel-Duopol die Welt, aber nur dank der ehemaligen Marktmacht von IBM.

Die Erfindung des Mikroprozessors war nicht geplant. Die Entwicklung des Personal Computers war in keinem Unternehmen ein Entwicklungsziel. Aber offenbar waren diese Erfindungen »fällig«. Anscheinend ergibt sich so etwas wie von selbst, wenn zu einer bestimmten Zeit an einem bestimmten Ort genügend Leute eine Basistechnologie erforschen und entwickeln. Und ab einem bestimmten Zeitpunkt entstehen dann durch Zufall und Notwendigkeit Synergie-Effekte, und die damit verbundene Neugier und Begeisterung der Beteiligten führten zu Entwicklungen und Produkten, die nicht geplant und nicht vorhersehbar waren. Auch die Glasfaser gehört dazu. Auch sie wird, wie das Silizium, aus Sand gemacht, auch sie trägt ihr Teil dazu bei, daß die Welt von Grund auf umgestaltet wird.

Der Paradigmenwechsel vom Atom zum Bit[10]

Es ist dünn, durchscheinend, wird aus Sand gemacht und zieht sich in die Länge, 10 000 Kilometer, 20 000, 30 000 und noch mehr. Trotz solcher Längen wirkt es – sagen wir mal im Vergleich zur Mondlandung – doch recht unspektakulär, fast banal, wie ein bloßer Draht. Es ist auch nur ein Draht, wenn auch aus Glas, aber er wird die Welt verändern, stärker als die Mondlandung es getan hat.

Dem Apollo-Projekt wird nachgesagt, außer ein paar Brocken Mondgestein, der Teflonpfanne und der Erkenntnis, daß es im Weltraum nichts zu holen gibt und wir noch geraume Zeit auf die Erde angewiesen sind, habe es nichts gebracht. Das stimmt so nicht ganz. Auch den gläsernen Draht, die Glasfaser, hat die Raumfahrt so nebenbei abgeworfen, und wenn das fadendünne Ding auch noch unscheinbarer daherkommt als die Teflonpfanne, so ist es doch etwas ganz anderes als diese, nämlich ein neues Übertragungsmedium, das als Datenhighway den Weg in die Informationsgesellschaft bahnt.

Mit dem Bau von Datenhighways, der Verdrahtung der Welt mit Glasfasern, hat die Telekom in Deutschland schon vor etlichen Jahren begonnen. Aber die internationalen Verbindungen über Kontinente hinweg werden jetzt erst gelegt. Ein multinationales Konsortium hat gerade mit der längsten Strippe, die je durch Meere und über Kontinente gezogen worden ist, Europa mit Arabien, Afrika und Asien verbunden. FLAG hieß dieses Projekt, und seit kurzem ist es fertig.

Von der englischen Küste zieht sich das Kabel auf dem Meeresboden durch die Straße von Gibraltar ins Mittelmeer, bekommt eine Verbindung nach Spanien und Sizilien, läuft weiter nach Alexandrien in Ägypten, ein Stück weit durchs Festland bis zum Suezkanal, durchs Rote Meer, nach Arabien, um die arabische Halbinsel herum und durch den Pazifik nach Indien. Von dort schlängelt es sich über Thailand und Malaysia nach China und zur Endstation: Japan.

28 000 Kilometer ist es lang, wird aber den Längenrekord nur kurze Zeit halten. Schon baut die Telekom mit 90 weiteren Telekommunikationsunternehmen die neue Seekabelanlage SEA-ME-WE 3 (South East Asia – Middle East – Western Europe). Diese wird sich über 38 000 Kilometer erstrecken, die Nordseeküste mit Afrika, Indien, Südostasien und Japan verbinden, aber auch nach Australien abzweigen, und noch vor der Jahrtausendwende wird es fertig sein. Da fehlen nur noch 2000 Kilometer, dann käme das Kabel auf den Umfang der Erde.

Das Kabel transportiert Texte, Zahlen, Tabellen, Grafiken, Diagramme, Bilder, Töne, Sprache, Daten, alles, was sich digital codieren läßt, und das ist mehr, als sich mancher vorstellen kann. Der Code besteht aus Myriaden kleinster Lichtblitze. Besonders beeindruckend wirkt so ein Kabel trotzdem nicht, und mag es auch noch so lang sein. Eindruck verleiht ihm erst eine weitere Schicht, und die ist unsichtbar. Um das Kabel rankt sich ein Gewebe aus Visionen, Hoffnungen, Ängsten, Chancen und Risiken, die in dem Wort vom Paradigmenwechsel kulminieren.

Mit dem Bau der Datenhighways, mit der Verflechtung von Millionen von Mikroprozessoren über das weltweite Glasfasernetz beginnt die Siliziumzeit. Nach der Mechanisierung und Elektrifizierung kommt nun die dritte industrielle Revolution, die Elektronisierung, das Informationszeitalter, das postindustrielle Zeitalter, die Freizeitgesellschaft, die digitale Welt, die Wissensgesellschaft, die Cybersociety, das globale Dorf, der Wechsel vom Atom zum Bit.

Und das alles soll an einem Kabel hängen? Wurde denn die Welt nicht schon einmal verdrahtet, wenn auch mit Kupfer statt Glas? Ja, wurde sie, besonders zwischen Europa und Amerika und Amerika und Asien. Darin liegt der Grund, warum jetzt die ersten beiden Glasfaser-Stränge eine andere Richtung nehmen, nicht durch den Atlantik nach Amerika, sondern in das bisher unterversorgte Gebiet durch den Pazifik nach Asien. Deshalb erwarten die Investoren von einem Kabel nach

Asien eine schnellere Amortisation als von einem Atlantikkabel.

Dennoch wird die Glasfaserverkabelung über den Atlantik auch nicht mehr lange auf sich warten lassen. Irgendwann kommt dann der Zeitpunkt, an dem alle Kupferkabel stillgelegt und durch Glasfasern ersetzt sind, auch die auf dem Festland. Dann soll sie endgültig anbrechen, die neue Zeit, und der Mikrochip ist ihr Motor, die Glasfaser ihre Straße.

Zwischen Glasfasern und Mikrochips existiert so etwas wie eine innere Verwandtschaft. Und diese Verwandtschaft macht beide zusammen zur materiellen Basis einer Entwicklung, die als Revolution zu bezeichnen tatsächlich nicht ganz unangemessen ist, denn die in Mikroprozessoren verarbeiteten Daten können via Glasfaser mit Lichtgeschwindigkeit um die Welt gejagt werden. Das bedeutet: Die Produktion, Verarbeitung und Verteilung kann praktisch zeitgleich und global erfolgen, und dazu noch sehr kostengünstig.

Immaterielle Informationen sind auf materielle Träger angewiesen, der Geist aufs Gehirn, das Bild auf die Leinwand, die Nachricht aufs Zeitungspapier, der Kinofilm auf Zelluloid, das Video aufs Magnetband, die Software auf die Diskette oder die CD-ROM. Damit die Bits auch zu den Leuten kommen, müssen sie millionenfach auf Papier, Magnetband oder Kunststoff kopiert und mit Bahn, Lkw oder Flieger über die Welt verteilt werden, in Geschäften einzeln gekauft und nach Hause getragen werden. Die Verteilung des Immateriellen frißt also gewaltige Mengen an Arbeit, Zeit, Energie und Material. Diesen Verschleiß beendet die Glasfaser. Schon jetzt schicken wir Bits immateriell durch Kupferleitungen statt auf materiellen Trägern. Aber Kupfer hat einen Nachteil, den jeder Internet-Nutzer jeden Tag schmerzlich erfährt: Kupfer kann nur begrenzte Mengen an Datenbits transportieren.

Abends, nach der Rush-hour auf der Straße, wenn sich plötzlich alle ins Internet einklinken, beginnt die Rush-hour in den Kabeln. Da sitzt der Surfer dann vor seinem Bildschirm, und es herrscht Flaute. Die Daten tröpfeln so langsam ein, daß der Cybernaut jedes einzeln ankommende Bit persönlich begrüßen kann.

Glas überträgt in einer Sekunde 200 000mal mehr Daten als Kupfer. Darum steckt in der Glasfaser die Seele der Revolution und der Grund für die Neuverkabelung der Erde. Bits, die jetzt noch aufwendig per Flugzeug, Auto oder Eisenbahn transportiert werden, verbreiten sich dann durchs Kabel über die Welt und in jeden einzelnen Haushalt.

Glasfaserkabel sind, funktional gesehen, Entfernungs-Entferner und Zeit-Überwinder. Darin liegt ihre revolutionäre Wirkung. Wenn die Übertragung einer Information von Europa nach Australien eine Zehntelsekunde dauert, dann liegt Australien nicht mehr am anderen Ende der Welt, sondern im Büro nebenan. Die Glasfaser bringt Raum und Zeit zum Verschwinden und ermöglicht, zusammen mit den Mikrochips, die Produktion neuer Güter, die immateriell sind.

So what, mag mancher sagen, der sich daran erinnert, daß Telefongespräche zwischen Europa und Australien schon seit einiger Zeit die Entfernung aufheben. Recht hat er, aber das Telefon beschränkt die Kommunikation aufs Wort und auf die Schrift. Die Telefonleitung transportiert Sprache und Faxe, sonst nichts.

Die Glasfaser transportiert alles, was sich digitalisieren läßt, Bilder, Expertenwissen, rechtsgültige Unterschriften, Waren (Filme, Bücher, Musik), Dienstleistungen, Software, und irgendwann sogar Geld. Chirurgen werden räumlich entfernte Patienten operieren, Manager räumlich entfernte Arbeitsteams leiten, Ingenieure räumlich entfernte Maschinen steuern. Die Welt gerät wirklich zum globalen Dorf.

Für die internationale Finanzwelt ist dieses Dorf bereits Wirklichkeit. Anleger spekulieren schon seit längerem weltweit und in Echtzeit. Für Börsenspekulanten lohnt es sich jetzt, kleinste Differenzen bei Renten-, Aktien- und Devisenkursen für sich auszunutzen. Das wäre früher wegen der Entfernungen zwischen den Kontinenten gar nicht möglich gewesen. Auch juristisch wäre es problematisch gewesen. Das hat sich jetzt geändert, nachdem die Länder ihre Grenzen für den Geldverkehr geöffnet haben, und daß sie das getan haben, ist kein Zufall. Die Finanzkonzerne mit ihren Computernetzen haben Druck gemacht, damit sie ihre Technik auch anwenden können. Und die sogenannten G7-Länder (heute G8 wegen Rußland) haben in den letzten 15 bis 20 Jahren alles getan, um die Finanzmärkte von nationalen Fesseln zu befreien, nicht nur bei sich selbst, sondern auch in anderen Ländern.

Das Ergebnis: »Seit 1985 haben sich die Umsätze im Devisen- und internationalen Wertpapierhandel mehr als verzehnfacht. Während eines durchschnittlichen Handelstages wechseln heute Währungsbestände im Wert von 1,5 Billionen Dollar den Besitzer«[11] – ungefähr soviel wie Deutschlands Wirtschaftsleistung eines Jahrs. Das Finanzwesen hat sich damit von Grund auf verändert. Dienten früher Termin- und Risikogeschäfte als eine Art Versicherung für den Handel mit Waren, so hat sich dieses Derivatgeschäft inzwischen fast vollständig von der realen Güterproduktion abgekoppelt und dominiert das weltweite Finanzwesen. Nur noch zwei bis drei Prozent aller Finanztransaktionen weltweit hängen noch mit der Absicherung des Handels mit realen Gütern zusammen,[12] der Rest hat mit Wirtschaft nur noch wenig, mit einem Spielcasino sehr viel zu tun. Das Derivatgeschäft ist ein Wettgeschäft.

Die global produzierenden Unternehmen ziehen jetzt nach. Auch sie verlangen die Öffnung der Grenzen, den Abbau von Handelsschranken und den freien Fluß der Güter zwischen Ländern und Kontinenten. Auch hier ist es die Informationstechnik, die nach Aufhebung nationaler Grenzen verlangt. Die Fusionen von Konzernen zu Megakonzernen und von Megakonzernen zu Gigakonzernen, der ganze Wandel in den Unternehmen und der Weltwirtschaft – er hängt an diesem dünnen Kabel. Auf diese Dematerialisierung der Ökonomie und diese Deterritorialisierung der Unternehmen ist die Mehrheit der Menschen nicht vorbereitet, denn sie leben noch in der alten Welt der Staaten, Grenzen, Reisepässe, Visa und Zollschranken, in der Welt der materiellen Güter.

Es ist also mit der Mikroelektronik nicht nur ein neuer Industriezweig entstanden, der zu den bestehenden ergänzend hinzukommt. Das allein wäre historisch auch schon bedeutungsvoll. Revolutionär wird der Wechsel vom Atom zum Bit aber dadurch, daß der neue Industriezweig alle anderen Industriezweige, also den ganzen Baum, ebenfalls von Grund auf verändert, manche Zweige absterben läßt, neue hervorbringt und ganz neue Bäume wachsen läßt. Leider wachsen diese Bäume vor allem in den USA, zunehmend auch in Asien, aber kaum in Europa.

Der verpaßte Zug

Was war eigentlich in Deutschland und Europa los und was in Japan, als Amerika die Vorzüge des Siliziums entdeckte? Deutschland mußte erst wieder aufgebaut werden, und danach strickte es rund 25 Jahre lang an seinem Wirtschaftswunder. Der neue Wohlstand verdeckte etwas, was erst jetzt immer deutlicher sichtbar wird: Das Wunder wurde fast vollständig mit Technologien und Produkten erreicht, die im wesentlichen im Vorkriegsdeutschland entwickelt worden waren. Der Maschinenbau, die Chemie, die Elektrotechnik, die Kraftfahrzeugindustrie – sie waren das Ergebnis der Vorleistungen der deutschen Forscher und Unternehmensgründer des 19. Jahrhunderts – Otto, Diesel, Siemens, Röntgen, Hertz, Helmholtz oder Reis. Mit deren Vorleistungen gelang der Wiederaufbau. Deren Vorleistungen reichten, um Deutschland als führende Exportnation in der Welt zu etablieren.

Aber irgendwann mangelte es dann an Nachschub. Ab einem gewissen Zeitpunkt hätte es neuer Ottos, Diesels und Röntgens und neuer Vorleistungen bedurft. Die gab es auch – in den USA. Sie hießen Brattain, Bardeen, Shockley, Noyce, Moore, Grove, Jobs, Gates und so weiter.

In Japan war die Lage wieder anders. Da gab es keine industrielle Tradition, an die Japan hätte anknüpfen können. Die Japaner sahen sich daher in Amerika und Europa um, lernten vom Westen, kopierten zum Teil nur, gingen aber auch eigene Wege. Sie verschmolzen Westliches mit ihren eigenen Traditionen, und vor allem betrachteten sie ihre Aufholjagd als Gemeinschaftsaufgabe. Staat, Wissenschaft, Industrie, Handel und Banken verflochten sich aufs engste miteinander – heute erweist sich das als Nachteil, aber mehrere Jahrzehnte lang war es ein Vorteil – und errichteten gemeinsam die Japan AG.

Was zunächst wie ein Handicap aussah – die fehlende technisch-wissenschaftliche und industrielle Basis –, erwies sich später als Vorteil. Durch ihr dauerndes Beobachten des Westens, durch ihre in Jahrzehnten geschulte Aufmerksamkeit entging den Japanern nicht, daß sich in Amerika etwas Wesentliches ereignet hatte: die Siliziumtechnologie. Den Europäern ist es entgangen.

In Japan wurde 1976 ein Programm zur Entwicklung der Mikroelektronik gestartet, in das Staat und Wirtschaft bis 1984 je zur Hälfte umgerechnet rund eine Milliarde Mark investiert hatten. Danach steckten Staat und Wirtschaft noch mehr Geld in die neue Technik, denn die Mikroelektronik wurde als Schlüsselindustrie erkannt.

Und in Deutschland? Da hat der Weltökonom Helmut Schmidt immer noch weitere Millionen ins Milliardengrab des Schnellen Brüters in Kalkar geschaufelt. Und die fortschrittliche bayerische Staatsregierung hielt es für zukunftsträchtig, den Rhein-Main-Donaukanal zu bauen, auf dem Schiffe so selten gesehen werden wie Polarlichter in Sizilien. Es wird bei uns immer moniert, wieviel Geld für sterbende Industrien wie Kohle und Stahl aufgewendet worden ist. Doch diese Subventionen haben wenigstens Massenarbeitslosigkeit im Ruhrgebiet verhindert. Die Milliarden für den Kalkarer Brüter oder den bayerischen Kanal hatten jedoch überhaupt keinen Nutzen. Darüber wird merkwürdigerweise wesentlich seltener geklagt als über die Subventionen für die Kumpels an der Ruhr.

Wenn man damals, ab 1976, die Milliarden für den Brüter und den Franz-Josef-Strauß-Kanal in die Mikroelektronik und in alternative Energien gesteckt hätte, sähe heute manches besser aus in Deutschland. Aber Mikroelektronik war hier lange Zeit eine Terra incognita, wie eine CD-ROM des Ministeriums für Forschung und Technologie belegt. Diese CD-ROM dokumentiert alle periodischen Publikationen des Ministeriums zwischen 1955 und 1995. Darin taucht das Wort »Mikroelektronik« zum ersten Mal Ende 1977 auf, 1978 gar nicht und 1979 zweimal. Ab 1980 häufen sich die Nennungen, sind aber immer noch deutlich seltener als die Worte »Atom« oder »Kernenergie«, die so oft vorkommen, daß man sie gar nicht zählen mag.

In Europa hat Ende 1983, also sieben Jahre nach Japans Start in die Mikroelektronik, der Siemens-Aufsichtsratsvorsitzende Bernhard Plettner vor einem Auditorium in Zürich gesagt,

Nippon sei ein Land, »von dem bisher noch nie eine Basisinnovation ausgegangen ist«. Sein Fazit zum Thema »Lage der europäischen Elektroindustrie«: »In den nächsten zehn Jahren werden sich kaum wesentliche Veränderungen in den (weltweiten) Kräfteverhältnissen einstellen.« (›Die Zeit‹ vom 6. April 1984)

Zu jener Zeit waren die Japaner, »diese Kopisten«, schon tief in die Siliziumtechnologie eingestiegen, und wenn sie die Basis-Innovation auch nicht selbst erfunden, sondern von den Amerikanern abgeschaut haben, so haben sie immerhin erkannt, daß es sich lohnt, in diese Technik zu investieren und selber zu forschen und zu entwickeln. Japanische Patente im High-Tech-Sektor gibt es seitdem zuhauf, und wenn heute Displays, Festplatten, Monitore, Grafikkarten, CD-ROM-Laufwerke aus Japan und ganz Südostasien nach Europa exportiert werden, ist das darauf zurückzuführen, daß die Asiaten noch rechtzeitig auf den fahrenden Zug gesprungen sind.

Am Standort D sollte es noch einmal fast vier Jahre dauern, bis der fahrende Zug entdeckt wurde und einige Manager und Politiker, bei weitem nicht alle, aus dem kollektiven Tiefschlaf erwachten und konsterniert erkannten: Die Welt hat sich total gedreht. Erst 1988 sah sich das Weltunternehmen Siemens – nach teurem Erwerb von Patenten und Lizenzen von den »japanischen Kopisten« – in der Lage, ebenfalls Speicherchips zu bauen, die einfachsten Bauelemente von Computern. Zu mehr, etwa zu Mikroprozessoren für Computer, reicht es bis heute nicht, und inzwischen nicht einmal mehr für die Speicher. Siemens hat 1998 entschieden, seine Halbleitersparte zu verkaufen, weil sie nur Geld kostet. Der Einstieg ist wahrscheinlich zu spät gekommen. Was das für Europas und besonders für Deutschlands Industrie bedeutet, können wir noch gar nicht ermessen. Die Frage ist auch, ob diese unter dem Druck der Shareholder-value-Ideologie zustande gekommene Entscheidung richtig war. Früher hätte es bei Siemens geheißen: Durchhalten, Verluste aushalten, mit Erträgen aus anderen Sparten ausgleichen und darauf setzen, daß sich das Durchhalten irgendwann doch noch auszahlt. Aber langfristiges Denken wird von Shareholder-Ideologen nicht mehr zugelassen.

Die Japaner wären nie so stark geworden, wie sie heute sind, wenn sie sich von kurzfristigen Shareholder-Interessen hätten leiten lassen. Sie haben von Anfang an langfristig gedacht, langfristig investiert, bewußt Verluste über viele Jahre in Kauf genommen und sie mit Gewinnen aus anderen Branchen finanziert, und diese Querfinanzierung hat sich ausgezahlt.

Damals, als Siemens, Philips und SGS Thomson als einzige Europäer zur Aufholjagd in der Mikroelektronik ansetzten, erlebte ich als Redakteur des Technologiemagazins ›highTech‹ eine geradezu absurd anmutende Debatte über die Frage, ob es nötig sei, daß Europas Industrie in die Mikroelektronik einsteige. Bezweifelt wurde die Notwendigkeit aber nicht etwa von rot-grünen Schwadronierern, sondern von deutschen Wirtschaftslenkern. Wortführer der Mikroelektronik-Gegner war ausgerechnet der damals sehr einflußreiche Chef des Computerherstellers Nixdorf, Klaus Luft. Mikrochips, sagte Luft auf der Fachmesse Systems 1987,[13] seien eine Art neuer Rohstoff, den man nicht selbst herstellen müsse, sondern wie Weizen oder Schweinebäuche auf dem Weltmarkt kaufen könne.

Gigantischer hat man sich als Manager kaum noch irren können. Wenn die ersten deutschen Autobauer auch so gedacht und Motoren und Getriebe irgendwo im Ausland gekauft hätten, wäre nie eine deutsche Autoindustrie entstanden. Nicht nur die großen Automobilkonzerne hätten uns gefehlt, sondern auch die mittelständische Zulieferindustrie. Weder Nokkenwellen noch Vergaser, noch Reifen wären in Deutschland gebaut worden, keine Fahrwerke, keine Karosserien, keine Fahrzeug-Elektrik, allenfalls Zündkerzen und vielleicht noch Auspuffe. Die Maschinen, die man in der Automobilindustrie braucht, wären ebenfalls nicht in Deutschland gebaut worden, Fahrzeug- und Maschinenbau wäre an den Technischen Hochschulen kaum gelehrt worden, es hätte wahrscheinlich nicht einmal technische Hochschulen gegeben oder jedenfalls viel weniger als wir heute haben, und Forschung und Entwicklung wären ebenfalls ausgefallen.

Mikrochips sind das absolute Gegenteil eines Rohstoffs. Wenn man schon von Rohstoff redet, dann ist Sand der Rohstoff. Aus ihm wird Silizium gewonnen. Aber schon das Gewinnen von hochreinem Silizium, dem Grundstoff der Mikroelektronik, setzt wissenschaftliche Beherrschung voraus, und erst recht die Weiterverarbeitung zu Mikroprozessoren und Speichern. Nicht ohne Grund sind Mikrochips teurer als Gold.

Speicherchips sind die Basistechnologie der Informationsgesellschaft. Wer diese Technologie nicht beherrscht, wird in dieser Ära keine besonders bedeutende Rolle spielen können, wird die Mehrzahl der neuen Produkte in Asien und Amerika einkaufen müssen. Arbeitsplätze und Wertschöpfungen entstehen dann in Asien und Amerika statt in Europa.

So, wie Dampfmaschinen, Otto-, Diesel- und Elektromotoren Lokomotiven waren, die nicht nur Züge, sondern ganze Branchen hinter sich herzogen, durch ihr Ziehen zum Aufbau der Industriegesellschaft beigetragen und die Eisenzeit zur Blüte gebracht haben, so sind Mikroprozessoren und Speicherchips heute die Lokomotiven, die neue Branchen hinter sich herziehen, die Informationsgesellschaft entstehen lassen und die Siliziumzeit zur Blüte bringen werden.

Ich habe damals, während der Aufholjagd von Siemens, Philips und SGS Thomson, miterlebt, wie stolz die Ingenieure und Techniker bei Siemens gewesen sind, als sie ihr Ziel erreicht hatten und ihre ersten Megabit-Chips verkaufen konnten. »Wir lagen 1984 bei den Speicherchips drei Jahre zurück, heute zählen wir zu der Handvoll Unternehmen, welche diese Technologie beherrschen«, hat mir 1989 Hans Friedrich gesagt, der damalige Leiter der Chipentwicklung bei Siemens. Den Ein-Megabit-Chip habe man noch mit Hilfe japanischer Lizenzen entwickelt, den Vier-Megabit-Chip schon völlig eigenständig. Der Stolz war berechtigt, denn die Siemens-Entwickler hatten wirklich in sehr kurzer Zeit mit viel Begeisterung, Engagement, auch mit vielen Überstunden, Nachtarbeit und Wochenendeinsätzen gezeigt, daß Aufholen möglich ist. Und nun war das alles umsonst gewesen, und das nur, weil die Shareholder sich nicht für das Engagement dieser Menschen interessieren und einen schnelleren »return on investment« verlangen.

Während der siebziger und achtziger Jahre waren die Vorstandsetagen von Siemens und Nixdorf keinesfalls die einzigen Orte, an denen sich Arroganz und Unfähigkeit paarten.

Zuvor schon hat in den entsprechenden Etagen von AEG, Grundig, Telefunken oder Agfa das dortige Management so lange auf die Japaner heruntergeschaut, bis TV-Geräte, Videorekorder, Stereoanlagen und Kameras ausschließlich aus Japan kamen und zu ersten Massenentlassungen am Standort Deutschland führten. Und auch die deutschen Autobauer haben jahrelang die Nase gerümpft über die japanischen Autos. Den Motorradbau haben sie ganz eingestellt, und die Japaner konnten vorführen, wie man mit Motorrädern auf der ganzen Welt Geld verdient.

Man wird wütend, wenn man die Versager aus deutschen Vorstandsetagen heute über Lohnnebenkosten und Steuern jammern hört, man wird wütend, wenn man sie über den Standort Deutschland, über Wettbewerbs- und Innovationsfähigkeit predigen hört, und man wird wütend über die Selbstverständlichkeit, mit der sie Millionen-Abfindungen kassieren, wenn sie ein Unternehmen an die Wand gefahren und Tausende von Arbeitsplätzen gefährdet haben.

Der Unterschied zwischen den USA und Europa

Warum hat Deutschland, warum hat ganz Europa die digitale Revolution verschlafen? Einen wesentlichen Grund nannte ich implizit schon: Die Grundlagen für die Mikroelektronik sind in Amerika nach dem Krieg gelegt worden, also in jener Zeit, in der das zerbombte Europa und das unter Atomschock stehende Japan mit dem Wiederaufbau beschäftigt waren. Amerika hatte Zeit, Geld und Muße, die nächste technologische Revolution vorzubereiten.

Einen zweiten Grund hatte ich ebenfalls genannt, den kalten Krieg, den Rüstungs- und Technologie-Wettlauf, und als Folge davon Amerikas Apollo-Projekt. Ein dritter Grund ist der Exodus europäischer Wissenschaftler in die USA, ein vierter die schiere Größe der USA, eines Landes, das einfach mehr Geld in Forschung und Entwicklung stecken kann als die einzelnen Länder Europas. Dazu kommen die bekannten Vorteile Amerikas gegenüber Europa: ein Land, eine Sprache, eine Währung, eine Zentralregierung.

Aus diesen Gründen hat die Halbleiterforschung in Amerika ihren Aufschwung begonnen statt in Europa oder Japan. Aber diese Gründe reichen nicht aus, es gibt noch andere, und hier spielt das Versagen von Eliten eine nicht unwesentliche Rolle.

Warum blieb die amerikanische Technologie-Entwicklung bis weit in die achtziger Jahre hinein in Europa praktisch unentdeckt und ohne Konsequenz?

Ich glaube, der wichtigste Unterschied lag – und liegt wohl immer noch – in der Mentalität, denn Amerikaner ticken in vielem anders als Europäer.

Einen dieser Mentalitätsunterschiede kann ich aus eigener Erfahrung beschreiben. Ich war Ende der sechziger Jahre, also zu einem relativ frühen Zeitpunkt, ganz nah dran an der Halbleiterforschung. Aber gedanklich stand ich ihr doch ganz fern und habe darum nicht erkannt, daß ich eigentlich in ein aufregendes, zukunftsträchtiges Forschungsgebiet geraten war.

Ich war allerdings auch nur ein Lehrling, erlernte in verschiedenen Labors eines mittelständischen Unternehmens den Beruf des Physiklaboranten. In diesen Labors wurden Halbleiter entwickelt.

Das Unternehmen, Stemag hieß es, im idyllischen Pegnitzstädtchen Lauf bei Nürnberg war es angesiedelt, hatte seinen Namen von Steatit und Magnesia, zwei Grundstoffen, aus denen die Stemag keramische Bauelemente für die Elektroindustrie herstellte, hauptsächlich Isolatoren. Halbleiter haben auch etwas mit Keramik und Nichtleitern zu tun, da lag es nahe, daß man sich im Forschungs- und Entwicklungslabor damit beschäftigte, und so kam es, daß auch ich mich mit Halbleitern auseinandersetzen mußte.

Eine sehr spezielle Eigenschaft von Halbleitern ist der Piezo-Effekt. Er läßt Halbleiter auf mechanischen Druck mit dem Aufbau einer elektrischen Spannung reagieren. Umgekehrt führt elektrische Gleichspannung dazu, daß er sich staucht oder ausdehnt. Wechselspannung bringt ihn zum Schwingen. Man kann die Eigenschaften von Halbleitern, auch die Piezo-Eigenschaften, durch den gezielten Einbau von Fremdstoffen ins Grundmaterial entscheidend verändern. Dotierung nennt man das, und damit beschäftigten wir uns. Wie muß man das Grundmaterial mit den Fremdstoffen mischen, in welchem Mengenverhältnis, und wie und bei welcher Temperatur muß man alles zusammenbacken, damit der Halbleiter die gewünschten Eigenschaften bekommt und zuverlässig beibehält? Das war die Frage, auf die wir eine Antwort finden sollten in unserem kleinen Labor an der Pegnitz, und das war nicht sehr verschieden von dem, was jenseits des Atlantiks zur gleichen Zeit in Tausenden von Labors ebenfalls versucht wurde.

Warum waren die Amerikaner erfolgreicher? Meine Vermutung lautet: Sie waren erfolgreicher, weil sie engagierter und begeisterter zu Werke gingen. Warum sie ganz anders an die Sache rangingen, hat Gründe, auf die ich später zurückkomme.

Ich will zunächst wieder in mein kleines Labor zurückkehren, wo ich meinen Beruf erlernte.

Halbleiter interessierten mich eigentlich gar nicht. Schon das Wort Halbleiter, nicht Fisch, nicht Fleisch und reduziert auf eine einzige Eigenschaft, schreckte mich ab. Was sollte daran interessant sein? Und dann ging es bei Halbleitern vorwiegend um das richtige Mischungsverhältnis der verschiedenen Grundstoffe, um Korngrößen und um die richtige Ätztechnik. Ätzen, mischen, im Ofen brennen, sintern, das war wie kochen. Ich war nicht Physiklaborant geworden, um zu kochen, sondern weil ich mich für Atomphysik interessierte, für Astronomie, für die Relativitätstheorie, für Elementarteilchenphysik und für das, was die Welt im Innersten zusammenhält.

Mein Chef und Ausbilder, ein Physiker, hätte vielleicht mein Interesse an Halbleitern wecken können, er hat anfangs auch ein paar matte Versuche gemacht, es dann aber gelassen, weil ihm die Sache wohl selber nicht sehr spannend vorkam. Ihn interessierten naturphilosophische Fragen auch mehr als Hysteresekurven von Bariumtitanat und Bleizirkonat. Fast jeden Tag nach Feierabend holte er mich in sein Büro, und dann unterhielten wir uns über Atomphysik, Philosophie und sogar über Theologie. Er wies mich auf die Bücher von Carl Friedrich von Weizsäcker hin, die ich verschlang, und er schenkte mir eine Einstein-Biographie. Ihn interessierte das auch mehr als »die Halbleiterei«, wie er sich auszudrücken pflegte. Seinen Job faßte er als Brotberuf auf. Mit irgend etwas muß man halt sein Geld verdienen, und wenn sich aus seiner Entwicklungsarbeit irgendein fertiges Produkt ergebe, dann habe er einen Beitrag geleistet, Arbeitsplätze zu sichern oder gar zu schaffen, und das sei ihm Befriedigung genug. Aber natürlich war ihm die Physik, der es nicht um kommerzielle Anwendungen ging, sondern um Erkenntnis, auch sympathischer.

Für mich war das eine schöne Zeit. Ich lernte viel, ich fühlte mich wohl und geborgen in meinem kleinen Labor, war Teil einer Gruppe von einem halben Dutzend Lehrlingen, und weil sich der Physiker so gut um uns kümmerte, dazu noch ein Chemiker und Ingenieur, die uns regelmäßig Unterricht erteilten, schloß ich meinen Beruf sehr erfolgreich ab. Für die Stemag war mein Wirken und das meiner Ausbilder weniger erfolgreich. Sie hat zwar später die in unserem Labor entwickelten Halbleiter tatsächlich verkaufen können, aber der große Hit war es nicht. Sie hat allerdings auch aus den Halbleitern so ziemlich die dümmste Anwendung gemacht, die man sich denken kann: Piezozünder, also Elemente, die in Feuerzeugen und Gasanzündern durch Druck einen elektrischen Funken produzierten, der dann das Gas entflammte. Was wir da mit hohem Forschungsaufwand entwickelten, war also ein Feuerstein-Ersatz. Ich weiß nicht, ob die Stemag mit ihren Piezozündern die Entwicklungskosten jemals wieder hereingeholt hat, ich bezweifle es.

In den USA lief das ganz anders. Da gab es viele Laboratorien, viele verschiedene Unternehmen, die geographisch alle dicht beieinander lagen und alle an gleichen und ähnlichen Problemen arbeiteten. Die Mitarbeiter in diesen Unternehmen kannten sich schon von der Universität, trafen sich daher außerhalb der Arbeitszeiten privat, tauschten Neuigkeiten aus, fachsimpelten, und aus unerfindlichen Gründen waren sie kaum an Elementarteilchen und den letzten Fragen interessiert, sondern an Computern und allen damit zusammenhängenden Problemen. Daher waren sie auch an Halbleitern und integrierten Schaltungen interessiert. Und sie waren interessiert, möglichst schnell möglichst viele Dollars zu machen.

Man sah immer wieder, daß sich drei, vier Kollegen aus bestimmten Abteilungen zusammentaten, noch ein paar andere mitnahmen, ein Unternehmen gründeten und innerhalb weniger Jahre zu Millionären wurden. In deren Unternehmen gab es wieder Mitarbeiter, die irgendwann ausstiegen und ein eigenes Unternehmen gründeten. Und immer stand ein reicher Finanzier im Hintergrund, der es riskierte, sein Geld in das neue Unternehmen zu stecken und jungen Milchbärten anzuvertrauen. Ging's schief, war's auch keine Katastrophe, dann gründete man eben eine neue Firma, und wenn's sein mußte, noch einmal eine neue. Für den Finanzier war es ebenfalls kein Unglück. Verlor er Geld bei den Gründungen A, B und C, so holte er es bei D wieder herein, verdiente kräftig mit E und unterm Strich mehr als mit sichereren Geldanlagen.

Zellteilung nannte man die ständigen Neugründungen von Unternehmen, und aus dieser Zellteilung entstand ein Organismus namens Silicon Valley. Durch die hohe Zahl von Gleichgesinnten auf einem relativ eng umgrenzten Gebiet entstanden eine effiziente Infrastruktur, eine kritische Masse und so etwas wie ein gemeinsamer Geist, die zusammen in einem sich selbst verstärkenden Vorgang die Siliziumtechnologie immer weiter vorantrieben.

Selbst wenn ich gewollt hätte – außer meinen Lehrlingskollegen und meinen drei Lehrern hätte ich niemanden gehabt, mit dem ich außerhalb meines Labors über Halbleiter oder Computer hätte reden können. Es gab keine Siliziumindustrie an meinem Wohnort, es gab sie nicht in der engeren Umgebung und auch nicht in der weiteren. Der Gedanke, möglichst schnell reich zu werden, war mir fremd. Meinem Chef, dem Physiker, ebenso. Selbst wenn er eine gute Idee gehabt hätte, hätte er sich nicht selbständig gemacht, sondern die Idee innerhalb seines Betriebs verwirklicht und allenfalls eine Erfinderprämie gefordert. Und wenn er es doch probiert hätte, hätte er große Schwierigkeiten gehabt, jemanden von der Bank zu überzeugen, daß sie ihm seine Firma finanzieren muß. Hätte er wider Erwarten aber doch einen Finanzier gefunden und wäre dann aber pleite gegangen, hätte er nie wieder Geld bekommen und wäre ein Leben lang als Pleitier stigmatisiert gewesen.

Deutsche Banker und Finanziers waren konservative und vorsichtige Leute. Sie investierten lieber in sichere Projekte, und »Venture Capital« war damals ein unbekanntes Wort in Deutschland.

Deutsche Naturwissenschaftler waren von ihrem Habitus her, auch wenn sie in der Industrie arbeiteten, eher Grundlagenforscher. Die Grundlagen interessierten sie, auch mögliche Anwendungen interessierten sie noch, aber eine der möglichen Anwendungen selber zu realisieren und zum marktreifen Produkt zu entwickeln, das war ihre Sache nicht, und wenn sie es doch mal getan haben, dann nur, um das fertige Produkt mit tiefer Befriedigung in die Vitrine zu stellen und zu sagen: So, das können wir jetzt also auch. Verkaufen wollten sie es eigentlich nicht. Das Kaufmännische lehnten sie irgendwie ab. So ist bei Siemens das Faxgerät erfunden worden, aber weltweit verkauft haben es die Japaner.

Ein Manager von Hitachi hat mir einmal gesagt, daß Hitachi seit vielen Jahren den Siemenskonzern mit einer Mischung aus größter Hochachtung und noch größerem Staunen beobachte. »Was immer sich technologisch auf der Welt tut, tut sich auch in den Labors von Siemens, die beherrschen jede Technologie«, sagte mir der Hitachi-Manager, »aber was sich in den Siemenslabors tut, bleibt auch meistens dort, selten verläßt mal ein marktfähiges Produkt das Labor.«

Deutsche ticken eben anders als Japaner und Amerikaner. Eigentlich ist das Ticken der Deutschen nicht unsympathisch. Nur auf dem Weltmarkt, da ist dies sympathische Wesen des deutschen Ingenieurs und Wissenschaftlers nicht gerade ein Wettbewerbsvorteil. Und die Beschäftigung im eigenen Land fördert es auch nicht so richtig.

Good Vibrations und der Muff von tausend Jahren

Die Jahre 1968/69 waren Jahre des Aufruhrs. Von Berlin bis San Francisco ging die Jugend der Welt auf die Straße und rebellierte gegen das Establishment, und in der Tschechoslowakei erblühte der Prager Frühling. In Prag, Berlin, Frankreich, London und Los Angeles begeisterte sich die Jugend für eine neue Musik, für die Beatles und die Rolling Stones, für Bob Dylan und Janis Joplin. Die Außerparlamentarische Opposition (APO) war angetreten, die Welt zu verändern. In Berlin brannte es im Springer-Hochhaus, in Paris brannten Barrikaden, und Präsident Charles de Gaulle hätte beinahe abtreten müssen. Die Werke von Marx und Engels wurden gelesen. Lateinamerikanische Revolutionäre wie Fidel Castro und Che Guevara wurden von Europas und Amerikas Jugend verehrt, und man las die Mao-Bibel.

In den USA gab es Massenproteste gegen den Vietnamkrieg. »Make love not war«, schallte es um die Welt. Es entstand eine Jugendkultur, die während der ganzen siebziger Jahre und zum Teil bis weit in die achtziger Jahre hinein im Gleichklang dachte und handelte. In diesen 20 Jahren zwischen 1968 und 1988 folgte eine Bewegung auf die andere: Die Hippies initiierten die Zurück-zur-Natur-Bewegung, thematisierten die Gefährdung der Umwelt und entdeckten fernöstliche Meditationsriten. Die Umweltbewegung, die Frauenbewegung und die Friedensbewegung folgten und hielten die Welt auf Trab, in Amerika wie in Europa. Es schien so, als ob sich eine einheitliche Welt-Jugendkultur herausgebildet hätte.

Oberflächlich betrachtet war es auch so. Unter der Oberfläche waren da aber doch ein paar bedeutsame Unterschiede, bedeutsam nicht zuletzt für die technisch-wirtschaftliche Entwicklung in Amerika und Europa. Man beginnt mit der Beschreibung des Unterschieds am besten mit einem berühmten Werbespot aus dem Jahr 1984, dem Jahr George Orwells. Der einminütige Werbespot wurde in den USA ausgestrahlt, und zwar nur ein einziges Mal, während der Übertragung eines Football-Endspiels. Auf dem Höhepunkt, im letzten Viertel des Matches, sahen die Zuschauer in dieser einen Minute das Gesicht von Big Brother, wie es finster von einem monumentalen Bildschirm auf eine Masse uniformierter Untertanen herabblickt und eine donnernde Rede hält. Plötzlich tritt aus der grauen Masse jemand heraus, eine Frau, sie stürmt nach vorn und zertrümmert mit einem riesigen Hammer den Bildschirm. Die Sklaven sind frei.

Alle haben damals verstanden, was gemeint war. Big Brother, das war IBM. Die Frau – eine Frau! –, das war Apple. Und es war nicht nur Reklame. In dem Spot lag etwas Wahres, wenn auch schon Vergangenes.

In den siebziger Jahren umgab Computer die Aura des Geheimnisvollen, Mächtigen, fast Unheimlichen. Die wenigsten hatten damals die Chance, einen Computer wirklich zu sehen, anzufassen, ihn gar zu bedienen. Man machte sich seine Vorstellung vom Computer aus den Fernsehbildern vom Kontrollzentrum der NASA in Houston, diesem Panorama von flimmernden Bildschirmen, oder aus Science-fiction-Filmen wie etwa Stanley Kubricks ›2001: Odyssee im Weltraum‹. Darin treibt ein Computer namens HAL sein unheimliches Wesen. H, A, L – das sind die Buchstaben, die der Folge I, B, M vorausgehen.

IBM, das war nach Kriegsende bis weit in die siebziger Jahre hinein ein Synonym für Computer. Unternehmen, die damals mit Informationstechnologie zu tun hatten, gehörten entweder IBM oder überlebten von IBMs Gnaden, umgaben die Zentralmacht wie Vasallen und durften sich von den Krumen ernähren, die IBM ihnen ließ. Der elitäre, geheimnistuerische, vor Selbstbewußtsein strotzende Koloß wurde geführt wie eine Armee, und diese Unternehmenskultur spiegelte sich in dessen Produkt, dem Mainframe, dem alles beherrschenden Zentralrechner, an dem viele hundert oder tausend »dumme« Terminals hingen. Solche Ungetüme, die ganze Räume füllten, hat IBM damals verkauft, noch lieber aber vermietet, um die Kontrolle über ihre Rechner zu behalten. Und nach der Vorstellung dieses Kolosses sollte das für immer so bleiben.

Aber dann kam die 68er-Bewegung, der weltweite Jugendprotest. In den USA, besonders in Kalifornien, marschierte unter den Protestierenden auch eine Spezies, die es in Europa nicht gab: Computerfreaks, Hacker, denen es nicht paßte, daß sie an ihren Universitäten betteln mußten, um Rechenzeit von den Mainframes zugewiesen zu bekommen. Und überhaupt, so schrieben sie in einer der weltweit ersten Hackerzeitschriften, der ›People's Computer Company‹: »Computer werden meistens gegen Menschen eingesetzt anstatt für Menschen; um Menschen zu kontrollieren, anstatt sie zu befreien. Es ist Zeit, all das zu ändern – wir brauchen eine ... Computerwissenschaft für das Volk.«

Die Hacker unter den Protestierern hatten nicht nur das Establishment als Feindbild, nicht nur die Army, sondern auch IBM, den alles beherrschenden Computerkonzern. Deshalb entstand Resource One, ein gemeinwirtschaftlicher Computernutzungsbetrieb. Dessen Gründer sagten, Computertechnologie werde bisher hauptsächlich von Regierungen benutzt, um riesige Mengen von Information über Menschen zu speichern. Verfügbare Information werde von zentralisierten Institutionen – Presse, Fernsehen, Radio etc. – kontrolliert und fließe stets von oben nach unten. »Gerade diese Tatsache bringt uns zu der Überzeugung, daß die Kontrolle über den Informationsfluß von entscheidender Bedeutung ist.«

Bei Resource One blieb es nicht. Überall in Kalifornien keimten damals Zellen einer elektronischen Volksbewegung. Die ersten Garagenbastler versuchten sich an einem Computer für jedermann, kauften sich elektronische Bauteile, programmierten Software, hockten zusammen, diskutierten und tauschten ihr Wissen aus, ihre selbstgeschriebenen Programme, ihre selbstgebastelten Maschinchen. Niemand dachte damals daran, für Software Geld zu verlangen, außer Bill Gates, der wußte damals schon, daß er reich werden wollte.

Von Gates abgesehen, herrschte unter Amerikas Jugend damals eine kuriose Atmosphäre vor, in der harte, trockene Informationstechnologie, Zurück-zur-Natur-Bewegung, politische Rebellion, Science-fiction, Hippie-Kultur, Esoterik, Buddhismus, Rockmusik, Daten und Drogen mühelos unter einen

Hut gebracht wurden. Was in Deutschland nie zusammengefunden hat – hier die Technophilen, dort die Natur-Romantiker, dazwischen die Basisdemokraten und Verkünder der Emanzipation –, in Kalifornien wuchs es zusammen. Und gebar Altair, die Befreiungstechnologie, jenes unendlich primitive Ding – ich beschrieb es schon –, mit dem sich kaum etwas anfangen ließ und das 1975 doch massenhaft verkauft wurde, hauptsächlich über den Whole Earth Catalog, zusammen mit Holzöfen, Wigwams, Lederkleidung, Gartengeräten und Hebammeninstrumenten für Hausgeburten.

Zwei Jahre später dann die Sensation, die den Koloß IBM erschütterte: Stephen Wozniak und Steve Jobs stellten 1977 ihren Mikrocomputer vor und nannten ihn Apple II. Es war der erste vollwertige Personal Computer. Der Name sollte an die Plattenfirma der Beatles erinnern; nach einer anderen Version war der Name das Ergebnis der Obstdiät von Steve Jobs, die er sich nach seinem Aufenthalt in einem indischen Ashram auferlegt hatte.

Die Befreiungstechnologie war da und mit ihr auch der wirtschaftliche Erfolg. Das sprach sich schnell herum, bis hin zur Wallstreet. Als man dort sah, daß sich mit den Spinnereien der Hippies in kurzer Zeit viel Geld verdienen läßt, standen plötzlich die Investoren auf der Matte und ließen Geld fließen, viel Geld. Das führte zu einer Innovationsexplosion und veränderte die Hippies und Garagenbastler von Grund auf.

Die Kunden von Apple waren ein Pfund, mit dem Apple hätte wuchern können. Aber was wucherte, waren die Gewinnphantasien der Kaufleute. Als diese bei Apple nicht mehr so bedient wurden wie in der Vergangenheit, wurde Steve Jobs aus seiner eigenen Firma hinausgeworfen und durch einen Manager ersetzt, der vorher Cola verkauft hatte. Stephen Wozniak war schon vorher gegangen. Überall in Silicon Valley war das so. Die Visionäre gingen, die Aktionäre kamen. Wenn sich die Visionäre weigerten, sich anzupassen oder zu gehen, wurden sie gegangen oder mußten sich den neuen Herren unterwerfen. Bei Intel und Microsoft regierten sowieso schon Leute, die von Anfang an gedacht haben wie Aktionäre. Sie, die Aktionäre, führten nun das Regiment in Silicon Valley, und unter ihrer

Führung entstand innerhalb zweier Jahrzehnte eine völlig neue Industrie, welche die Welt umkrempeln sollte.

Apple kümmerte sich im weiteren Verlauf mehr um seine Prozesse gegen Microsoft – man warf Gates vor, für sein Betriebssystem Windows Apple-Ideen geklaut zu haben – als um seine Kunden. Technologisch entwickelte das Unternehmen nichts grundlegend Neues mehr. Apple stagnierte, stieg ab, rutschte in die roten Zahlen. Microsoft holte auf, wurde groß und immer größer, machte aus dem DOS- einen Windows-PC, und der unterscheidet sich in der Qualität nur noch marginal von Apple-Computern.

Als Apple 1986 den neuen Macintosh II vorstellte, wurde auch dieser wieder spektakulär beworben, zunächst ganz in der Tradition des Vorkämpfers für die Demokratisierung der Informationstechnologie. In einer ›Newsweek‹-Sondernummer hatte Apple die gesamte Werbefläche gekauft und unter das Thema gestellt: »Eine Person, ein Computer, das Prinzip der Demokratie, angewandt auf die Technologie.« Und dann wurde seitenlang die Geschichte eines Yuppies erzählt, der ein Unternehmen gründet und sich dafür entscheidet, sein Unternehmen mit Apple-Computern auszurüsten. Und was verkauft der clevere, junge Stratege? Babynahrung.

Wieder lag sehr viel Wahrheit in der Werbung, diesmal wohl mehr unfreiwillig. Apple war längst kein Unternehmen mehr, das für jugendliche Frische, Wagemut, Frechheit oder gar demokratische Ideale steht, hatte aber trotzdem noch lange diesen Nimbus bei seinen treuen Kunden. Damit ist es jetzt vermutlich auch vorbei. Bill Gates hat sich für 150 Millionen Dollar beim Rivalen eingekauft und damit dessen Überleben gesichert. Was das für Folgen für Apple und seine Kunden hat, kann im Moment niemand vorhersagen. Fest steht nur: Die letzte spektakuläre Werbeaktion von Apple war durch und durch verlogen. Apple verband seinen Namen mit den Namen von Gandhi, Chaplin, Einstein. Mit diesen Männern, mit deren Visionen und Charakter, hat Apple nicht mehr das geringste zu tun. Apple ist ein normales Feld-, Wald- und Wiesen-Unternehmen geworden, das die Interessen seiner Aktionäre zu bedienen hat.

Was sich bei Apple und vielen anderen weniger bekannten Unternehmen getan hat – der Einzug der Aktionäre und der Auszug oder Hinauswurf der Visionäre –, das wiederholt sich gegenwärtig im Internet. Auch die Entwicklung des Internet wurde anfangs von Enthusiasten vorangetrieben, die an dieses weltweite Netz die Vision eines basisdemokratisch gesteuerten globalen Dorfes geknüpft hatten. Gegenwärtig erleben wir, wie das World Wide Business mit Macht ins Netz eindringt und die Netizens an den Rand oder ganz hinausdrängt. Es ist ein bekanntes Phänomen im Kapitalismus: Die Jugendkulturen werden beobachtet, man läßt sie in scheinbarer Freiheit gewähren, bis sie etwas für den Markt Verwertbares produzieren, dann wird zugegriffen und die Jugendkultur für die eigenen Zwecke ausgepreßt, bis nichts mehr von ihr übrigbleibt als der oberflächliche Nimbus der Jugend und des Neuen.

Noch einmal: der Krieg

Computer und alternativer Lebensstil – in Kalifornien ging's zusammen. Deutsche Studenten und Intellektuelle dagegen interessierten sich nicht für Computer und Halbleiter, sondern für Marx und Engels. Man studierte nicht Physik, Elektrotechnik oder Betriebswirtschaft, das war etwas für Fachidioten, man studierte statt dessen Philosophie, Politologie, Soziologie, Psychologie und Pädagogik. Im Mathematik- oder Physik-Abitur schlecht abgeschnitten zu haben, mit Technik nicht umgehen zu können, galt und gilt in Deutschland schon fast als Ausweis von erlesener Bildung und überlegener Intellektualität. Über das US-Raumfahrtprogramm wurde unter deutschen Intellektuellen gerne gespottet, der ganze zivile Nutzen der Raumfahrt erschöpfe sich in der Teflonpfanne.

Rudi Dutschke und Co. wollten mit Marx und Engels die Arbeitswelt verändern. 30 Jahre später wird sie wirklich verändert, von einer Technik, die Deutschlands Linke bis vor kurzem einfach ignoriert hat, von einer Technik, die von kalifornischen Rebellen der 68er-Zeit wesentlich mitgestaltet wurde. Und heute richtet sich diese Technik gegen jene, denen nach der Vorstellung der Rebellen von damals diese Technik eigentlich die Befreiung hätte bringen sollen.

Was Marx und Engels über die Akkumulation von Kapital, die Ausschaltung der Konkurrenz durch Monopole, den Nutzen arbeitsloser Reserve-Armeen für die Unternehmer und die globale Herrschaft des Kapitals in ihr Kommunistisches Manifest geschrieben hatten, hatte damals, in der 68er-Zeit der Vollbeschäftigung und der nationalen Volkswirtschaften, nicht richtig gepaßt. Heute, 30 Jahre später, würde es passen. Heute wären Marx und Engels wirklich aktuell. Aber heute sind sie so tot, wie Tote nur sein können.

Warum war auch die Jugendrevolte in Deutschland wieder anders als in den USA? Ich habe dafür keine Erklärung, nur eine Vermutung: Es lag wieder an der Vergangenheit, am Krieg, am Völkermord, am Holocaust. Ein großer Teil der Energie der 68er-Bewegung wurde von der Vergangenheitsbewältigung beansprucht, von der Auseinandersetzung mit den Vätern, den Tätern des Dritten Reiches und den Totschweigern und Verdrängern im Nachkriegsdeutschland. Und die damals aktiven Forscher und Entwickler waren nicht nur mit dem Wiederaufbau beschäftigt, sondern auch mit dem Verdrängen und Leugnen. Hinzu kommt, daß deutsche Wissenschaftler nach dem Krieg von internationalen Kongressen ausgeschlossen waren oder dort gemieden wurden. Die amerikanischen Hippies hatten dieses Problem nicht. Deren Köpfe waren frei für anderes. Der Krieg ist der Vater aller Dinge, aber ein gewonnener Krieg zeugt offenbar andere Kinder als ein verlorener.

Nicht nur Naturwissenschaft und Technik genossen wenig Ansehen im Deutschland der siebziger und achtziger Jahre, auch die Unternehmer und Manager standen nicht hoch im Kurs, wurden von der APO als Kriegstreiber, Kriegsgewinnler, Ausbeuter, repressive Ideologen und später von der Alternativbewegung auch als Umweltzerstörer gebrandmarkt. Unternehmer, Forscher und Wissenschaftler standen unter Generalverdacht. Der Zeitgeist war gegen die deutsche Wirtschaft, und vielleicht hat sie das gelähmt.

Unternehmerverbände haben sich in der Standortdebatte heftig darüber beklagt, es sei in Deutschland immer nur über die Gefahren neuer Technologien debattiert worden, während in anderen Ländern deren Chancen erkannt, zu Produkten entwickelt und auf dem Weltmarkt verkauft worden seien. Dabei übersehen sie aber zweierlei: Ein guter Unternehmer unterscheidet sich von einem schlechten Unternehmer dadurch, daß er für sein Unternehmen bedeutsame Entwicklungen rechtzeitig erkennt und sie für sein Unternehmen nutzbar macht. Das kann jeder Unternehmer unabhängig von jeglichem Zeitgeist tun. Deutsche Unternehmer haben das aber nur unzureichend getan. Sie waren schlechte, wenig vorausschauende Unternehmer. Sie waren alle regelmäßig in Amerika, waren aber offenbar blind für das, was dort geschah. Wenn Siemens sich 1975 entschlossen hätte, Speicherchips und Mikroprozessoren zu entwickeln, hätte niemand Siemens daran hindern können oder wollen. Und wenn Siemens seine traditionell guten Kontakte zu jeder Bundesregierung genutzt hätte, um auf das Potential von Halbleitern aufmerksam zu machen, hätte die deutsche Forschungspolitik vielleicht eine andere Richtung genommen. Aber Siemens war auf den Bau von Atomkraftwerken fixiert und gar nicht interessiert, Forschungsgelder aus der Atomtechnik in andere Bereiche umzuleiten.

Der zweite Fehler der Unternehmer und ihrer Verbände war ihre jahrzehntelange Ignoranz ökologischer Tatsachen. Damit haben sie den unternehmer- und wissenschaftsfeindlichen Zeitgeist selbst geschürt. Immerhin waren die achtziger Jahre auch eine Folge industriell verursachter Ökokatastrophen. Es gab Tschernobyl und Harrisburg, Seveso und Bhopal, tote Fische im Rhein und in den Meeren, sterbende Wälder, geborstene Ölbohrinseln und schwere Havarien auf dem Wasser und in der Luft. Von jeder einzelnen dieser Technikkatastrophen hatte es zuvor geheißen, nach den Gesetzen der Wahrscheinlichkeit könne sie höchstens alle 20 000 Jahre einmal oder noch seltener eintreten, und dann haben wir alle diese »nach menschlichem Ermessen ausgeschlossenen Ereignisse« binnen zweier Jahrzehnte erlebt. Aber nach jeder Katastrophe wollten die Unternehmen einfach weitermachen, als ob nichts gewesen wäre. Statt in Umweltschutz zu investieren, lamentierten die Unternehmer über die Technik- und Wirtschaftsfeindlichkeit der Deutschen, und während sie lamentierten, entwickelte sich das angebliche Unternehmerparadies Kalifornien zu einem Staat mit den schärfsten Umweltschutzbestimmungen der Welt. Das konnte sich Kalifornien leisten, weil es mit der Mikroelektronik eine Wachstumsindustrie par excellence hatte.

Daß es in Deutschland und Europa praktisch keine informationstechnische Industrie gibt, liegt nicht an den Steuern und Lohnnebenkosten, auch nicht an einem technophoben Zeitgeist, sondern am Versagen deutscher und europäischer Unternehmer und Forschungspolitiker. Der Standort Deutschland hat Schwächen, aber dafür sind nicht die Arbeitnehmer und Gewerkschaften verantwortlich, sondern die Unternehmer, auch Forschungspolitiker, die ebenfalls viel zu lange blind gewesen sind für den großen Trend.

Das Erwachen

In der zweiten Hälfte der achtziger Jahre kam das Erwachen. Deutschland war vom Technologiezug abgehängt. Scharenweise pilgerten Unternehmer, Manager und Politiker ins Silicon Valley. Dann kehrten sie zurück, und es war putzig mitzuerleben, welche Lehren sie aus ihren Bildungsreisen gezogen hatten. Wir brauchen Innovationen, sagten sie, Technologiezentren müssen her, Technologie-Transfer-Einrichtungen und Existenzgründer-Programme, und so bekam jeder Bürgermeister sein Technologiezentrum. Sie dachten: Wenn man vorne einen Existenzgründer hineinschiebt, quellen hinten die Innovationen und Arbeitsplätze heraus.

Natürlich quillt da gar nichts heraus. Technologiezentren, das sind heute überwiegend billige Gewerbeparks für Jung- und Kleinunternehmen. Manch eine Perle mag sich darunter befinden, aber die Vorstellung, man könne im Instantverfahren deutsche Silicon Valleys aus dem Nichts zaubern, war natürlich äußerst naiv. 40 Jahre lang ist in Amerika der Boden umgepflügt worden, sind Drainagen gelegt und Bewässerungsanlagen gebaut worden, ist gesät worden und gepflanzt, und jetzt wird dort geerntet. Unsere Politiker mit ihren Rufen nach Innovation möchten auch gerne so ernten, aber ohne gesät und gepflügt zu haben.

In den USA ist im Verlauf von 40 Jahren eine neue Industrie entstanden, die Hard- und Software herstellt. Mit einiger Verzögerung ist diese Industrie auch in Japan und Südostasien entstanden. In Europa existiert sie nur rudimentär.

Diese neue Industrie macht inzwischen weltweit mehr Umsatz als die Automobilindustrie. Der Löwenanteil davon entsteht in Asien und Amerika. Europa spielt als Produzent informationstechnischer Produkte eine Nebenrolle. Allenfalls bei kundenspezifischen Schaltungen, sogenannten Asics – Logikprozessoren für Autos, Maschinen, Haushaltsgeräte –, haben Europäer eine gewisse Kompetenz. Auch das Walldorfer Software-Unternehmen SAP spielt international eine führende Rolle bei Industrie-Software, aber sonst tritt Europa vor allem als Käufer von informationstechnischen Produkten auf, und genau das ist der Grund, warum wir in Europa weiterhin mit anhaltend hoher Arbeitslosigkeit rechnen müssen und warum das Problem bei uns schwieriger zu lösen ist, und gewiß nicht durch Lohnsenkungen.

Wenn europäische Ärzte und Anwälte Diktiersoftware kaufen, die es ihnen ermöglicht, Arzt- und Anwaltsbriefe in ihre Computer zu diktieren, und diese schreiben sie dann, dann sichern die Ärzte und Anwälte damit Arbeitsplätze in Amerika, wo die Software entwickelt und programmiert wurde. In Deutschland erhöhen sie damit ihr Einkommen und vernichten Arbeitsplätze, weil sie künftig weniger Arzthelferinnen und Anwaltsgehilfinnen brauchen.

Das gleiche passiert in großem Stil, wenn europäische Banken und Versicherungen durch Hard- und Softwarekäufe ihre Geschäftsabläufe automatisieren. Diese Käufe stärken die Industrien Amerikas und Asiens, auch die Aktienkurse der europäischen Banken und Versicherungen, aber deren Belegschaften landen zur Hälfte auf der Straße. Wo sollen sie neue Arbeitsplätze finden, wenn die Innovationen, die sie arbeitslos gemacht haben, in Amerika und Asien produziert werden und der Gewinnzuwachs der Banken und Versicherungen für von weiteren Entlassungen begleitete Fusionen verwendet oder überall auf der Welt investiert wird, nur nicht in Europa?

Ausgerechnet die Branche mit der größten Wachstumsrate und den meisten neuen – und zumeist anspruchsvollen – Jobs ist in Europa unterentwickelt. Daher sorgt Europa mit seinen Hard- und Softwarekäufen für Wachstum und Arbeitsplätze in Asien und Amerika. Zu Hause wird das Gekaufte eingesetzt, um Arbeitsplätze wegzurationalisieren. Deshalb haben wir Wachstum ohne Arbeit. Und daran können Lohn- und Steuersenkungen leider überhaupt nichts ändern.

Lohnsenkungen, wie sie in Holland zwischen Gewerkschaften und Arbeitgebern vereinbart worden sind und wie sie nun als »holländisches Modell« auch für Deutschland empfohlen werden, sind langfristig sogar gefährlich, denn sie hemmen das Produktivitätswachstum. Holland hat durch Lohnsenkungen und durch Schaffung von Teilzeitarbeitsplätzen zwar seine Arbeitslosenstatistik verbessern können, aber diese Verbesserung hat einen Preis, der irgendwann zu bezahlen sein wird. Je teurer die Arbeitskraft ist, desto größer ist der Druck zu rationalisieren, zu modernisieren und die Produktion und Verwaltung effizienter zu organisieren. Fällt dieser Druck wegen geringer Löhne weg, steigt die Produktivität nicht mehr. Mit stagnierender Produktivität ist kein Wohlstandszuwachs zu erzielen. Daß Rationalisierung Jobs kostet, ist ein anderes Kapitel, aber nicht zu rationalisieren kostet langfristig noch mehr Jobs, weil die Wettbewerbsfähigkeit sinkt. In Holland wird vielleicht der Mangel gerechter verteilt als bei uns. Aber langfristig wird dieser Mangel immer größer werden. Daher kommt es darauf an, mehr Wohlstand – auch mit weniger Beschäftigten – zu schaffen, diesen aber gerecht zu verteilen und auch die Nichtbeschäftigten daran teilhaben zu lassen. Das gelingt nur mit Hilfe von Produktivitätsfortschritten.

Darum bleibe ich dabei: Nicht die Löhne, Steuern und Arbeitszeiten sind die Misere des Standorts Deutschland, sondern die verschlafene und darum fehlende informationstechnische Industrie sowie die ungerecht hohe Besteuerung des Arbeitseinkommens und die faktische Nichtbesteuerung von Kapital und Vermögen.

Die Politiker sollten darum besser der Wahrheit ins Gesicht sehen: In Deutschland und Europa muß das Land erst urbar gemacht werden. In Deutschland und Europa muß den Innovationen erst der Boden bereitet werden. Ist das getan, kann man drüben in Amerika Pflanzen und Saatgut kaufen, um auch hier anzubauen, aber das wird teuer. Es müssen erst mehrere Ernten eingefahren werden, um das Geld wieder zu verdienen, das ausgegeben wurde, und erst danach kann man ernten und verdienen zugleich. Wir sollten uns also in Europa noch auf viele magere Jahre einstellen. Was 40 Jahre lang versäumt wurde, kann nicht über Nacht nachgeholt werden. Aber nachgeholt werden muß es. Europa braucht eine Mikroelektronikindustrie. Die nächste Welle technischer Innovationen, Mikrosystemtechnik und Nanotechnologie, zeichnet sich bereits ab. Ich vermute sogar, daß es zu Überschneidungen zwischen Nano- und Gentechnik kommen wird.

Daß uns diese Entwicklung vor schwerwiegende ethische Probleme stellen wird, ist klar. Deshalb diese Technologien nicht zu erforschen, wäre aber das Verkehrteste überhaupt. Nur wer die Technik beherrscht, kann über deren ethische Implikationen und deren Risiken kompetent mitreden und verlangen, als kritischer Gesprächspartner ernst genommen zu werden.

Will Europa bei diesen Technologien wieder dabeisein, muß erst der japanische und amerikanische Vorsprung in der Mikroelektronik eingeholt werden, denn ohne Mikroelektronik gibt es auch keine Nanotechnologie. Und dies alles gibt es nicht ohne eine entsprechende Bildung und Ausbildung, auch nicht ohne größere Anstrengungen in Forschung und Entwicklung. Was wir also brauchen, sind Investitionen mit einem längeren »Return-on-Investment«, als er den Shareholdern lieb ist.

Es muß nicht ebenfalls 40 Jahre beanspruchen. Lernen vom Vorbild kann den Nachholprozeß enorm verkürzen, darum ist es nicht aussichtslos, das Nachholen und Einholen zu wagen.

Aber Lernen heißt nicht kopieren, nachahmen, nachäffen. Wer auf dem Markt etwas verkaufen will, sollte sich mit seinem Produkt von den anderen auf dem Markt befindlichen Produkten unterscheiden. Darum brauchen wir zwar eine Entwicklung, die der amerikanischen ähnelt, aber die Ergebnisse dieser Entwicklung sollten sich von denen der amerikanischen Entwicklung unterscheiden.

Ich plädiere daher für einen europäischen Weg. Gehen werden ihn die Europäer aber nur, wenn ihre Köpfe und Herzen dafür gewonnen werden. Ob sie gewonnen werden, hängt sehr davon ab, wie Politiker und Unternehmer mit den Folgen der digitalen Revolution umgehen wollen. Es muß bewiesen werden, daß die digitale Revolution nicht nur den Shareholdern nützt, sondern allen. Im Augenblick läuft aber die Entwicklung nach dem bekannten Muster technischer Revolutionen ab: Wenige gewinnen, viele verlieren.

Paradigmenwechsel sind wie alle Revolutionen, immer mit großen Verwerfungen verbunden. Deshalb werden die nächsten Jahrzehnte rauh. Deshalb bringt der amerikanische Wettbewerbsvorteil selbst den meisten Amerikanern kaum eine Verbesserung ihrer Lebensqualität. Auch im starken Amerika zerbrechen ehemals sicher geglaubte Ordnungen, auch dort gerät das Zusammenleben der Menschen aus den Fugen.

Politische, soziale und wirtschaftliche Systeme ändern sich wegen der digitalen Revolution auf der ganzen Welt in kurzer Zeit sehr stark, und es gibt Gewinner und Verlierer. In der Regel zimmern sich die Gewinner eine Ideologie zurecht, die ihr Gewinnen und das Verlieren der anderen rechtfertigt. Bei der letzten industriellen Revolution war das der Manchester-Kapitalismus, zu dessen Kehrseite der Nachtwächterstaat und das Lumpenproletariat gehörten. Eine Antwort darauf waren der Marxismus, die Arbeiterbewegung und die Sozialdemokratie, eine andere war die Bismarcksche Sozialgesetzgebung.

Auch diesmal zeichnet sich wieder ab, daß wegen der digitalen Revolution ein neues Proletariat entsteht. Auch diesmal zimmern sich die Gewinner wieder eine Ideologie zurecht, die das alles rechtfertigt. Auch diesmal werden sich die Verlierer organisieren und dafür sorgen müssen, daß der technische Fortschritt allen dient. Dazu ist aber erst eine Auseinandersetzung mit der Ideologie der Gewinner nötig.

Die kalifornische Ideologie[14]

Wenn ein deutscher Staatsanwalt durchs Internet pirscht und Pornohändler, Kinderschänder oder Neonazis entdeckt, dann kassiert er den Computer, von dem aus diese Übeltäter agieren. Anfangs dachten die Staatsanwälte, damit sei der Fall erledigt. Inzwischen wissen sie, daß das Konfiszieren von Computern dem Steinewälzen des Sisyphus gleicht, denn das konfiszierte Böse schwappt kurze Zeit später über einen anderen, meist ausländischen, Computer wieder ins Land. Der Besitzer des Computers hat vorsorglich sein verbotenes Zeug auf den Computer eines anderen, im Ausland lebenden Bundesgenossen kopiert. Wenn auch dort ein Staatsanwalt aufkreuzt, sind die Daten schon wieder auf den nächsten Computer in einem dritten Land kopiert, und so fort.

Einen Mann wie Bayerns Ministerpräsidenten Edmund Stoiber belastet das schwer. Er ist ja sehr fürs Internet und für das Moderne überhaupt. Aber er ist auch sehr fürs Heimelige, für Goaßlschnalzer und für Schuhplattler. Im Internet surfen unterm Herrgottswinkel – das ist Stoibers Ideal. Doch das verpfuschen ihm die Web-Ganoven, und daß sich die Netzgemeinde mit diesen Netzbeschmutzern solidarisiert, das kann Stoiber überhaupt nicht verstehen. Das ist auch schwer zu verstehen, wenn man immer nur – wie Stoiber, aber auch liberalere Politiker, Grüne und Feministinnen – die Kinderschänder und Pornohändler im Blick hat. Da kann man zweierlei nicht sehen. Erstens: Hinter der scheinbaren oder tatsächlichen Solidarisierung der Netzgemeinde mit den Gesetzesbrechern steckt keine neue Dämonie, sondern eine gar nicht so neue radikaldemokratische Haltung, die schon Voltaire bewiesen hat, als er sich mit einem politischen Gegner stritt und sagte: »Ihre Meinung ist das genaue Gegenteil der meinigen, aber ich werde mein Leben daran setzen, daß Sie sie sagen dürfen.«

Wir können zwar vermuten, daß selbst ein Voltaire bei Kinderschändern Grenzen der Meinungsfreiheit postuliert und die Netzgemeinde gerügt hätte. Aber dieser geht es nicht um den Schutz der Kinderschänder, sondern um den Schutz des Netzes vor dem Staat. Nicht Moralfeindlichkeit, sondern Staatsfeindlichkeit ist das Motiv.

Das Zweite und Entscheidende: Die geradezu manische Staatsfeindlichkeit der sogenannten Netizens ist nur Teil eines Gesamtpakets, und wer an diesem Teil Anstoß nimmt, müßte eigentlich am Gesamtpaket Anstoß nehmen. Dazu müßte man es aber erst einmal aufschnüren. Zum Vorschein kämen dann: radikale Liberalität, schrankenloser Individualismus, totaler Markt, konsequenter Einsatz neuer Technologien, und das Internet als Transmissionsriemen. Es ist eine ganze Ideologie, die mit der Stoiberschen Laptop-und-Lederhosen-Herrlichkeit an vielen Punkten kollidiert.

Propagandisten dieser Ideologie sind keine unbekannten Sektierer, sondern Politiker wie Newt Gingrich, Autoren der Cyberkultur aus dem Umfeld der Zeitschrift ›Wired‹, wie Esther Dyson, George Gilder, George Keyworth, Alvin Toffler und Kevin Kelly, weltweit bekannte Internet-Aktivisten wie John Perry Barlow, Management-Gurus wie Tom Peters und viele einflußreiche Manager und Journalisten aus der amerikanischen High-Tech-Branche.

In der kalifornischen Ideologie treffen sich neue Yuppies mit alten Hippies. Das Epizentrum der sich ausbreitenden Heilserwartung liegt in Kalifornien, weshalb der neue Glaube von den zwei englischen Soziologen Richard Barbrook und Andy Cameron die »Kalifornische Ideologie«[15] genannt wird. Diese Ideologie verquickt laut Barbrook und Cameron individualistisches, emanzipatorisches, libertäres, liberales und manchmal anarchistisches Gedankengut mit einer Verherrlichung des Kapitalismus und seiner darwinistischen Prinzipien zu einem sonderbaren Amalgam.

Der zentrale Glaubenssatz dieser Ideologie lautet: Für die Hälfte aller Probleme der Menschheit gibt es eine technische Lösung. Die andere Hälfte löst der Markt. Und beide zusammen, Markt und Technik, werden uns in eine goldene Zukunft mit einem immerwährenden Aufschwung führen, in eine Zukunft, in der demnächst Krieg, Armut, Krankheit, Alter, Leiden und sogar der Tod überwunden werden. Das einzige, was auf dem Weg dahin noch stört, ist der Staat.

»Regierungen der industriellen Welt, Ihr müden Giganten aus Fleisch und Stahl, ich komme aus dem Cyberspace, der neuen Heimat des Geistes«,[16] so beginnt der Internet-Aktivist John Perry Barlow seine »Unabhängigkeitserklärung des Cyberspace«. Im »Namen der Zukunft« bittet er darin die Regierungen, diese »Vertreter einer vergangenen Zeit«: »Laßt uns in Ruhe! Ihr seid bei uns nicht willkommen. Wo wir uns versammeln, besitzt Ihr keine Macht mehr.«

Barlow erklärt »den globalen sozialen Raum, den wir errichten, als gänzlich unabhängig von der Tyrannei, die Ihr über uns auszuüben anstrebt. Ihr habt hier kein moralisches Recht zu regieren, noch besitzt Ihr Methoden, es zu erzwingen.«

Barlow vertritt mit dieser Position eine in den USA breit vertretene Strömung unter den »Netizens«, jenen Internet-Surfern, die das Netz und die mit ihm verbundene Technik in den Rang einer Weltanschauung erhoben haben. Nicht mehr Politiker, Behörden und Gerichte sollen das Zusammenleben regeln und organisieren, sondern die einzelnen über die Mechanismen des Marktes und mit Hilfe des Internet. Gesetzgebung, Kontrolle, ja sogar moralische Prinzipien soll man dem Markt überlassen, wird man ihm über kurz oder lang sowieso überlassen müssen, denn in einer globalen Wirtschaft spielen nationale Regelungen keine Rolle mehr. Gibt es keine Staaten und Politiker mehr, kann es auch kein Militär mehr geben, also auch keinen Krieg. Allenfalls Polizei ist noch nötig für den Schutz des einzelnen, aber auch dafür braucht man keinen Staat. Das können private Sicherheitsdienste genauso gut erledigen.

Krankheiten wird die Gentechnik heilen oder sich gar nicht erst verbreiten lassen. Später wird die Nanotechnik ermöglichen, winzig kleine Roboterheere in den Körper zu schleusen. Dort reparieren die molekülkleinen Nanoroboter beschädigte Zellen. Alter und Tod werden dann kein unausweichliches Schicksal mehr sein. Und wenn es mit Hilfe der Gentechnik gelingen sollte, die eigene Intelligenz oder sein Aussehen zu verbessern, so hat kein Papst und keine Ethikkommission der Welt das Recht, das dem einzelnen zu verbieten.

Die Nachfrage nach diesen Technologien wird gewaltig sein, gigantische neue Märkte entstehen, stetiges Wirtschaftswachstum, Reichtum und Wohlstand werden zwangsläufig folgen. So, in etwa, lautet der neue Glaube aus dem Land der unbegrenzten Möglichkeiten.

Natürlich hat diese kapitalistische Utopie ein paar Schönheitsfehler, zuallererst jenen, den Leszek Kolakowski schon bei allen Utopien eines Goldenen Zeitalters entdeckt hatte: »Jeder Versuch, das Paradies auf Erden zu verwirklichen, endet regelmäßig in der Hölle.«

Zum zweiten werden die verheißenen Segnungen nur der weißen Rasse zugute kommen, und von dieser auch nur dem englisch sprechenden, männlichen und gebildeten Teil mit hohem Einkommen.

Nach einem Bericht des US-amerikanischen Wirtschaftsministeriums »besitzen über 40 Prozent aller weißen Haushalte einen Computer, während in den schwarzen und lateinamerikanischen nur jeweils knapp 20 Prozent zu finden sind«.[17] Noch größer sei der Unterschied bei den Internetanschlüssen. Über 21 Prozent aller weißen Haushalte verfügten über einen Zugang zum Netz, während dies bei den schwarzen Familien lediglich 7,7 Prozent und bei den lateinamerikanischen 8,7 Prozent seien.

Das als »wichtiges Werkzeug der Demokratie« hochgelobte Internet kann diese Rolle also gar nicht spielen, wenn nicht alle einen Zugang dazu haben. Der größere Teil der Menschheit verfügt nicht einmal über ein Telefon, und die Zahl der vielen Millionen Analphabeten sinkt kaum.

Der dritte häßliche Fehler steckt in der Tatsache, daß gerade das High-Tech-Busineß aufs engste mit dem amerikanischen Staat verflochten ist. Es gibt wohl keine Branche auf der Welt, die mit mehr staatlichen Geldern aufgepäppelt wurde als die Computer- und Telekommunikationsindustrie. Ohne die Milliardenströme vom Pentagon, von der NASA und anderen staatlichen Stellen wäre diese Industrie überhaupt nicht entstanden. Das Pentagon wollte ein dezentrales Computernetz, das auch dann weiter funktionsfähig bleibt, wenn Teile dieses Netzes zerstört werden. Wenn Al Gore jetzt anstrebt, sämtliche

Schulen der USA miteinander zu vernetzen, dann ist auch dies wieder ein gewaltiges staatliches Förderprogramm für die informationstechnische Industrie, und im übrigen braucht diese Industrie, braucht jeder Eigner von Kapital den Staat, damit er dessen Eigentum schütze, den Profit und die Verträge.

Staatsfeindlich sind die Cyber-Libertarians also nur partiell. Geprügelt wird der Staat nur da, wo er die Geschäfte stört, wo er sich anmaßt, Steuern zu erheben, Gentechnikern auf die Finger zu schauen, Umweltschutzgesetze durchzusetzen, Datenschützer einzusetzen, industrielle Monopole zu zerschlagen oder verbindliche Spielregeln durchzusetzen.

Diese naiv-liberalistische Ideologie muß man trotzdem ernst nehmen, denn deren Propheten wähnen sich an der Spitze des Zeitgeistes, glauben, wie einst die Kommunisten, die Macht der Geschichte hinter sich zu haben, und vor allem verfügen sie über Einfluß und Geld. Ihre Ideologie strahlt ja auch schon aus bis nach Europa. Arbeitgeberfunktionäre, BDI-Präsidenten und FDP-Politiker sind längst davon infiziert und kommen sich sehr fortschrittlich vor, wenn sie ebenfalls den Staat in die Nachtwächterrolle drängen wollen und die Rückkehr zum Manchester-Kapitalismus des letzten Jahrhunderts anstreben.

Mit dem Siegeszug dieser Ideologie ist inzwischen die ganze Gesellschaft nach rechts gerückt. Daß jetzt auch in Deutschland verlangt wird, mit der Kriminalität so radikal aufzuräumen wie in New York, daß Ursachenbekämpfung von Kriminalität kaum noch eine Rolle spielt und man lieber neue Gefängnisse baut, um die Gestrandeten des Totalkapitalismus massenhaft wegzusperren, daß staatliche Behörden über den Einsatz elektronischer Fesseln und fortgeschrittener Überwachungstechniken nachdenken, daß der Sozialstaat schlechtgeredet und der demokratische Staat miesgemacht wird und daß sich sogar sozialdemokratische Ohren für solche Botschaften öffnen, das hängt mit der neuen Ideologie ebenso zusammen wie der modische Glaube an den Markt, an die Technik, die Allmacht der Gene und die Nutzlosigkeit von Erziehung.

In den siebziger Jahren habe ich nicht an den Sozialismus und die Allmacht der Umwelt und der Erziehung geglaubt, und heute glaube ich genauso wenig an den globalen Kapitalismus und die Allmacht der Gene und der Technik. Die Welt ist immer ein bißchen komplizierter, als der jeweils herrschende Zeitgeist sich das vorstellt.

Die Sozialisten und Soziologen der siebziger Jahre haben nicht allzuviel Schaden angerichtet. Im Gegenteil. Man mag über die Alt-68er, die APO und die ganze Linke denken, was man will, aber man wird nur schwer bestreiten können, daß die Unruhe, die sie in die Welt brachten, letztlich doch fruchtbar war. Die Welt ist durch sie ein bißchen demokratischer geworden, toleranter, sozialer, gerechter, menschlicher und bunter. Wenn man mit Altkanzler Kohl der Meinung ist, wichtig sei, »was hinten herauskommt«, dann wird man zugeben müssen: Die siebziger Jahre waren Jahre des gesellschaftlichen Fortschritts.

In den achtziger Jahren wurde dann von Leuten wie Maggie Thatcher und Ronald Reagan die Gegenrevolution vorbereitet, deren Folgen jetzt sichtbar werden: technischer Fortschritt und das Primat der Ökonomie gepaart mit gesellschaftlichem Rückschritt. Augenfällig wird dieser Zusammenhang an der ausländerfeindlichen Politik der rechten Parteien. Sie engagieren sich für neue Technologien, reißen die Grenzen nieder für Kapital, Waren und Dienstleistungen, propagieren die Auflösung nationaler Souveränität zugunsten der Wirtschaft, aber errichten gleichzeitig hohe Mauern für Flüchtlinge, Einwanderer und Angehörige fremder Nationen. Auf Kontrolle der Wirtschaft soll der Staat verzichten, aber die Überwachung des einzelnen soll per Gesetz und mit Hilfe neuer Technologien erleichtert werden. Nachdem in Berlin die Mauer und in ganz Europa der Eiserne Vorhang gefallen ist, beginnt Westeuropa mit der Wiedererrichtung der Mauer und läßt seine Grenze zu Osteuropa ähnlich scharf bewachen, wie es die USA mit ihrer Grenze zu Mexiko tun.

Die Folge solch einer Politik ist eine Zukunft, die weniger demokratisch sein wird, weniger sozial, weniger solidarisch, intoleranter, ungerechter und kälter. Man muß kein Prophet sein, um solch einen Satz zu wagen. Es genügt, den Weichenstellern – Politikern und Managern – beim Weichenstellen zuzusehen.

Die kalifornische Ideologie ist eine rückwärtsgewandte, eine menschenfeindliche Ideologie, schmückt sich aber mit fortschrittlichster Technik und jugendlichem Image. Das macht sie so gefährlich und so verführerisch, und ich fürchte, die deutschen Gingrichs und Al Gores – Stoiber, Burda, Henkel, Späth – haben das überhaupt noch nicht verstanden.

Die alte Schüleraufsatz-Frage: Ist Technik gut oder böse?

Der Vergleich ist banal und altbekannt und dennoch so wichtig, daß ich mich nicht scheue, ihn nochmals aufzustellen: Man kann ein Messer benutzen, um einem Menschen ein Stück Brot abzuschneiden. Und man kann es benutzen, um es ihm in die Brust zu stoßen.

Was mit einer neuen Technik gemacht wird, hängt nicht von der Technik ab, sondern von den Menschen, die sie benutzen. Aber es gibt Techniken, die inhärent friedfertig wirken, und es gibt welche, die kriegerisch wirken. Viele Techniken können ihre Herkunft nicht verleugnen. Das Messer wurde nicht primär zu dem Zweck erfunden, sein Brot mit dem Freund oder gar dem Fremden zu teilen. Dem Messer sieht man seinen Waffencharakter immer an.

Der Buchdruck dagegen wird noch heute als Technik empfunden, die friedlich ist. Gutenberg hat den Buchdruck nicht erfunden, um Lügen zu verbreiten und Haß zu säen, auch nicht, um irgendwelche Waren zu verkaufen oder Werbung zu transportieren, nein, das erste, was Gutenberg mit seiner Erfindung anstellte, war der Druck der Bibel.

Später diente das Buch der Verbreitung der Ideen der Aufklärung und der Verbreitung des Wissens, und wieder hat es geholfen, eine Herrschaft abzuschütteln, die Tyrannei der absolutistischen Herrscher. Das Buch war die Gegenmacht zu jener Macht, die aus den Gewehrläufen der Tyrannen kam. Noch heute fürchten Diktatoren das Buch. Noch heute haftet dem Buch der Geist des Humanismus an und scheuen sich Menschen, die sich ein Gefühl für diese Herkunft bewahrt haben, ein Buch einfach in den Müll zu werfen.

Der Computer scheint in dieser Hinsicht auf den ersten Blick ein Neutrum zu sein. Es gibt allerdings zwei gegensätzliche Arten von Computern, den Mainframe und den Personal-

Computer. Der erste war eindeutig ein Herrschaftsinstrument und war und ist verbunden mit der Macht des multinationalen Konzerns IBM. Der andere ist aus Protest gegen diese Macht entstanden, war ein Instrument der demokratischen Gesinnung und ist verbunden mit dem Turnschuh-Unternehmen Apple und der rebellierenden Jugend.

Aber letztlich stand und steht hinter beiden das Pentagon. Das Militär kann beides gut gebrauchen, den Mainframe und den PC. Betrachtet man beide im weitesten Sinne als Chiffre für die ganze damit zusammenhängende Technologie vom Halbleiter bis zum Internet, dann ist der Computer ein militärisches Produkt und darum letztlich doch eine Technik, die mehr zur Aggression als zur Friedfertigkeit tendiert, mehr zur Menschenfeindlichkeit als zur Menschenfreundlichkeit.

Die ersten Computerspiele waren Ballerspiele, und noch heute machen Ballerspiele einen großen – wenn nicht den größten – Teil des Gesamtumsatzes bei Computerspielen aus.

Der Übergang zwischen Spiel und Realität ist fast nahtlos. Das Cockpit eines Kampfbomberpiloten unterscheidet sich nur wenig von einem Monitor, auf dem ein Ballerspiel gespielt wird. Der Unterschied zwischen computergestützter Kriegsführung und einer virtuellen Schlacht am PC-Monitor ist für den, der die Waffen bedient, kaum zu bemerken.

Ein Computer ist eher wie ein Messer, aber das sieht man ihm nicht an, denn er sieht sehr friedlich aus. Ein PC mit Monitor und Drucker auf dem Schreibtisch, das sieht aus wie ein harmloses Bürogerät, eine aufgemotzte Schreibmaschine. Man sieht nicht, daß von den vielen Kabeln, die auf der Rückseite des Computers herausquellen, eines davon durch die Zimmer- und Hauswände geht, in der Erde verschwindet, sich da unten verzweigt und mit weiteren Kabeln verbunden wird, die sich unsichtbar durchs ganze Land, durch die Weltmeere und durch Kontinente ziehen und den Computer zu Hause mit Millionen anderer Computer in fast jedem Winkel der Erde verbinden. Es wird ein Netz über uns gelegt, über jeden einzelnen, weltweit, aber man sieht das Netz nicht. Weil man es nicht sieht, sieht man auch nicht, wie es benutzt wird. Sähen wir es, würden viele erschrecken.

Der Große Bruder und seine kleinen Helfer

Manchmal wünscht man sich als Journalist, man wäre Taucher. Dann würde man im Atlantik, im Suezkanal oder im Panamakanal nach jenen Seekabeln suchen, durch welche der Weltdatenverkehr fließt, sie kappen und die Abermilliarden Bits in das mitgebrachte wasserdichte Notebook umleiten. Vertragsentwürfe, Unternehmensdaten, Telefonate, Geschäftspost, Liebesschwüre, kriminelle Machenschaften, Regierungsakten, Software, Bilder, Musik, Pornographie, Videos, Behördenkorrespondenz – dies alles hätte man dann im Speicher und wüßte bestens Bescheid über den Lauf der Dinge auf dieser Welt.

Das ginge natürlich nicht. Die Daten sind verschlüsselt, und man hat keinen Schlüssel. Außerdem würde die Unterbrechung des Datenstroms sofort registriert und der Datenfluß daraufhin gestoppt.

Sicher sind die Daten trotzdem nicht, denn was wir Journalisten nicht können, kann der US-Geheimdienst National Security Agency (NSA), und er bedarf dazu keiner Taucher. Mit einem weltweiten elektronischen Überwachungssystem namens Echelon kann die NSA jedes Telefonat, jede E-Mail oder jedes Fax oder Telex abhorchen, egal, ob sie durch Kabel oder via Satellit übertragen werden. Daß sich die USA auf diese Weise der Welt-Datenströme bemächtigen, kursierte schon lange als Gerücht und wurde von der neuseeländischen Journalistin Nicky Hager 1996 in dem Buch ›Secret Power‹[18] publik gemacht. Aber seit Anfang des Jahres ist es offiziell. In einer Studie für STOA (Scientific and Technological Options Assessment),[19] einem offiziellen Organ des Europäischen Parlaments, berichtete der britische Autor Steve Wright detailliert über das Abhörsystem des US-Geheimdienstes.[20]

Nach dieser Studie verarbeitet Echelon wahllos riesige Informationsmengen, die mit Hilfe eines Programms der Künstlichen Intelligenz auf Schlüsselwörter hin untersucht werden. Dazu greift das Spionagesystem auf nationale Wörterbücher zurück, die jeweils mit länderrelevanten Informationen versehen sind. Echelon konzentriert sich vor allem auf Regierungsstellen, wichtige Organisationen und die Wirtschaft. Die Informationen werden von Geheimdiensten der USA, Großbritanniens, Australiens, Kanadas und Neuseelands genutzt und ausgewertet.

Auch über die vielen kleinen Helfer des Großen Bruders berichtet die EU-Studie. Sie gibt einen Überblick über die Entwicklungen von technischen und elektronischen Mitteln zur politischen Kontrolle, insbesondere Überwachungs- und Identifizierungstechnologien, über die Möglichkeiten, Daten zu sammeln und zu speichern, über nicht-tödliche Waffen, Technologien für die Gefängnisse, zur Exekution und zur Folter. Erstellt wurde die Studie, um das EU-Parlament über die aktuellen und künftigen Entwicklungen zu informieren und Empfehlungen zu geben, wie der Einsatz dieser Technologien politisch reguliert werden sollte.

Wright weist darauf hin, daß die Einführung der neuen Technologien meist schleichend geschehe. So erscheint jede einzelne Technik für sich als harmlos und zugleich als modern, effizient, kostengünstig und – wie der Lauschangriff – der Sicherheit des einzelnen dienlich, darum auch exportfähig. In ihrer Summe jedoch geben sie Regierungen, aber auch Behörden und Unternehmen Kontrollinstrumente von nie dagewesener Effizienz an die Hand. Die Bestrebungen vieler Regierungen, eine starke Verschlüsselung der Internetkommunikation zu verhindern und Provider dazu zu verpflichten, Behörden jederzeit Zugang zu verschaffen, sei ein weiterer Schritt in eine gefährliche Richtung, der in der EU zuwenig oder gar nicht offen und parlamentarisch diskutiert werde, heißt es in der Studie. Und die Diktatoren dieser Welt stehen Schlange, um sich die neuen Herrschaftsinstrumente anzueignen.

In der EU selbst gibt es starke Tendenzen, den Schutz des einzelnen vor dem Staat und den Schutz der Privatsphäre aufzuweichen. Der Beleg dafür heißt »Enfopol« und wurde am 3. September 1998 vom Rat der Europäischen Union als Entwurf verabschiedet. In Teil 2, Absatz 17.3 der ergänzenden Anforderungen des Enfopol-Dokumentes heißt es: »Die gesetzlich ermächtigten Behörden fordern von Anbietern kryptographischer Dienste, dem Ziel oder einem Dritten nicht zu offenbaren, daß es eine Ermächtigung gibt.«[21] Das heißt: Wenn zur Bespitzelung ermächtigte Behörden andere Behörden, Organisationen, Provider oder Unternehmen für ihre Bespitzelungsmaßnahmen einspannen, dürfen diese den Bespitzelten nicht davon unterrichten, daß er abgehört oder sonstwie ausgeforscht worden ist.[22]

Alle Menschen werden Brüder – das hat bis heute nie so richtig geklappt. Aber was der Mensch nicht schafft, scheint jetzt die Technik zu schaffen. Alle Geräte werden kleine Brüder und assistieren ihren großen Brüdern bei den Geheimdiensten und konstituieren irgendwann vielleicht doch noch jenen Großen Bruder, über den George Orwell geschrieben hat.

Das fängt schon mit dem harmlosen Handy an. Im eingeschalteten Zustand ist es ein kleines Verfolgungsgerät, das dem Netzbetreiber jederzeit sagen kann, wo der zugehörige Mensch sich gerade aufhält. Das geht weiter mit Navigationssystemen fürs Auto, dessen Bewegungen von Satelliten überwacht werden, setzt sich fort mit Chipkarten, die Bank- oder Krankenkassendaten speichern und, wenn sie in »kundige Hände« fallen, auch preisgeben. Hunderttausende von Videokameras überwachen permanent öffentliche Plätze, und inzwischen kommen schon Kameras zum Einsatz, die Gesichter identifizieren oder das Verhalten von Personen interpretieren und im Bedarfsfall Alarm auslösen können, alles natürlich zu unserem Schutz und unserer Sicherheit. Personen-Identifizierer, die Menschen an ihrer Stimme oder der Retina der Augen erkennen, Infrarotsensoren, Bewegungsmelder, Wärmesensoren, elektronische Bezahlsysteme und das Global Positioning System (GPS) für die Verkehrsnavigation verwandeln Häuser, Stadtteile, Verkehrsmittel, Flughäfen, Bahnhöfe und Grenzübergänge in Überwachungsmaschinen.

Jede einzelne dieser Techniken ist für sich genommen harmlos. In ihrer Summe verleiten sie uns dazu, unsere Privatsphäre gegen »Sicherheit« einzutauschen.

In Amerika ist kürzlich ein Arbeitnehmer gefeuert worden, weil er sich in E-Mails an einen Bekannten außerhalb seines Unternehmens abschätzig über seinen Arbeitgeber geäußert hat. Woher der Arbeitgeber das wußte? Er hat im Firmennetzwerk eine Software installiert, die es ihm erlaubt, mitzulesen, was seine Angestellten so schreiben. Inzwischen gibt es auch schon Programme, die protokollieren, auf welche Internet-Inhalte ein Arbeitnehmer zugreift, ohne daß dieser den Spion bemerkt.[23]

Nach einem Bericht der American Management Association überwachen zwei Drittel der amerikanischen Arbeitgeber ihre Angestellten, kontrollieren ihre E-Mail oder ihre Tätigkeit am Computer oder hören Telefongespräche ab. Überwachungskameras werden immer eingesetzt. Man verfolgt die Bewegung der Angestellten im Gebäude, untersucht ihren Urin auf Drogen, verlangt die Preisgabe intimer Informationen oder führt alle möglichen Tests durch. Die Arbeitnehmer können sich kaum dagegen wehren, weil sie oft schon vor ihrer Einstellung unterschreiben müssen, daß sie mit der Überwachung einverstanden sind.[24]

Die Global Internet Liberty Campaign berichtet, mehr als 90 Länder überwachten illegal die Kommunikation von politischen Gegnern, Menschenrechtsaktivisten, Journalisten und Gewerkschaftern.[25] Und selbst in Ländern mit strengen Datenschutzgesetzen wie Schweden oder Norwegen besäße die Polizei umfangreiche Dateien über Bürger, die weder angeklagt noch eines Verbrechens verdächtigt wurden.[26]

Wer im Internet surft, hinterläßt Spuren. Längst schon haben sich Unternehmen etabliert, deren einziger Zweck es ist, diese Spuren zu sammeln, auszuwerten, Benutzerprofile zu erstellen und sie an Interessierte zu verkaufen. Datamining nennt man das.

Es ist schon kurios: 1984, als die Technik noch nicht so weit war, wurde das Gespenst des Großen Bruders heraufbeschworen. Damals hat sich eine Protestbewegung gegen die lächerlich harmlose Volkszählung engagiert. Heute, wo der Große Bruder technisch möglich ist, viele kleine Brüder bereits im Einsatz sind und es eine wachsende Tendenz gibt, diese Brüder gegen die Menschen einzusetzen, spielt die Orwellsche Vision in der öffentlichen Debatte kaum noch eine Rolle. Aber das hängt damit zusammen, daß es die kalifornischen Ideologen inzwischen geschafft haben, der Informationstechnik ein positives, jugendliches und fortschrittliches Image zu verpassen, an dem selbst die Grünen nur noch zaghaft zu kratzen wagen.

Der Digerati wird salonfähig[27]

Es ist noch nicht lange her, da hatten es Computeridioten ziemlich schwer. Jeder, der mit Computern zu tun hatte, fürchtete damals die Partyfrage: »Was machen Sie denn so?« Und wußte schon: Ob er nun wahrheitsgemäß vor sich hinmurmelt: »Ich mache mit Computern rum« oder sagt: »Ich schlachte täglich einen Hund« – es kam aufs gleiche raus. Er war eine peinliche Figur, kontaktscheu, gestört und immer ein wenig bleich. Ein Computeridiot eben.

Die Lage änderte sich entscheidend zu seinen Gunsten in der zweiten Hälfte der neunziger Jahre, als sowohl die Intellektuellen wie auch die Kaufleute und Werbeagenturen das Internet entdeckten und Hamburger und Münchner Nachrichtenmagazine, Wochenzeitungen und sogar Frauenzeitschriften zum Anschluß bliesen. Seitdem wollen alle ins Internet.

Der Computeridiot, der schon seit Jahren darin »surfte«, es aber nie so zu nennen wagte, wird auf Parties seither als guter Freund vorgestellt, der auf seiner Visitenkarte schon eine E-Mail-Adresse hatte, als sie noch kein Statussymbol war und alle glaubten, das Handy sei es. Nun steht er plötzlich als Netsurfer, Trendsetter, Cybernaut, Digerati und Eroberer digitaler Welten ganz oben auf der In-Liste.

Der zum Avantgardisten mutierte Techie mag ein Idiot sein, dumm ist er trotzdem nicht, denn er sieht schon, was als nächstes kommt: Ein paar Jahre werden die Intellektuellen den Cyberspace noch als die größte Entdeckung der neueren Weltgeschichte feiern, weltumstürzende Veränderungen auf uns zukommen sehen, kühne Verbindungen von Platons Ideenlehre zu den Weiten des virtuellen Online-Alls ziehen, abermals die Neuzeit samt Atomzeitalter und Postmoderne verabschieden und die total digitale postindustrielle Freizeit-, Cyber- und Informationsgesellschaft einläuten. Aber irgendwann wird einer merken: Von der virtuellen Pizza wird keiner satt, und die reale, aufwendig übers Internet bestellte Pizza kommt genauso lauwarm und pappig ins Haus wie die telefonisch bestellte.

Der von Online-Propagandisten sogenannte Besuch im virtuellen Museum oder auf dem virtuellen Oktoberfest erschöpft sich im Blättern von Bildschirmseiten, kostet Telefongebühren, befriedigt Ansprüche auf eine graphisch hochwertige Wiedergabe von Kunstwerken nicht halb so gut wie ein Bildband oder Ausstellungskatalog, und die Faszination der Oktoberfest-Melange aus Hendln, Bier und Riesenrad wird sich einem Netsurfer in Timbuktu via Internet auch nicht richtig erschließen.

Wer je übers Internet herauszubekommen versucht hat, warum der Gründonnerstag Gründonnerstag heißt oder wie der Kurs des Euro gegenwärtig steht, wird die Informationsgesellschaft und Bill Gates' Gerede von Information »at your fingertips« in neuem Licht betrachten. Und auf Dauer kann den Netsurfern dieser Welt auch kaum verborgen bleiben, daß sie nach stundenlangem Surfen weder Sonne noch Wind, noch Wasser und schon gar nicht den Geschmack von Freiheit und Abenteuer abbekommen, sondern nur 1001mal mit der Maus geklickt haben. Wer morgens seine Maus sattelt, um ins Internet einzufahren, hockt vor einer maximal 19 Zoll in der Diagonale messenden Glotze und verläßt diese am Abend mit Kreuzweh, tränenden Augen und steifen Gliedern.

Wirklich erlebt hat er eigentlich nichts; es sei denn, er betrachtet die Homepage der Deutschen Bank als Erlebnis, und wahrscheinlich tut er's sogar, denn man hat ihm eingeredet, der »Cyberspace« und alles, was es in ihm gibt, sei einfach cool, also muß es die Homepage der Deutschen Bank auch sein. Der Netsurfer, der sich auf seinem Briefkasten die Zustellung von Postwurfsendungen und Reklame der Deutschen Bank verbittet, bestaunt nun die gleichen auf Hochglanz polierten Werbeprospekte im Internet so andächtig, als enthielten sie geheime Offenbarungen, denn er befindet sich ja im Cyberspace.

Die von ihm reden, tun so, als handle es sich hier um einen zwar unsichtbaren, gleichwohl real existierenden, neuen Kontinent oder gar einen zweiten Kosmos, in dem man sich bewegen und verhalten kann wie im sichtbaren ersten Kosmos. Da »reist« man virtuell nach Paris und »begibt sich« in den Louvre, um sich dort die neueste Ausstellung anzusehen. Gleich danach sucht man die »Chat-Ecke« einer »virtuellen Gemeinschaft« in Sydney auf und »unterhält« sich mit einigen Mitgliedern dieser »global society«. Von da »surft« man weiter durch den weltweiten Cyberspace nach New York, »trifft« sich dort im »Internetcafé«, »besucht« anschließend das Forum einer »Tele-Universität«, »diskutiert« mit anderen »Netizens« über die Versuche deutscher Politiker, das Internet in den Griff zu kriegen, wagt dann einen »Flirt« mit einer Cyberella aus Manchester, »flaniert« durch die »digitale Stadt Amsterdam«, geht »shoppen« in einer »Mall« namens »City 24« oder »my-world«, stürzt sich ins »Abenteuer« eines »MUD« (Multi User Dungeon«) oder »MOO« (Multi User Dungeon Object Oriented), »schaut noch kurz rein« in die »Konferenz« mit dem Trainer und Spielern des FC Bayern München und »entspannt« sich schließlich im »virtuellen Eros-Center« der Beate Uhse.

Doch dieses »Cyberspace« genannte Metapherngespinst ist kein zweiter Kosmos, auch kein neu zu entdeckender Kontinent, nicht einmal eine Geisterwelt, sondern die Ansammlung einiger Millionen Computer, die über Telefonleitungen miteinander verbunden sind. Und der Surfer ist kein Weltenbummler, sondern ein Stubenhocker, der vor einer Glotze sitzt und sich durch Texte, Bilder, quäkende Töne und verhuschte Videos in Briefmarkengröße zappt.

Wer behauptet, er reise nach Paris und besuche dort den Louvre, weiß in der Regel selber: Irgendwer hat einen Teil der ausgestellten Bilder fotografiert, diese eingescannt und auf irgendeiner Festplatte irgendeines Computers gespeichert. Wahrscheinlich sind sie mehrfach auf andere Festplatten anderer Computer kopiert worden, und wahrscheinlich stammen die Bilder, die sich ein »Paris-Reisender« aus Wunsiedel auf seinen Monitor holt, von irgendeinem Universitätscomputer aus München, Nürnberg oder Passau. In der Regel sind diese Bilder kleiner und graphisch von schlechterer Qualität als in einem Bildband. Aber niemand, der in einem Bildband blättert, käme auf die Idee zu behaupten, er statte dem Louvre einen »virtuellen Museumsbesuch« ab. Kein Amateurfunker, der einen Funker aus Sydney nach dem Wetter fragt, würde sich deshalb schon als Mitglied einer »global society« oder gar einer »virtual community« aufplustern. Kein normaler Mensch verfiele dem Irrtum, das über die Tastatur eingehackte Gestammel – »ist da wer? nichts los hier, aaahhh, chrrrr« – mit einer Unterhaltung, Diskussion oder gar Konferenz zu verwechseln. Kein Mensch, der einen Bestellschein aus dem Katalog des Otto-Versands ausfüllt, wagte die Behauptung, er gehe shoppen oder befinde sich in einem Kaufhaus. Kein Teilnehmer eines Diavortrags über Prag würde behaupten, er flaniere durch Prag, und keiner, der sich die Zettel an irgendeinem Schwarzen Brett reinzieht, wähnt sich auf einem Forum.

Den Gipfel der Cyberspace-Rhetorik findet man in der »Magna Carta for the Knowledge Age«, einem naiv-liberalistischen Manifest, aus dem die kalifornische Ideologie stammt und das von dem bereits erwähnten Personenkreis um Newt Gingrich verfaßt wurde.[28] In dieser Magna Charta für das Informationszeitalter wird der amerikanische Traum des »Go West« noch einmal geträumt, diesmal unter dem Motto »Go Cyberspace«.

Großsprecherisch und mit feierlicher Rhetorik verkünden die Autoren, daß die gegenwärtige Menschheit eine Revolution erlebe, die alle bisher dagewesenen Revolutionen in den Schatten stelle, nicht nur Epochen voneinander trenne, sondern zwei Zivilisationen: »Wir bilden die letzte Generation einer alten Zivilisation und zugleich die erste Generation einer neuen.«

Wer sich in den Cyberspace begibt, trete »ein in ein neues Territorium, in dem es bislang ebensowenig Regeln gibt, wie es im Jahre 1620 auf dem amerikanischen Kontinent oder auch im Jahre 1787 im Nordwestlichen Territorium Regeln gab«.

Der Cyberspace, dieses Reich der Illusionen, wird als neuer Wilder Westen betrachtet. Der User, besonders aber der Hacker, erscheint als Cowboy, Pionier, Landeroberer, Siedler und Soldat, der sich auf seinem Treck den neuen virtuellen Kosmos unterwirft. Daß auf diesem Treck im wirklichen Leben vor 300 Jahren nebenbei die Indianer ausgerottet werden mußten, daran verschwendet die Magna Charta der Cyber-Enthusiasten keinen Gedanken, wie ihnen auch die Idee völlig fremd zu sein scheint, daß nach vollbrachter Total-Deregulierung und Vertreibung des Staates als Kontrollmacht – wie einst im Wilden Westen – das Faustrecht jener Konzerne gelten würde, die das Internet aufbauen, betreiben, lenken und als Vertriebskanal für ihre Produkte benutzen.

Wer je durch eine jener ummauerten, stacheldrahtbewehrten, videoüberwachten Wohnmaschinen einer x-beliebigen amerikanischen Großstadt gegangen ist, wer je in so einem Wehrdorf die mehrfach gesicherte Wohnungstür hinter sich verriegelt und sich in seinen High-Tech-Bunker zurückgezogen hat, der kann verstehen, daß darin solche Träume von einem neu zu entdeckenden Kontinent, von Freiheit, Abenteuer, Anarchie und Weite entstehen müssen.[29] Statt aber aufzuwachen und draußen die wirkliche Welt mit ihren Wehrdörfern und Trutzburgen zu verändern, muß jetzt der Cyberspace dazu herhalten, den Traum so lange weiterzuträumen, bis der Cybernaut am Ende selber glaubt, das Virtuelle sei die wahre Realität.

Paul Virilio hat diesen Zustand einmal sehr scharfsichtig in das Bild von der »Dekonstruktion des häuslichen Raums« gefaßt. Bald werde es unnötig sein, von zu Hause wegzugehen, und weil es unnötig ist, werde der »intelligente Wohnsitz« über keinerlei Öffnung mehr verfügen, keine Eingangstür mehr haben. »Eine Art Schutzhaube umhüllt den Bewegungskörper, wie die Metallhülle eines Sarkophags.«

Warum aber wird dieser Alptraum zum Lebensstil einer neuen Avantgarde stilisiert, warum wird uns eingeredet, diese Cyberkultur sei erstrebenswert, jugendlich, modern, en vogue? Warum wird um das Internet solch ein Wortgetöse veranstaltet? Warum werden Computer, Notebooks und Organizer jetzt zum Lifestyleprodukt, warum wird die Informationstechnik in die Jugendkultur implementiert, und warum ist das Internet Kult? Nicht nur, weil die Industrie ihre Produkte verkaufen will, das wäre zu kurz gegriffen, sondern vor allem weil die neue Technik Zustimmung braucht, weil mit dieser Technik der Glaube an sie und an den Markt transportiert wird, weil Kritik an der neuen Religion schon im Ansatz erstickt wird, wenn die Menschen glauben, diese Technik schaffe Arbeitsplätze, löse unsere wirtschaftlichen Probleme, verbessere die

Lebensqualität und sei überhaupt der Schlüssel zu einer neuen Welt, in der Pioniere und »Schumpeter-Unternehmer« ihres Glückes Schmied sind.

Dagegen wäre fast nichts einzuwenden, wenn diese Technik das wirklich täte und wenn sie so eingesetzt würde, daß sie den Menschen dient. Aber das Gegenteil ist der Fall.

Der Mensch ist eine Beta-Version[30]

Ungefähr zwischen den Jahren 2030 und 2040 wird's gemütlich. Dann sind wir zwar alle arbeitslos, aber keineswegs arm. Für unser Auskommen sorgen intelligente Universalroboter. Sie machen die Arbeit, und an uns zahlen sie Steuern, damit wir morgens jagen, nachmittags fischen, abends Viehzucht treiben und nach dem Essen diskutieren können, wie wir gerade Lust haben. Wer das erlebt, sollte diesen paradiesischen Zustand möglichst intensiv auskosten, denn er wird nicht lange dauern. Da die Herren oder Herrinnen aus Silizium nicht blöd sind, werden sie uns gallertartige Müßiggänger ziemlich rasch als überflüssige Esser entlarven und uns aus der Weltgeschichte verabschieden. Allenfalls ein paar einzelne Exemplare der Art Homo sapiens werden das postbiologische Zeitalter in einigen Reservaten überdauern, damit die neuen Herren ihren Kindern einmal zeigen können, von wem sie abstammen. Und vielleicht haben sie ja die Gnade, den Inhalt unseres Gehirns auf eine Festplatte zu kopieren, so daß wir in so einem Gebilde aus Blech und Chips ewig weiterleben.

Der Österreicher Hans Moravec, Verkünder dieser Vision und angesehener Professor für Robotik an der Carnegie Mellon Universität in Pittsburgh (USA), sagt, er meine das alles schon ziemlich ernst, denn im Gegensatz zu vielen Zeitgenossen glaube er nicht, daß die Evolution mit unserer Spezies bereits zu ihrem krönenden Abschluß gekommen sei. Man müsse nur mal einen Schritt zurücktreten und einen unvoreingenommenen Blick in den Spiegel werfen, dann sei es doch ein leichtes, sich etwas höher Entwickeltes vorzustellen als unsere Art.

Der Mensch ist also nur eine Beta-Version. Der liebe Gott war leider ein Stümper und hat uns Datenverarbeitungs-Roboter ziemlich unausgereift in die Welt gesetzt.

Aber vielleicht lag es ja im Plan des Schöpfers, im 20. Jahrhundert Männer wie John McCarthy, Marvin Minsky, Claude Shannon, Herbert Simon oder eben Hans Moravec das unvollendete Projekt zur Reife bringen zu lassen. Diese machten sich kurz nach dem Krieg frisch ans Werk und veranschlagten für die Entwicklung zur Alpha-Version mit Reifezeugnis rund zehn Jahre. Man verpasse einem Computer eine Videokamera, und schon hat er ein Auge und kann sehen, ein Mikrophon dazu, und der Computer wird hören, viele hundert Mikroprozessoren rein, und er kann denken, noch eine Soundkarte plus Lautsprecher, und er kann sprechen.

So ungefähr sind die Vollender an das Projekt Übermensch herangegangen. Inzwischen sind 50 Jahre vergangen, und die Erforscher der Künstlichen Intelligenz mußten erkennen, daß sich der liebe Gott in seiner Eigenschaft als Optiker über das Sehen doch ein paar grundlegendere Gedanken gemacht hatte als die KI-Forscher. Auch beim Versuch, dem Computer das Hören beizubringen, erwies sich der Alte immer wieder als ein Akustiker, der seinen Nachahmern noch ein gutes Stück voraus ist. Und vom Computer als Denker und Redner wollen wir erst gar nicht reden.

Zwar können Computer heute vieles, aber nichts richtig. Sie hören schlecht, sehen schlecht, und mit dem Sprechen hapert es auch. Wo immer Computer im Einsatz sind, muß man ihnen Menschen an die Seite stellen, die ihre Patzer ausbügeln. Intelligenz sucht man bei ihnen vergeblich. Das liegt nicht so sehr daran, daß man die Computer überschätzte, sondern eher daran, daß man die Leistung des Menschen unterschätzte. Unsereins plaudert halt einfach munter drauflos, ohne sich viel dabei zu denken. Solch munteres Geplauder kriegt der Computer schon deshalb nicht hin, weil er sich so viel dabei denken müßte, daß er für das Geplauder keinen Speicher und keinen Prozessor mehr frei hätte.

Ähnlich verhält es sich mit dem Sehen. Wir gehen pfeifend durch den Wald und kommen an, wo wir wollen, weil wir von dem, was durch unser Auge in unser Gehirn stürmen will, das meiste gar nicht erst hereinlassen, sondern nur das Wesentliche. Woher wir wissen, was für unser Durchkommen wesentlich und unwesentlich ist, wissen wir nicht. Irgendeine Art Schleusenwärter in unserem Hirn erledigt das für uns.

Weil wir nicht genau wissen, wie unser Gehirn das macht,

können wir auch dem Computer nicht sagen, wie er es machen soll. Darum sieht ein Roboter den Wald vor lauter Bäumen nicht. Er ließe, wenn wir ihn in den Wald schickten, jeden Strauch, jeden Ast und jedes Blatt in seinen Speicher. Der wäre in Sekundenschnelle voll und der Roboter matt.

Dabei müßte es eigentlich ganz einfach sein, dem Computer etwas beizubringen, schließlich hat Marvin Minsky die Sache doch längst gelöst – sagt er. Geist sei nichts weiter als ein Produkt aus geistlosen, aber intelligent ineinander verschachtelten Ober- und Unterprogrammen. Kein Neuron unseres Gehirns verfüge über Intelligenz, sagt Minsky, aber im Zusammenwirken mit anderen Neuronen produziere es Intelligenz. Also müsse es auch möglich sein, geistlose Mini-Computer-Programme so miteinander zu verweben, daß aus ihrem Interagieren so etwas wie Geist entstehe.

Schon möglich, daß dies möglich ist. Nur gelingen will es nicht. Nach 50 Jahren Erforschung der Künstlichen Intelligenz müssen deren Apologeten zugeben, daß ihr Ertrag im umgekehrten Verhältnis zu ihren Versprechungen steht. Computer, die jeden Text in jede beliebige Sprache adäquat übersetzen; die menschenleere Fabrik, in der ein sich selbst steuernder Prozeß Einzelteile zu einem Ganzen zusammenfügt; Roboter, die im Privathaushalt putzen, waschen, bügeln, einkaufen und kochen; Autos, die sich selbständig durch jedes Verkehrschaos manövrieren; Computer, die dichten, malen, komponieren – es gibt sie nicht. Was es gibt, sind Windows-Computer, die in mehr oder weniger regelmäßigen Abständen abstürzen.

Es bleibt aber trotzdem die Frage: Werden Maschinen jemals denken können, wie Moravec es erwartet – wenn nicht in 40 Jahren, dann vielleicht in 100, 200 oder 500? Wer versucht, dies alles unter Science-fiction abzubuchen, könnte eines Tages genauso blamiert dastehen wie die KI-Forscher heute.

Ohnehin haben auch die Kritiker der KI-Forschung ihre Blamagen zu verzeichnen. So behauptete beispielsweise Hubert Dreyfus in den sechziger Jahren, Computer würden niemals Schach spielen können. Heute schlägt der Schachcomputer Deep Blue den Weltmeister Garry Kasparow. Nicht immer, aber immer öfter.

Auch sonst können Computer, was früher nur Menschen konnten. Sie schreiben unsere Gasrechnung, stellen Weichen in den Bahnhöfen, überführen Verbrecher, diagnostizieren Krankheiten, und gelegentlich bespitzeln sie auch mehr oder weniger brave Bürger. Sie tun dies allerdings ohne einen Funken Intelligenz, arbeiten einfach nur programmierte Routinen ab.

Auch die sogenannten Expertensysteme, die mit gewaltigen Mengen von Regeln und Expertenwissen gefüttert wurden und deshalb expertenähnliche Leistungen vollbringen, haben keinen Verstand. Und keines ist besser als der Experte selbst. Ein Expertensystem kann man zwar dazu kriegen, Ölquellen aufzuspüren, aber sollte es dabei zufällig auf eine Goldader, eine versunkene Stadt oder das Skelett eines Dinosauriers stoßen, würde es keinerlei Notiz von diesem Fund nehmen und daher auch nicht die Meldung machen: Ich habe zwar kein Öl gefunden, aber etwas anderes, was auch sehr interessant ist.

So haben wir viele Programme, die alles mögliche können, aber keines, das über gesunden Menschenverstand verfügt. Und schwierig ist es auch, Robotern beizubringen, was wir Beta-Versionen ganz selbstverständlich können und tun, ohne überhaupt darüber nachzudenken – gehen, stehen, hinfallen, aufstehen, sehen, greifen, Gesichter erkennen, Entfernungen schätzen, sich im Haus und außerhalb zurechtfinden. Das alles fällt den in Silizium gegossenen Transistorhirnen unendlich schwer.

Und was den Mikrochip-Geschöpfen das Leben zur Hölle macht, sind die unzähligen Trivialitäten, die unsereins einfach weiß, die KI-Kreatur aber nicht. Daß man bei Regen draußen naß wird und drinnen nicht, daß Hunde bellen, Bier Geld kostet und Tote selten wiederkehren, daß Vorsicht geboten ist, wenn ein KI-Forscher eine Prognose verkündet – solch triviales Alltagswissen müssen die Schöpfer ihren Werken gigabyteweise mit einem Nürnberger Trichter einbleuen. Und wenn es drin ist, fällt die Mind-Machine trotzdem die Treppe hinunter und zerdeppert ihre teuren Prozessoren, weil man vergessen hat, ihr mitzuteilen, daß Treppen sowohl auf- als auch abwärts führen können. Die Hardware mag willig sein, die Software bleibt schwach.

Dem wollen US-Forscher um Douglas Lenat mit »Cyc« abhelfen. Cyc soll Computern jenes Alltagswissen eintrichtern, das unsereins ganz selbstverständlich intus und immer parat hat. Wenn diese Enzyklopädie der Binsenweisheiten funktionieren sollte, dann müßte ein damit gefütterter Computer beispielsweise wissen, daß Bundeskanzler Kohl im Jahr 1990 meinte, die deutsche Einheit aus der Portokasse finanzieren zu können. Und dann müßte ein heute darauf angesprochener Computer eigentlich spontan fragen, wie es dieser Kerl geschafft hat, dann trotzdem noch weitere acht Jahre Bundeskanzler zu bleiben.

Mit solch einem Cyc-Computer könnte man den umgekehrten Turing-Test veranstalten. Dieser vom britischen Mathematiker Alan M. Turing in den fünfziger Jahren ersonnene Test soll feststellen, ob eine Maschine über Intelligenz verfügt. Dazu sitzt ein Proband in einem Raum und unterhält sich per Tastatur mit jemand anderem, der in einem anderen Raum sitzt und von dem der Proband nicht weiß, ob es ein Mensch oder ein Computer ist. Wenn der Proband das nach angemessener Zeit nicht entscheiden kann, und im anderen Raum steht eine Maschine, welche die Unterhaltung führte, mußte man dieser Maschine Intelligenz zubilligen.

Im umgekehrten Turing-Test wäre der Cyc-Computer der Proband und müßte entscheiden, ob im anderen Raum eine künstliche oder menschliche Intelligenz sitzt. Gelänge ihm das, könnte man das Cyc-Projekt als geglückt betrachten. Die KI-Forschung wäre einen wesentlichen Schritt weiter. Von wirklich intelligenten Maschinen mit Bewußtsein wäre sie aber immer noch Lichtjahre entfernt.

Einer der Gründe dafür liegt in der mangelnden Begabung von Computern für Sprache, und dies wiederum hängt vermutlich damit zusammen, daß alle Sprachen dieser Welt im tiefsten so unlogisch sind wie ihre Schöpfer, die Menschen. Wir nennen einen Tomatensaft Tomatensaft, weil er aus Tomaten ist. Ergo ist ein Hustensaft aus Husten? Ein Juwelendieb klaut Juwelen. Also stiehlt ein Meisterdieb Meister? An solchen Fragen scheitern die Logikmaschinen reihenweise.

Natürlich haben auch KI-Forscher schon gemerkt, daß man

mit der klassischen Logik nicht immer weiterkommt. Deshalb bezogen sie neuronale Netze und die unscharfe Fuzzy-Logik in ihre Forschungen mit ein. Neuro-Computer simulieren die Vernetzung der Neuronen im Gehirn, und die Fuzzy-Logik ist eine Logik, die auch Zwischenzustände zwischen Eins und Null und wahr und unwahr zuläßt. Anfängliche Erfolge, insbesondere bei der Mustererkennung, schürten wieder gewaltig den Optimismus, man setzte sogar neuronale Computer für Börsenprognosen ein, aber inzwischen ist es um das Thema wieder still geworden, weil noch kein Neuro-Computer einen Börsianer reich gemacht hat, und auch die Fuzzy-Logik dümpelt unspektakulär vor sich hin.

Das Problem aller KI-Forschung ist, daß wir nicht genau wissen, was Denken, Geist, Intelligenz, Bewußtsein eigentlich sind. Wüßten wir es, dann könnten wir die Konstruktionsvorschrift für einen Apparat mit diesen Qualitäten definieren. Aber eben das gelingt nicht. Und dann ist da noch das von KI-Forschern selten diskutierte, aber möglicherweise entscheidende Problem: Wir sind aus Fleisch und Blut.

Darum sind jenem Gebilde aus Plastik, Blech und Silizium all jene Erfahrungen verschlossen, die ans Fleisch gebunden sind: geboren werden, an der Mutterbrust saugen, Bauchweh haben, Zähne bekommen, sich im Dunkeln fürchten, Neugier entwickeln, Freude an der Arbeit, an einer Landschaft, einem Bild, einer Stimmung, einem Lied haben. Wahrscheinlich sind solche Emotionen und Erfahrungen genau der Boden, auf dem Geist und Kreativität sich entfalten. Schon möglich, daß es irgendwann einmal Computer gibt, die all das simulieren können, aber es bliebe Simulation. Zu behaupten, der Computer verfüge über Intelligenz oder gar Bewußtsein, wäre ungefähr so, als würde man behaupten, die HiFi-Anlage könne singen. Mag ein Computer die Verdauung einer Pizza simulieren, so wird dabei nicht wirklich eine Pizza verdaut, sondern nur ein chemischer Prozeß durchgerechnet. Und wenn ein Computer einen männlichen Orgasmus simuliert, erbeben ja vielleicht sogar die Prozessoren, und es stöhnt die Soundkarte, aber für einen ordentlichen Samenerguß wird es nicht reichen, das geben Blech, Draht, Kunststoff und Silizium nun mal nicht her.

Wenn's hochkommt, wünscht so ein Simulant sich dann vielleicht, er hätte einen menschlichen Körper.

Wird uns Beta-Versionen das etwas nützen? Vorerst wohl noch nicht. Die kalifornischen Ideologen stehen in einer langen Tradition der wissenschaftlich fundierten Miesmacherei des Menschen. Ihr Menschenbild ist ja nichts grundsätzlich Neues. Schon lange ist es unter Wissenschaftlern Mode, ihr bißchen Wissen von der Welt für das einzige Maßgebliche zu halten und auf den Menschen zu übertragen. Als sich die Menschen dem mechanistischen Weltbild der Physiker verschrieben, dachten sie, der Mensch sei eine Art Maschine. Seit mehr als 200 Jahren heißt es: Nicht die Krone der Schöpfung sind wir, nicht das Ebenbild Gottes, auch nicht das Maß aller Dinge, sondern Ensembles gesellschaftlicher Verhältnisse, Reiz-Reaktions-Mechanismen, Pawlowsche Hunde, mühsam vom Ich und Über-Ich gebändigte Triebwesen, Produkte aus Zufall und Notwendigkeit, Neandertaler in Jeans oder Abendkleid – die Summe solch wissenschaftlich bewiesener Vorurteile sprengt allmählich jede Bibliothek.

Ein Chemiker hat im vorigen Jahrhundert die chemische Zusammensetzung des Menschen bestimmt und aus den gefundenen Anteilen von Wasser, Kohlenstoff, Stickstoff etc. den Materialwert errechnet. Er kam auf 14,64 Mark. Da verwundert es natürlich nicht, daß dieser preiswerte Rohstoff kurze Zeit später von den obersten Heeresleitungen in diversen Materialschlachten als Kanonenfutter verheizt wurde.

Die Lage besserte sich, als die Chemiker klüger wurden und herausfanden, daß die billigen Grundstoffe in unserem Körper allerlei raffinierte Säfte, Enzyme und Hormone synthetisieren, deren Herstellung im Labor ziemlich teuer käme. Ein 75-Kilogramm-Mann brächte es dann auf einen Materialwert von sechs Millionen Dollar, Dicke (wegen höherer Produktionsmengen) und Frauen (wegen besonderer Hormone) auf entsprechend mehr.

Auch die Mechaniker, die dachten, es müsse doch leicht und billig sein, eine bloße Pumpe wie das menschliche Herz nachzubauen, betrachten diese »Pumpe« mit wachsendem Respekt. Sie probieren deren Nachbau schon ziemlich lange, aber was immer sie auch hervorbringen, es wird stets teuer, pumpt nicht sehr ausdauernd, läßt das Blut verklumpen und beschert seinem Besitzer nur wenige Jahre mehr auf Erden. Ja, das Herz ist nichts weiter als eine Pumpe, aber was für eine!

Solche Erkenntnisse nützen uns jedoch nichts. Unser Ansehen bewegt sich weiterhin auf einem so konstant niedrigen Niveau, daß die nadelgestreiften Nachfolger der Heeresleitungen sich für berechtigt halten, uns als Ballast zu betrachten, von dem es sich zu befreien gilt, auf daß die Unternehmen wieder schlank und die Profite wieder dick werden.

Der »Wohlstandsmüll«, wie Nestlé-Chef Helmut Maucher die Überflüssigen der Gesellschaft bezeichnet,[31] landet dann im sozialen Netz und wird auch dort als äußerst lästig empfunden, weshalb man den Arbeitslosen rasch zum Sozialschmarotzer erklärt.

Die Erforscher der Künstlichen Intelligenz meinen, ihre Computer seien besser als der Mensch, weil sie schon Schachgroßmeister schlagen. Aber irgendwann wird es vielleicht auch einmal einen intelligenten KI-Forscher geben, der erkennt, daß diese Schachturniere etwas ganz anderes beweisen: unsere maßlose Überschätzung der Schachkunst. Wenn inzwischen jeder Siliziumdepp einen Großmeister schlagen kann, dann handelt es sich beim Schachspiel eben um eine jener sehr engbegrenzten Spezialfertigkeiten, die weniger dem Genie eignet als jenen skurrilen Menschen, die ganze Telefon- oder Kursbücher auswendig heruntersagen oder neunstellige Zahlen im Kopf multiplizieren können und die besser bei Thomas Gottschalk in ›Wetten, daß …?‹ auftreten als auf Demonstrationen der Leistungsfähigkeit von Computern. Im übrigen nimmt man von solchen Leuten an, daß sie sich diese Fähigkeit mit der Unterbelichtung aller übrigen Fähigkeiten erkaufen, was ja bei einem Blick auf zeitgenössische Großmeister auch kaum zu widerlegen ist.

Wenn die KI-Forschung uns also irgend etwas nahelegt, dann ist das die Neubewertung menschlicher Leistungen. Wenn ein Computer demnächst mittlere Managementaufgaben übernehmen kann – woran ich nicht zweifle –, aber auch in 50 Jahren noch nicht imstande sein wird, halbwegs ordentlich zu putzen, bügeln, waschen, kochen und einzukaufen – was ich befürchte –, dann waren Manager bisher über- und Hausfrauen unterbezahlt. Und ab dem Zeitpunkt, ab dem ein Forscherteam versucht, einem Roboter beizubringen, mit einer Einkaufstasche in der einen, einem Kinderwagen an der anderen Hand, ein Kleinkind und einen Hund von der Straße in die mit einem Schlüssel zu öffnende Wohnung zu bringen – typische Detailaufgabe aus dem Alltag eines Hausmanns und Vaters –, ab diesem Zeitpunkt wird man wenig angesehene Tätigkeiten in ganz neuem Licht betrachten.

In verschiedenen Labors dieser Welt haben einige Forscher inzwischen eingesehen, daß sie sich mit dem Übermensch-Projekt gewaltig überheben und man sich daher besser bescheidenere Ziele setzt, die Entwicklung einer künstlichen Fliege zum Beispiel. Wahrscheinlich wird das unter Aufbietung einiger tausend Mannjahre an Forschung und Entwicklung sogar gelingen. Nur, die Natur bringt das Ding halt aus jedem Misthaufen zu Tausenden und ohne jede Mühe hervor, und vor allem: Wenn der Nachbau endlich gelungen ist, dann ist diese künstliche Fliege größer, schwerer und ungelenker als das Original, stürzt nach einer Flugstunde ab und hat 100 Millionen Mark gekostet.

Wenn dann jeder gelernt haben wird, was für ein Wunderwerk der Technik so eine Mistfliege ist und man plötzlich Hemmungen hat, zur Klatsche zu greifen, hätte sich der Aufwand trotzdem gelohnt. Man wäre dann ungefähr wieder auf einem Bewußtseinsstand, auf dem Albert Schweitzer vor einigen Jahrzehnten ganz ohne Millionen und ohne jegliche Forschung und Entwicklung angelangt war, als er sagte, er empfinde Ehrfurcht vor dem Leben.

Von der Marktwirtschaft zur Machtwirtschaft

Eine neue »Kulturtechnik«: CAG – Computer Aided Greed

Arbeitnehmer zu sein ist heute kein Vergnügen mehr. Der Kollege, mit dem man sich früher so gut verstanden hat, benimmt sich auf einmal wie ein Konkurrent. Der Chef, dem man früher auch einmal die Meinung sagen konnte, droht jetzt mit Rausschmiß. Der Staat, der früher einmal ein Herz für Arbeitnehmer hatte, nimmt einem von jeder zusätzlich verdienten Mark die Hälfte weg. Das Gehalt stagniert, aber die Mieten steigen, die Gebühren für Müll und Abwasser steigen, und das Benzin wird auch immer teurer. Die Renten- und Krankenversicherungsbeiträge steigen, aber die Leistungen der Krankenversicherung sinken, und wieviel Rente man später einmal bekommen wird und ob sie reicht, wird von Jahr zu Jahr ungewisser. Und während man sich früher, in den siebziger Jahren, den Luxus erlauben konnte, über die Frage nachzudenken, ob das, was man da täglich an seinem Arbeitsplatz tut, eigentlich sinnvoll ist und ob es dazu vielleicht eine sinnvollere Alternative gebe, muß der Arbeitnehmer heute dankbar sein, daß er überhaupt noch einen Arbeitsplatz hat.

Wer ihn verliert, ist arm dran, besonders wenn er über 45 ist. Die Aussicht, noch einmal einen neuen Job zu finden, ist gering und wird mit jedem weiteren Jahr geringer. Trotzdem bekommt so ein Mensch, der soeben auf die Straße befördert worden ist, dort gleich noch einmal einen Tritt und wird als Schmarotzer beschimpft, der es sich in der sozialen Hängematte bequem macht und es wagt, von der Versicherung, an die er jahre- und jahrzehntelang Beiträge entrichtet hat, Arbeitslosengeld zu fordern.

Dieses sei zu hoch, rufen Manager, die mit einer Millionenabfindung nach Hause gehen, wenn sie ihr Unternehmen in den Sand gesetzt haben. Das Arbeitslosengeld müsse gekürzt werden, damit der Anreiz steigt, wieder eine Arbeit anzunehmen, und sei es auch eine schlechtere, fordern Politiker, die nach wenigen Jahren in der Politik Übergangsgelder und Pensionsansprüche in sechsstelliger Höhe beanspruchen und vergessen, daß man den Abstand zwischen Arbeitslosengeld oder Sozialhilfe und Lohn auch durch eine Reform in der anderen Richtung vergrößern könnte, durch höheren Lohn statt niedrigerer Sozialhilfe.

Das gehe aber nicht, das Lohnniveau sei schon jetzt zu hoch und der Sozialstaat sei unfinanzierbar geworden und müsse endlich abgeschafft werden, monieren die Einkommensmillionäre, die zu diesem Sozialstaat schon längst nichts mehr beisteuern, weil sie ihr Geld seit Jahren im Ausland anlegen oder einen Steuerberater haben, der sie stets über die neuesten Schlupflöcher und Abschreibungsmöglichkeiten auf dem laufenden hält. Von der sozialen und tariflichen Besitzstandswahrung gelte es sich zu verabschieden, wird den Arbeitnehmern von jenen gepredigt, die ihren Besitz in den letzten zehn Jahren nicht nur gewahrt, sondern explosiv vermehrt haben und weiter vermehren wollen.

Mit der Rundum-Versorgungsmentalität müsse es nun ein Ende haben, sagt die FDP, die Partei der Besserverdiener und bestens Versorgten. Jeder solle künftig wieder für sich selber sorgen. Jeder sei für sein Tun, seine Ausbildung, seine Karriere, seine Familie, seine Gesundheit, seine Rente, ja sein Überleben selbst verantwortlich. Wie ein junger Mensch von heute für sich selber sorgen soll, wenn er trotz guter Ausbildung gar nicht erst ins Berufsleben hineingelassen wird, sagt die FDP nicht.

Daß die »Stürme der Globalisierung« zu »Friktionen« und »strukturellen Problemen« führen, das sei nun mal so, sagen Wirtschaftsprofessoren, die geschützt im Warmen sitzen. Das sei ein Schicksal, das es zu meistern gelte, raten sie jenen, die draußen sitzen und von den Stürmen gebeutelt werden.

Mit solchen und ähnlichen Argumenten wird die Globalisierung zur persönlichen Verantwortung der Verlierer umgedeutet. Globalisierung sei ein Schicksal, dem wir nicht ausweichen können. Darum käme es vor allem darauf an, das Beste daraus zu machen. Es sei nicht einmal ein böses Schicksal, sondern ein gutes. Es sei eine Chance, die es zu nutzen gelte, eine Herausforderung, der sich jeder einzelne stellen müsse, und es gebe zu ihr keine Alternative.

Nichts davon ist wahr. Globalisierung ist kein Schicksal, sondern das gewollte Ergebnis menschlichen Handelns. Globalisierung ist das, was sich ergibt, wenn wir die Steuerung des menschlichen Handelns jener angeblich so weisen und unsichtbaren Hand überlassen, die wir Markt nennen. Dann wird eben die Welt zum Industriestandort planiert, und daß dieser Standort dann für jeden einen Arbeitsplatz bereithält, ist nicht einmal gewiß.

Erst dann, wenn man entschieden hat, die Steuerung des Weltgeschehens dem Markt zu überlassen, kommt alles Weitere schicksalhaft über uns. Aber die Entscheidung für den Markt als Schicksalsgenerator ist nicht unvermeidlich, es gibt Alternativen, zum Beispiel die Entscheidung, das Weltgeschehen von Normen steuern zu lassen statt vom Markt. Man könnte beispielsweise versuchen, so etwas wie einen Weltkonsens über ein menschenwürdiges Leben herzustellen und das Handeln davon leiten lassen. Das mag idealistisch und utopisch klingen, aber der Glaube an den göttlichen Markt, der alles so herrlich regieret, ist noch viel abenteuerlicher. Wer die Welt dem Markt überantwortet, der kann sie gleich in den Orkus werfen.

Warum aber gibt es so einen großen Druck, die Welt marktkonform zu gestalten? Warum gelingt es, weltweit den Handel zu liberalisieren, während der globale Umweltschutz kaum vorankommt? Warum gelingt es Unternehmen weltweit, sich mehr Rechte und Sicherheiten zu verschaffen, während die Rechte und Sicherheiten des einzelnen beschnitten werden? Ökonomieprofessoren können stunden- und tagelang begründen, warum dies alles so sein muß, und weil die Wirtschaft so etwas ungeheuer Komplexes ist, können die Antworten auf solche Fragen unter einem Meer von Daten und Fakten begraben werden.

Es gibt aber eine sehr einfache Antwort auf diese Fragen. Man findet sie, wenn man nach dem Interesse der Beteiligten fragt. Das empfiehlt sich immer in unübersichtlichen und komplexen Lagen.

Wem nützt die Globalisierung? Wer ist die treibende Kraft hinter dieser Entwicklung? Es sind ein paar hunderttausend Großaktionäre, Aufsichtsräte und Investoren in Europa, Japan, den USA und den OPEC-Staaten – Millionen von Kleinaktionären natürlich auch, aber die haben keine Macht, sondern profitieren nur als Trittbrettfahrer von der neuartigen Aggressivität der Shareholder-value-Ideologen. Sie, und nur sie, profitieren derzeit von der Internationalisierung des Handels. Alle anderen verlieren.

Jeder Arbeitnehmer ist das letzte Glied einer Hierarchiekette, an deren anderem Ende irgendein Milliardär sitzt, der es als seine wichtigste und vornehmste Aufgabe betrachtet, seinen angehäuften Milliarden noch weitere Milliarden hinzuzufügen. Und nicht wenige glauben sogar, sie befänden sich mit diesem Interesse im Einklang mit dem höheren Interesse des Gemeinwohls.

Globalisierung ist darum eine von Kapitaleignern gewollte Entwicklung, die von diesen bewußt und systematisch herbeigeführt und forciert wird. Mit dem Kampfbegriff Shareholder value werden die Renditen der Unternehmen weltweit verglichen, und wenn diese zu niedrig ausfallen, wird dem betreffenden Unternehmen von den Anlegern das Geld entzogen und wird das Management gefeuert.

Das wichtigste Mittel für die Jagd nach der besten Rendite ist die Möglichkeit der Rationalisierung durch die Informationstechnik. Den weltweit agierenden Investoren wurden mit der digitalen Technik eine neue Waffe in die Hand gegeben, und von dieser Waffe machen sie Gebrauch, ohne groß darüber nachzudenken, was sie damit anrichten. Den Shareholdern geht es eigentlich nur um den maximalen Ertrag ihres Kapitals, aber mit der Verfolgung dieses Ziels wirken sie wie Erpresser, die mit dem »Messer« der Informationstechnik am Hals des Arbeitnehmers diesem ins Ohr flüstern können: Du, Ware Arbeitskraft, bist mir zu teuer geworden. Waren, die zu teuer sind, sind Ladenhüter. Mach dich also billiger, wenn ich dich kaufen soll. Und sei bitte auch ein bißchen flexibler und mobiler. Wenn du für mich noch interessant sein willst, dann mußt du bereit sein, wenn ich dich rufe, auch am Wochenende, in der Nacht und im Urlaub, auch an anderen Orten, weit weg von deiner Familie. Und wenn ich dich nicht mehr brauche, sollst du dich nicht beklagen, sondern warten, bis ich wieder rufe. Wenn du dich an mich verkaufen willst, dann akzeptiere bitte, daß ich dich überwache, daß ich messe, was du wirklich leistest, und daß ich gelegentlich deine Telefonate abhöre und in deinen E-Mails lese. Und noch etwas: Es hat keinen Sinn, sich dagegen zu wehren. Waren wie dich finde ich überall auf der Welt.

So, auf diese Weise, transformiert der Shareholder die Marktwirtschaft zur Machtwirtschaft. Shareholder value, das ist ein beschönigendes Fremdwort für die plötzlich erwachte Gier der Vermögenden nach noch mehr Geld, man könnte es ebenso modisch auch als CAG abkürzen – Computer Aided Greed, computergestützte Habsucht der Reichen.

»Die Megakonzerne streben nach Megagewinnen«, schrieb Roger de Weck in der ›Zeit‹.[32] Mega-Aktionäre fordern »inzwischen eine Rendite von jährlich 20 Prozent – vor kurzem noch reichte ihnen die Hälfte. Heute muß sich ein Konzernchef rechtfertigen, wenn er einen Gewinn von ›bloß‹ zehn Prozent des eingesetzten Kapitals vorlegt; früher hätten ihn die Finanzpresse und die Hauptversammlung der Aktionäre ob des guten Ergebnisses gefeiert«.[33]

Haben Aufsichtsräte, Aktionäre und Manager in der Vergangenheit akzeptiert, daß Unternehmen auch eine gesellschaftliche Verantwortung haben, so ist davon heute nur noch in Hochglanzbroschüren die Rede. Im Alltag, meinen die Shareholder, braucht man das nicht mehr, ist gesellschaftliche Verantwortung nur ein Wettbewerbshindernis, also weg damit, es war nützlich, als es den Kommunismus noch gab. Zu jener Zeit mußten die Profiteure des Kapitalismus noch beweisen, daß er sozialer ist als der Kommunismus. So kam der Kapitalismus zu seinem halbwegs menschlichen Antlitz. Jetzt, da die Sowjetunion zerbrochen ist, muß der Kapitalismus nichts mehr beweisen. Jetzt darf er sich abschminken und tut es schon.

Der große Held aller Shareholder ist John F. Welch, der Chef des US-Konzerns General Electric Company (GE). Umsatz und Gewinn klettern unter seiner Führung seit 20 Jahren in zweistelligen Raten. Die Strategie, mit der er das geschafft hat, ist einfach und radikal: Schwarze Zahlen genügen nicht. Was zählt, ist die Höhe des Profits, und noch wichtiger, die Perspektive für eine überdurchschnittliche Rendite in der Zukunft. Geschäftszweige, die sich nicht als Nummer eins oder mindestens Nummer zwei auf dem Weltmarkt etablieren können, werden daher verkauft oder ganz dichtgemacht, auch dann, wenn sie schwarze Zahlen schreiben, die Zahlen aber nicht schwarz genug sind. Daß dann die Beschäftigten bei Nummer drei, vier oder fünf zu Tausenden auf der Straße landen, wird nicht nur bewußt in Kauf genommen, sondern ist die Unternehmensphilosophie.

Geldbesitzer haben heute dank der Informationstechnik eine viel größere Auswahl an Geldanlagen als vor zehn oder 20 Jahren. Selbst Kleinanleger können jetzt mühelos ihr Erspartes jenseits deutscher und auch europäischer Grenzen investieren. Dadurch wächst der Druck auf alle Manager dieser Welt, wie John F. Welch zu handeln, um die Gewinne zu steigern und für langfristig steigende Dividenden zu sorgen.

In den USA gibt es bereits Investment-Gesellschaften, die nichts anderes tun, als die »Performance«, also die Rendite- und Aktienkursentwicklung von Unternehmen, zu beobachten und bei schlechten »Performern« das Management zu attackieren und dafür zu sorgen, daß der Unternehmensvorstand entweder seine Strategie ändert oder gefeuert wird. Spektakulär war die Aktion der Investmentgesellschaft Lens gegen das Management von Sears, einer der größten Handelsgesellschaften in den USA. Weil Lens mit der Aktienkursentwicklung des Unternehmens nicht zufrieden war, bewarb sich Bob Monks, ein Manager von Lens, öffentlich um einen Sitz im Vorstand von Sears und schaltete dazu im ›Wall Street Journal‹ eine ganzseitige Anzeige mit einem Foto, das die Mitglieder des Vorstands mit Funktion und Namen zeigte. Überschrift: »The Sears Board of Directors, Non-Performing Assets.« Frei übersetzt heißt das: »Die Chefs von Sears, totes Kapital.«[34] Seitdem herrscht in amerikanischen Vorstandsetagen große Aufregung, wenn jemand von Lens anruft und das Management zu einem Gespräch bittet.

Daß Großaktionäre, Investoren und Verwalter von Pensionsfonds von außen über die Köpfe des Aufsichtsrats hinweg in ein Unternehmen hineinfunken, ist ein Novum in der Geschichte des Kapitalismus. Er bekommt dadurch eine neue Qualität. Neu sind auch die Bewertungskriterien von Unternehmen. Beurteilt der klassische Aktionär ein Unternehmen nach der Höhe seiner Dividende, so zeigt sich der neue Aktionär an der Dividende völlig desinteressiert. Eine hohe Dividende bezeuge nur die Phantasielosigkeit des Managements, denn wenn dieses dem Aktionär Geld zurückgebe, beweise das, daß die Manager mit dem Geld nichts anzufangen wissen. Der neue Aktionär verlangt daher, den Wert eines Unternehmens dadurch nachhaltig zu steigern, daß das verdiente Geld gleich wieder ins Unternehmen gesteckt und damit der Aktienkurs nach oben getrieben wird. Nicht die Dividende, sondern der Kurs ist es, der den neuen Aktionär interessiert.

Nichts ist dagegen einzuwenden, wenn erwirtschaftete Gewinne in voller Höhe reinvestiert werden. Davon profitieren auch die Arbeitnehmer, denn deren Arbeitsplätze werden dadurch sicherer. Und wenn sich Aufsichtsräte als unfähig erweisen, ein schlafmütziges Management auf Vordermann zu bringen, ist im Prinzip auch kaum etwas gegen Aktionärsdruck von außen einzuwenden.

Doch in den meisten Fällen ist die neue Aktionärs-Aggressivität problematisch. Vorteilhaft nicht nur für Aktionäre, sondern für die ganze Gesellschaft sind reinvestierte Gewinne tatsächlich nur in dem einen Fall, daß sie kreativ angelegt werden und zu Produktinnovationen und gesteigerter Produktivität führen.

Aber Kreativität kann man nicht verordnen, und die Verwandlung von Geld in Innovation und Produktivität gelingt nur wenigen. Daher wird die Mehrheit der unkreativen Manager versuchen, das Ziel der Wertsteigerung mit unkreativen und bequemeren Methoden zu erreichen. Eine dieser Methoden heißt Fusion oder Einkauf von Unternehmen, eine zweite Börsenspekulation, eine dritte Personaleinsparung.

Alle drei Wege wurden und werden weltweit und massenhaft von Managern beschritten, wie der tägliche Blick in den Wirtschaftsteil der Zeitungen lehrt. Und alle drei wirken sich auf die Gesellschaft als Ganzes schädlich aus. Fusionen verringern den Wettbewerb und führen zu geballten Wirtschaftsmächten. Börsenspekulationen blähen den Geldverkehr künstlich auf, entkoppeln die Börse vom tatsächlichen Geschehen in der Wirtschaft, dem Handel mit Waren und Dienstleistungen, und schaffen Spekulationsblasen, die irgendwann platzen und dann reale und oft katastrophale Auswirkungen auf die »wirkliche« Wirtschaft haben wie jüngst in Asien und Lateinamerika.

Die schlimmste Methode der Wertsteigerung von Unternehmen aber ist und bleibt die Personaleinsparung. Das aggressive Auftreten der Shareholder, für die nur noch die Rendite zählt und Mitarbeiter disponible Größen sind, führte daher in den letzten zehn Jahren fast überall auf der Welt zu den gleichen Folgen. Die Manager stellten sich vor ihre Belegschaft und sagten: Wir müssen die Rendite verdoppeln. Daher werden wir künftig auf die Hälfte von euch verzichten, und der anderen Hälfte kürzen wir den Lohn. Am nächsten Tag stieg dann der Kurs der Aktie des betreffenden Unternehmens steil an – die Kurve der Arbeitslosenstatistik ebenfalls.

Verstärkt wird der Druck der Shareholder durch das amerikanische Entlohnungssystem, das jetzt auch in Europa Einzug hält und systematisch die Verantwortungslosigkeit prämiert, oder genauer: die ausschließliche Verantwortung gegenüber dem Shareholder und die Gleichgültigkeit gegenüber allem anderen. Amerikanische Topmanager erhalten zusätzlich zu ihrem Gehalt eine Erfolgsbeteiligung in Form von »stock options«, Aktienoptionen, deren Wert das eigentliche Gehalt um ein Vielfaches übersteigt. Da fällt es einem dann schon etwas leichter, mehr Druck auf die Mitarbeiter auszuüben und regelmäßig eine bestimmte Zahl von ihnen zu feuern.

Mit der amerikanischen Erfolgsbeteiligung werden die finanziellen Interessen der Führungskräfte enger an die der Aktionäre gebunden. Bisher war es bei uns Konsens, daß Manager nicht nur die Interessen der Eigentümer zu berücksichtigen haben, sondern auch die der Arbeitnehmer, des Staates und der Gesellschaft. Damit ist es im Shareholder-Kapitalismus vorbei.

Würden die Shareholder und Manager mit ihrer scharrenden Ungeduld nur Hektik und Streß verbreiten, könnte man sie ungerührt scharren lassen, aber dieser Menschentypus sitzt an den Hebeln der Macht, und dort reicht Ungeduld als hervorstechende Eigenschaft nicht aus. Oft ist es sogar Geduld, was nötig wäre. Ungeduldige pflanzen keine Wälder, sondern nur Sonnenblumen, denen sie beim Wachsen zusehen können. Es wachsen aber auf Dauer weder Sonnenblumen noch andere Pflanzen, wenn die Wälder verschwinden und keine neuen mehr angelegt werden.

Ungeduldige investieren nicht mehr in Projekte, die nicht spätestens in vier Jahren Gewinne abwerfen. Daimler, Siemens, General Electric oder Mitsubishi sind aber gerade deshalb groß geworden, weil sie auch langfristig gedacht und gerechnet haben.

Ungeduldige sind Krämerseelen. Sie denken betriebswirtschaftlich, also kurzfristig und mit verengtem Blickwinkel, und verlangen von Politikern, ebenfalls so zu denken. Deutschland ist aber keine AG, und Europa ist es auch nicht. Zwar müssen auch Nationalstaaten, Länder und transnationale Organisationen wirtschaftlich denken, aber nicht betriebswirtschaftlich, sondern volkswirtschaftlich, politisch, ökologisch und ethisch, und eine Volkswirtschaft ist mehr als die Summe der Krämerläden vom Kiosk an der Ecke bis zu den Großkrämern Daimler und Siemens.

Durch den Druck der Shareholder entsteht etwas völlig Neues: Die Wirtschaft wächst, aber die meisten Leute werden ärmer, und wenige werden überproportional reich. Neue Studien zeigen, daß viele Amerikaner, die Anfang der neunziger Jahre ihren Job verloren, am neuen Arbeitsplatz fast ein Viertel weniger Geld verdienen. Meinhard Miegel, Institutsdirektor des Instituts für Wirtschaft und Gesellschaft in Bonn, weiß aus Untersuchungen: »Viele Amerikaner – etwa die Hälfte – müssen heute länger und härter als vor 20 Jahren arbeiten und leben dennoch schlechter als damals. … Nicht wenige Amerikaner erhalten heute für einen vollen Arbeitstag ein niedrigeres Einkommen als ein deutscher Sozialhilfeempfänger.«[35]

Was da weltweit im großen Stil abläuft, ist eine beispiellose Enteignungsaktion, eine Art legaler Raub. Für Millionen von

Arbeitnehmern wird das einzige, womit sie ihren Lebensunterhalt verdienen können – ihre Arbeitskraft – entwertet.

Daß jetzt überall auf der Welt Arbeitnehmer ihre Existenzgrundlage verloren haben, weil sie nicht mehr gebraucht werden, und daß jene, die noch gebraucht werden, davor zittern, demnächst ebenfalls ausgemustert zu werden, daß sie jetzt kaum noch wagen, ihren Chefs zu widersprechen, den Kollegen als Konkurrenten fürchten, mit Grippe ins Büro gehen, freiwillig Überstunden leisten, Lohndrückerei und Verschlechterung der Arbeitsbedingungen widerspruchslos hinnehmen, all das ist nichts, was schicksalhaft und von niemandem gewollt über diese Menschen hereinbricht.

»Die Arbeitslosigkeit geht durchs Land wie ein neues Regime der Furcht, das keine Stasi braucht, um die Menschen einzuschüchtern«, sagte der Dramatiker, Schriftsteller und Theaterautor Heiner Müller.[36] Betriebswirtschaftlich rechnet sich die Herrschaft der Shareholder bestens. Volkswirtschaftlich ist sie ein Fiasko. Ihr Preis ist Massenarbeitslosigkeit, ihre Konsequenz der Rückfall in den Manchester-Kapitalismus und in sozialpolitische Zustände des 19. Jahrhunderts.

Man muß in dem Zusammenhang auch einmal fragen, was uns dieses Shareholder-Regiment ökologisch kostet. Was kostet es die Umwelt, wenn global produzierte Bauelemente aus aller Welt in eine lokale Fabrik eingeflogen, zusammengebaut und wieder in alle Welt exportiert werden? Wieviel Prozent der zerstörten Ozonschicht geht auf das Konto des Shareholder-Kapitalismus? Wie viele Ressourcen werden verbraucht? Um wieviel Prozent würden sich die angeblich so ökonomisch hergestellten Produkte verteuern, wenn man auf ihren Verkaufspreis noch die Umweltkosten schlagen würde? Würde sich das Ausnutzen kleiner Lohn- oder Steuerdifferenzen dann noch lohnen?

Und welche Kosten produziert eigentlich ein Wettbewerb, der sich stetig verschärft? Er mag uns ja billige Produkte bescheren, aber gerade in der High-Tech-Industrie zeichnet sich allmählich ab, daß ein stetig weiter verschärfter Wettbewerb letztlich im Wahnsinn endet. Von den immer kürzer werdenden Innovationszyklen profitiert irgendwann niemand mehr, die Unternehmen nicht, weil die Gewinnspannen gegen Null gehen, die Arbeitnehmer nicht, weil sich immer weniger von ihnen auf dem sich immer schneller drehenden Karussell des Leistungswettbewerbs halten können, die Kunden nicht, weil sie zunehmend unausgereifte Produkte mit rapidem Wertverfall angedreht bekommen, und die Umwelt nicht, weil kurze Innovationszyklen zu einem hohen Verbrauch an Material und Energie und einen immer höher wachsenden Müllberg führen.

Schon heute verdient in der High-Tech-Industrie nur noch das Unternehmen Geld, das mit einem neuen Produkt als erstes am Markt ist. Wer als Zweiter kommt, holt gerade die Kosten für Forschung und Entwicklung wieder herein, und der Dritte und alle weiteren machen Verlust. Als rational kann man solch einen Markt nicht mehr bezeichnen.

Mut zum Neid

Es ist kühl geworden in unserem Land. Da sitzt eine Oma im Wartezimmer ihres Arztes und versteht nicht, warum sie von ihrer kärglichen Rente auf die verschriebenen Medikamente noch etwas draufzahlen soll, wo sie doch ein Leben lang gearbeitet und Steuern und Abgaben bezahlt hat. Das allein ist schon ärgerlich. Aber noch mehr ärgert sich die Rentnerin über die Bosnierin, die neben ihr im Wartezimmer sitzt. Die muß nichts draufzahlen, die muß überhaupt nichts bezahlen, obwohl sie weder an den Staat Steuern noch an die Krankenkasse Beiträge abgeführt hat.

Lebten wir in normalen Zeiten und müßte die Rentnerin nichts draufzahlen, hätte sie vielleicht Mitleid mit der Bosnierin, die alles verloren hat, deren Ehemann ermordet wurde, deren Kinder vom Krieg verstümmelt sind, die kein Geld hat, um Arzt und Medikamente zu bezahlen, und die nichts dafür kann, daß sie keine Beiträge an eine deutsche Krankenkasse entrichtet hat. Lebten wir in normalen Zeiten, wäre die Rentnerin vielleicht sogar ein bißchen stolz auf ihr Land, das Flüchtlinge aufnimmt, sie versorgt und auch die Arztrechnung bezahlt.

Aber wir leben nicht in normalen Zeiten. Wir leben in Zeiten der Globalisierung, und seitdem geht dem Staat auf geheimnisvolle Weise das Geld aus. Das sorgt für beträchtliche Unruhe in den unteren Rängen. Dort, wo das Geld schon immer knapp war, wird es jetzt noch knapper. Dort mißgönnt jetzt einer dem anderen jede Mark, die noch vom Staat kommt. Dort hacken die Schwachen auf die noch Schwächeren ein. Deshalb schlägt dem Flüchtling nicht Mitleid, sondern Mißgunst entgegen. Deshalb macht sich der Sozialhilfe-Empfänger des Schmarotzertums verdächtig. Deshalb sind die Ohren gespitzt für die Lüge, alles würde besser, wenn wir nur alle Ausländer rausschmissen. Deshalb ertönt der Ruf, »asoziale und kriminelle Elemente« zum Arbeitsdienst zu verdonnern. Deshalb entlädt sich von Zeit zu Zeit der Frust über die eigene mißliche Lage in Gewaltexzessen gegen die Schwächsten der Schwachen und die Ärmsten der Armen.

Man müßte aus diesem Grund einfach mal zwei ganz schlichte Info-Grafiken herzeigen, Grafiken, die etwas Grundlegendes über die Wirklichkeit in unserem Lande aussagen und eigentlich jede Woche auf den Titel von ›Focus‹ gehörten. Sie gehörten regelmäßig ins Fernsehen, und sie gehörten millionenfach plakatiert, damit sie auch in jeder Ecke unseres Landes gesehen werden. Dazu gehört der Text: Steuern zahlen in Deutschland nur noch »die Ehrlichen und die Dummen – und diejenigen, die keine Lobby in Bonn haben«.[37]

Die erste Grafik zeigt, daß sich die einkommensstarken Schichten – nennen wir sie ruhig: die Reichen – legal und vermutlich auch illegal aus ihren Bürgerpflichten davongestohlen haben und daß deshalb die Hauptlast den einkommensschwächeren Schichten aufgebürdet wird. Sie zeigt: Dem Staat geht nur deshalb das Geld aus, weil die Reichen keine Steuern

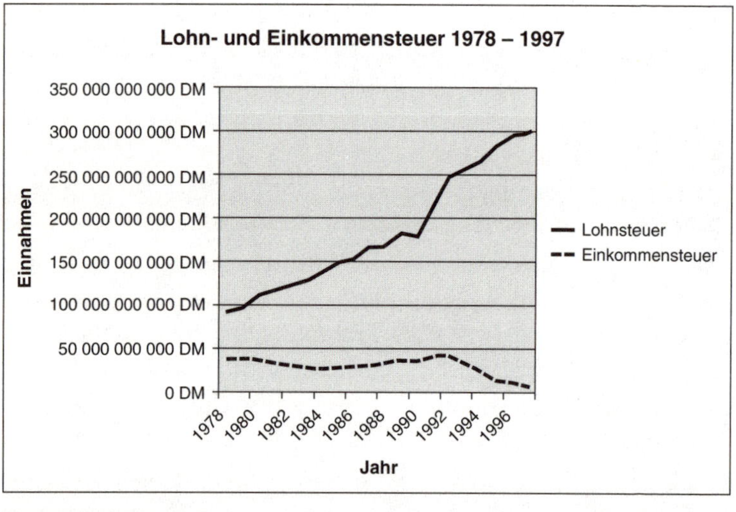

Die Schere zwischen Lohn- und Einkommensteuerzahlern öffnet sich immer weiter. Wir stehen kurz davor, daß der Staat von den besser und bestens Verdienenden bald gar keine Steuern mehr bekommt und sich alles von jenen holen muß, die sich seinem Zugriff nicht entziehen können: von den Geringverdienern. Gerechtigkeit hat erst wieder eine Chance, wenn die beiden Kurven ihre Richtung umdrehen.

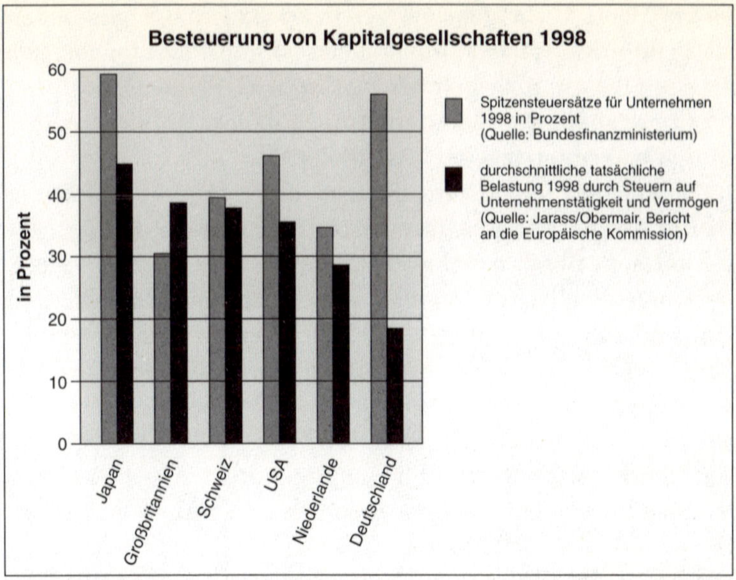

Seit Jahr und Tag kritisieren deutsche Unternehmer, die Steuern in Deutschland seien zu hoch. Wahr ist: Pro forma sind sie tatsächlich hoch. De facto gehören sie aber zu den niedrigsten auf der Welt, denn durch legale und illegale Steuervermeidung gelingt es den Unternehmen, ihre Steuerlast so weit zu drücken, daß sie weniger zahlen als die Unternehmen in den meisten anderen Ländern der Welt. In kaum einem Land ist die Kluft zwischen formell erhobenen Steuersätzen und tatsächlich gezahlten Steuern so hoch wie in Deutschland. Nebenbei zeigt die Grafik auch: Im angeblichen Unternehmerparadies Großbritannien zahlen Unternehmen tatsächlich mehr, als es die formell niedrigen Steuersätze suggerieren.

mehr zahlen. Die dieser Grafik zugrundeliegenden Zahlen stammen vom Wiesbadener Bundesamt für Statistik.

Der ganze Druck lastet auf dem Faktor Arbeit. Seit 1980 sind die Bruttolöhne und -gehälter pro Arbeitnehmer in der Bundesrepublik real um 15 Prozent gestiegen, während die Wirtschaftsleistung um 32 Prozent wuchs. Gleichzeitig konnten Unternehmer und Vermögende ihre Einkommen verdoppeln. In Westdeutschland waren 1994 in der Durchschnittslohntüte nur drei Prozent mehr als 1980. Dafür trägt aber die Lohnsteuer einen immer größeren Teil zu den Staatseinnahmen bei. Von der Lohnsteuer über den Solidaritätszuschlag bis zu den wachsenden Sozialabgaben müssen die Arbeitnehmer ihren Obolus in vollem Umfang entrichten. Dagegen haben reiche Unternehmer und Vermögensbesitzer netto noch mehr gewonnen als brutto. Sie nutzen immer neue Schlupflöcher, wie etwa massive Abschreibungen bei Bauten in Ostdeutschland, und profitieren neuerdings auch noch davon, daß die Bundesregierung die Vermögensteuer auslaufen ließ.[38]

Die Reichen zahlen keine Steuern mehr, aber sie trompeten laut in die Welt hinaus, ihre Steuerbelastung sei zu hoch. Sie zahlen keine Steuern mehr, aber jammern über den Sozialstaat, der angeblich unfinanzierbar geworden sei. Und in dem ganzen Trompetenlärm geht unter, daß der Sozialstaat nur deshalb am Ende ist, weil die Reichen und die vom Schicksal Begünstigten den ärmeren Schichten des Volkes die Solidarität aufgekündigt haben. Diese Absetzbewegung hat besonders stark nach der deutschen Einheit zugenommen, als alle spürten, daß diese nicht umsonst zu haben ist, sondern von jedem Opfer verlangt. Da haben die Reichen ihre Möglichkeiten genutzt und das Opfern den Arbeitnehmern überlassen, selbst aber noch kräftig an der Einheit verdient.

Man könnte ähnliche Grafiken wie die für die Einkommensteuer auch für Kapital-, Vermögens- und sonstige Unternehmenssteuern zeigen. Sie weisen alle in die gleiche Richtung: Der Anteil von Unternehmen und Selbständigen an der gesamten Steuerlast sinkt. »Bei der Körperschaftsteuer hat die Deutsche Bundesbank ›einen Aufkommensschwund‹ festgestellt. Der Fiskus nimmt hierüber von Jahr zu Jahr weniger ein, ihr Beitrag zu den gesamten Einnahmen des Staates ist mit zwei bis drei Prozent mittlerweile fast so bescheiden wie bei einer Bagatellsteuer.«[39] Allen landläufigen Vorurteilen zum Trotz sei Deutschland kein Hochsteuerland, wenn man die effektive Belastung betrachtet, ungeachtet der hohen nominalen Sätze. Die deutsche Steuerquote, also der Anteil der Steuereinnahmen an der gesamten Wirtschaftsleistung, liege mit 23 Prozent auf amerikanischem Niveau, deutlich unter der britischen, die fast 28 Prozent erreicht.[40]

Im vergangenen Jahr, 1997, lag die volkswirtschaftliche Steuerquote, die das Verhältnis aller Steuereinnahmen zum Bruttoinlandsprodukt ausdrückt, »mit 21,9 Prozent auf dem niedrigsten Stand seit Bestehen der Bundesrepublik, und sie sinkt im Jahr 1998 weiter. In der EU hat nur Spanien eine noch niedrigere Quote.«[41]

Weltweit sinkt die Steuerbelastung der Unternehmen immer noch weiter, weil die nationalen Regierungen um Industrieansiedlungen wetteifern und deshalb in einen ruinösen Steuerwettbewerb eingetreten sind. Während ich dieses Buch schreibe, berät das dänische Parlament über Gesetzesänderungen, die darauf hinauslaufen, daß internationale Holdings ganz legal überhaupt keine Steuern mehr bezahlen müssen: Gewinne ausländischer Tochtergesellschaften sollen von dänischen Firmen künftig steuerfrei vereinnahmt werden können. Gewinnüberweisungen einer dänischen Zwischenholding an ihre ausländische Mutter sollen ebenfalls steuerfrei bleiben.[42]

Laut Bundesbank ist »die Steuerbelastung von Arbeitnehmern mit durchschnittlichen Einkommen, die keine Abzugsmöglichkeiten geltend machen können, kontinuierlich gestiegen. Gleichzeitig holt der Staat sich das, was ihm bei der Steuer entgeht, zunehmend über höhere Sozialabgaben herein und treibt damit die Kosten der Arbeit in die Höhe.«[43]

Daimler war einmal der größte Steuerzahler der Nation. Aus Stuttgart flossen Milliardenbeträge in die Bundeskasse. Aber dann geriet der Konzern wegen Edzard Reuters Idee von einem »integrierten Technologiekonzern« in einen Kaufrausch und verleibte sich die AEG, MBB, Dornier und noch einiges andere ein, und Daimler produzierte dann neben Autos auch Panzer, Flugzeuge und Technologie, aber vor allem rote Zahlen, die bei Reuters Abtritt den Rekordstand von 5,7 Milliarden Mark erreicht hatten. Das bedeutete: Während der ganzen neunziger Jahre zahlte Daimler wegen seiner Verluste praktisch keine Steuern mehr. Für 1999 hatte Schrempp angekündigt, er werde wieder zahlen.[44] 1996 hatte er Haushaltsexperten des Deutschen Bundestags bei einem Abendessen beiläufig mitgeteilt, bis zum Jahr 2000 werde sein Konzern keine Ertragssteuern mehr bezahlen. »Von uns kriegt ihr nichts mehr«, soll er wörtlich gesagt haben.[45]

Daimler war nicht das einzige Unternehmen, das seine Steuern drückte. Die Commerzbank verdoppelte von 1994 bis 1995 ihre Gewinne auf 1,4 Milliarden DM und halbierte gleichzeitig ihre Steuerlast.[46] Zahlreichen anderen Konzernen ist es in den letzten Jahren ebenfalls gelungen, ihre Gewinne zu verdoppeln und ihre Steuerlast zu halbieren. BMW zahlte 1988 noch 545 Millionen DM an das Finanzamt. 1993 ließ sich BMW trotz gestiegener Gewinne 32 Millionen vom Finanzamt zurückerstatten.[47] Siemens machte 1994/95 2,1 Milliarden DM Gewinn. Davon hat der Staat weniger als fünf Prozent bekommen, im darauffolgenden Jahr zahlte Siemens gar nichts mehr.[48]

Die Aktienkurse stiegen nach der deutschen Einheit fast zehn Jahre lang unaufhörlich, und auch nach dem Crash auf Raten im Herbst 1998 steht der DAX auf historisch hohem Niveau. Die Gewinne der Unternehmen sind explodiert, die Einkommen aus Unternehmertätigkeit überproportional gestiegen, die Zahl der Millionäre und Milliardäre hat drastisch zugenommen, riesige Vermögen sind vererbt worden, das Bruttosozialprodukt im Jahre 1998 ist ungefähr dreimal so hoch wie vor 20 Jahren, die »reichsten« sechs Prozent der westdeutschen Haushalte verfügten 1993 – neuere Daten gibt es nicht – über ein Drittel des gesamten Geldvermögens,[49] aber vor dem Finanzamt sind unsere Reichen arm.

Am Starnberger See gibt es einen Millionär, der es durch Ausschöpfung aller Möglichkeiten des geltenden Rechts hingekriegt hat, daß seine Tochter Sozialhilfe bekommt. »Mehrfach hat der Hamburger Immobilienkrösus Robert Vogel demonstriert, wie Selbständige Millioneneinkünfte dem Fiskus gegenüber auf Minimalbeträge reduzieren können, ohne die Gesetze zu übertreten. Danach hätte der FDP-Politiker sogar ganz locker eine Sozialwohnung beziehen können.«[50]

Einzelfälle, gewiß, aber in den letzten zehn Jahren sind uns ausschließlich Einzelfälle erzählt worden von Sozialhilfe-Empfängern, die angeblich arbeiten könnten, aber nicht wollten, und von Arbeitslosen, die jede angebotene Arbeit ablehnen oder einfach nicht zur Arbeit erscheinen.

Diese Geschichten haben wir jetzt zur Genüge gehört, wir glauben sie auch, beharren dennoch darauf, daß solche Fälle höchstens ein Prozent der Arbeitslosen ausmachen, und wenn es zehn Prozent wären, gäbe es noch immer über drei Millionen, die nicht unter die Kategorie Schmarotzer fallen. Ich will in dem Zusammenhang auch einmal daran erinnern, daß es stets Demonstrationen gab, wenn mal wieder im Kohle- oder Stahlrevier Entlassungen vor der Tür standen. Keiner der betroffenen Arbeitslosen hat sich auf ein Leben ohne Arbeit gefreut und gesagt: Wunderbar, jetzt darf ich faul sein und werde noch dafür bezahlt. Nein, die Leute haben um den Erhalt ihrer Arbeitsplätze gekämpft, weil sie arbeiten wollten. Die Schlangen vor dem Arbeitsamt, die vielen Bewerber, die um eine Planstelle rangeln, die vielen vergeblich geschriebenen Bewerbungen beweisen das Gegenteil von der Mär vom faulen Arbeitslosen. Die überwältigende Mehrheit will arbeiten.

Deshalb, und um die Relationen wieder zurechtzurücken, ist es jetzt an der Zeit, die hundertfach erzählten Geschichten von den faulen Arbeitslosen zu beenden und die anderen Geschichten, wie jene vom Millionär am Starnberger See, hundertfach zu erzählen, oder von jenen jungen Abschreibungskünstlern, die es durch konsequente Ausnutzung aller Steuersparmöglichkeiten zu Immobilienvermögen in Millionen- und sogar in Milliardenhöhe gebracht haben, ohne je einen Pfennig Steuer gezahlt zu haben. Diese Leute regen sich auf über den Mißbrauch von Sozialleistungen und finden es unzulässig, daß ein Arbeitsloser auch mal ein bißchen clever sein und den Sozialstaat ausnutzen möchte.

Wer versucht, die Aufmerksamkeit auf solche Tatsachen zu lenken, dem werden sofort Wortkeulen wie »Sozialneid« oder »Neidgesellschaft« auf den Kopf gehauen, und zwar so erfolgreich, daß die Sozialdemokraten offenbar jeden Vorwurf bereitwillig hinnehmen, nur nicht den, die Partei der Neidhammel zu sein. Die skandalöse Tatsache, daß die Reichen keine Steuern mehr zahlen, wird von den Sozialdemokraten äußerst moderat, ja geradezu leisetreterisch behandelt.

Aber Neid ist nicht nur ein niedriges Motiv, sondern, wie jedes niedrige Motiv, auch ein Material, aus dem Kulturleistungen entstehen. Neid ist eine Wurzel der Gerechtigkeit. Wer Neid nicht aufkommen lassen will, muß für Gerechtigkeit sorgen, Ungleichheit bekämpfen, Chancengleichheit anstreben. Statt zuzusehen, wie sich der Neid der Einkommensschwachen an Flüchtlingen, Asylbewerbern, Sozialhilfe-Empfängern und Bemitleidenswerten entzündet, wäre es geschickter und für das Zusammenleben in unserem Land besser, wenn die Sozialdemokraten den Neid der Schwachen auf die Beneidenswerten umlenkten und Wörter wie »Sozialneid« oder »Neidgesellschaft« als das entlarvten, was sie sind: bloße Schlagworte der Reichen, mit denen diese ihren Reichtum verteidigen. Wer von Sozialneid redet, weil er von seinem Reichtum nichts abgeben will, muß jetzt hinnehmen, daß auch von Geiz und Raffsucht gesprochen wird.

»Früher hat Reichtum als verdächtig gegolten, heute der Bezug sozialer Leistungen.«[51] Das Mißtrauen dem Reichtum gegenüber wäre in der heutigen Zeit wieder besser angebracht, weil es produktiver ist.

Die Kunst der Reichen, sich arm zu rechnen, ist ein effizientes Mittel zur Aushebelung der sozialen Gerechtigkeit. Ob planmäßig gewollt oder zufällig zustande gekommen: Die Strategie geht auf. Man stelle seine Zahlungen an den Staat ein, setze gleichzeitig massenhaft Arbeitnehmer auf die Straße, und der Sozialstaat wird einer Belastungsprobe ausgesetzt, die er nicht aushält. Der Staat in seiner Not erhöht die Sozialabgaben, erhöht damit auch die Lohnnebenkosten, und die Arbeitgeber haben mit dem Argument, die Arbeit werde damit zu teuer, eine Rechtfertigung für weitere Entlassungen, Arbeitsplatzexporte und für die Globalisierung. Die finanzielle Lage des Sozialstaats wird dadurch noch prekärer, der Finanzminister muß die Lohnsteuerzahler noch stärker auspressen, so daß am Ende auch diese glauben: Ja, der Sozialstaat ist nicht mehr bezahlbar, wir müssen uns wohl von ihm verabschieden.

Müßten wir aber nicht, wenn es gelänge, die Wohlhabenden und die Unternehmen wieder an den Lasten unseres Gemeinwesens zu beteiligen. Es ist aber – und hier wird das ganze Ausmaß jenes revolutionären Prozesses namens Globalisierung sichtbar – kaum möglich, die Unternehmen jemals wieder angemessen an den Soziallasten zu beteiligen, denn das unter Shareholder- und Konkurrenzdruck stehende Personal in den Vorstandsetagen und den Industrie- und Unternehmerverbänden darf sich für die prekäre Lage unseres Gemeinwesens nicht allzusehr verantwortlich fühlen. Wer es doch tut, wird rasch als für einen Vorstandsposten ungeeignet erkannt und gefeuert oder schon vorher in seiner Karriere gebremst.

Der Staat kann anscheinend wenig zur Steuergerechtigkeit beitragen. Würde er versuchen, die Unternehmen an die Kandare zu nehmen, würden diese ohne viel Federlesens ihre Firmensitze aus Europa auf die Bahamas oder sonstwohin verlagern, wo sie sich vor staatlichen Ansprüchen sicher fühlen. Ein Weltkonzern wie Daimler-Chrysler ist an Stuttgart oder Sindelfingen als Firmensitz nicht mehr gebunden. Er kann sich überall auf der Welt niederlassen, und ich denke, es ist nur eine Frage der Zeit, bis dies tatsächlich geschieht. Der Staat sollte trotzdem probieren, wieder mehr Steuergerechtigkeit zu verwirklichen. Der schon erwähnte Vorschlag des CDU-Politikers Eppelmann, Kursgewinne auf Aktien zu versteuern, ist im angeblichen Steuerparadies USA längst Wirklichkeit. Auch Gewinne aus Verkäufen von Immobilien sind in den USA steuerpflichtig,[52] in Deutschland dagegen, wie bei Aktien, nur innerhalb einer Spekulationsfrist.

Wenn wir also wollen, daß die Reichen wieder Steuern zahlen, dann muß öffentlich Druck gemacht, muß die Schere zwischen Lohn- und Einkommensteuerentwicklung thematisiert und vielleicht auch über die Frage diskutiert werden, ob das Steuergeheimnis noch seine Existenzberechtigung hat. Auch auf Länder wie Luxemburg oder die Schweiz, neuerdings auch Dänemark und Holland, die daran verdienen, daß sie das Geld der Reichen vor dem Zugriff anderer Staaten schützen, muß öffentlich Druck ausgeübt werden.

Mythos Leistung

Leistung muß sich wieder lohnen, sagt die FDP, sagen auch die Unternehmer und Spitzenmanager der Wirtschaft. Sie fühlen sich als »Hochleister« oder »Leistungsträger der Nation«. Und weil sie nach eigenem Verständnis so viel mehr leisten als der Durchschnitt der Bevölkerung, beanspruchen sie auch mehr vom Kuchen. Wer mehr leistet, soll auch besser belohnt werden, zumal von der Mehrleistung auch jene profitieren, die weniger leisten. So steht es in den Lehrbüchern der Marktwirtschaft, und das Wort dafür heißt »Leistungsgerechtigkeit«.

Wenn wir diese Lehre für einen Augenblick ernst nehmen, dann leistet Herr Schrempp, der Chef von Daimler, Tag für Tag rund 30mal mehr als einer seiner Facharbeiter in der Fabrik, denn Schrempps Gehalt von circa 2,7 Mill. DM pro Jahr ist rund 30mal höher als das eines Facharbeiters. Nun hat Daimler mit Chrysler fusioniert, und Chrysler hat einen Chef, der noch viel mehr leistet als Schrempp. Bob Eaton, so heißt der Chrysler-Chef, kassiert allein soviel wie sämtliche Daimler-Vorstände zusammen, nämlich über 22 Mill. DM. Darüber hinaus besitzt Eaton Aktienoptionen im Wert von rund 100 Mill. Dollar und erhält durch die Fusion noch weitere 40 Millionen.

Es heißt, Schrempps Gehalt müsse nun natürlich auch auf das Niveau seines Chrysler-Kompagnons gehievt werden. Da wird sich Herr Schrempp ganz schön anstrengen müssen, um zu verdienen, was er plötzlich verdient. Er muß dann übrigens auch rund 50mal mehr leisten als der deutsche Bundeskanzler, und da sind die Optionen noch gar nicht mitgerechnet.

Generell werden US-Manager viel besser bezahlt als europäische, also müssen sie auch viel besser sein. Am schlechtesten sind demnach die Japaner. Dort bekommen Topmanager kaum mehr als ihre Untergebenen. Am besten wäre es daher, Japaner und Europäer würden einfach mit den Amerikanern fusionieren, dann befänden sich alle automatisch auf dem höchstmöglichen Leistungsniveau.

Krankenschwestern leisten nicht soviel wie Herr Schrempp, im Vergleich zu Mister Eaton fast gar nichts und auch viel weniger als ihre Chefs, die Ärzte. Krankenschwestern schieben bekanntlich eine ruhige Kugel, tragen auch kaum Verantwortung, wenn man mal von der Bagatelle absieht, daß sie durch eine falsche Medikation den einen oder anderen ihrer Patienten ins Jenseits befördern könnten, und darum bekommen Krankenschwestern gerechterweise viel weniger Geld als die Gentlemen Eaton/Schrempp, weniger als ihr Chef, auch weniger als der Facharbeiter bei Daimler, aber für die Miete im Schwesternwohnheim reicht es. Was so eine Krankenschwester im Lauf eines Arbeitslebens verdient, ist ungefähr soviel wie Verona Feldbusch für ihre Peepshows in wenigen Monaten bekommt, aber die Moderation solch einer Peepshow erfordert ja auch viel mehr Leistung, Können, Wissen, Talent und Verantwortung als der Job einer Krankenschwester.

Bauern leisten in der Regel auch nicht viel. Nur manchmal, wenn der Stadt- oder Gemeinderat beschließt, die sauren Wiesen des Bauern als künftiges Wohn- oder Gewerbegebiet auszuweisen, da leistet der Bauer Enormes, und aufgrund dieser besonderen Leistung sind seine sauren Wiesen über Nacht ein paar Millionen Mark wert. Mit dem Geld baut er ein paar Häuser und vermietet sie. Beschließt dann die Bahn, den Wohnort des Bauern ans S-Bahn-Netz anzuschließen, ist auch das wieder eine bedeutende Leistung des Bauern, die mit steigenden Mieteinnahmen und Wertsteigerungen seiner Immobilien honoriert wird.

Hausfrauen und Mütter leisten überhaupt nichts. Daß sie künftige Rentenzahler und vielleicht sogar künftige Hochleister wie Eaton/Schrempp großziehen, ist keine richtige Leistung, und darum wird sie auch nicht bezahlt. Eine Rente kriegen sie später auch nicht, denn wer nichts in die Rentenversicherung einbezahlt hat, kann auch nichts von ihr fordern, das verstieße ja gegen das Prinzip der Leistungsgerechtigkeit.

Fritz Walter, Max Morlock, Uwe Seeler müssen ziemlich schlechte Fußballspieler gewesen sein, denn sie haben für ihr Spiel nur wenig Geld bekommen, eigentlich fast nichts. Oliver Bierhoff verdient schätzungsweise 10 000mal mehr, ist also rund 10 000mal besser als Morlock, Seeler, Walter.

Thomas Gottschalk, Günter Jauch und Harald Schmidt waren mittelmäßig bezahlte Entertainer und Moderatoren, als es das Privatfernsehen noch nicht gab. Als das Privatfernsehen dann kam, wechselten sie zu diesem und steigerten dort ihre Leistung und deshalb auch ihr Einkommen geradezu explosiv.

Manche Auserwählte sind schon als Baby Leistungsriesen. Der Sohn der Fürstin Gloria von Thurn und Taxis war kaum auf der Welt, da war er schon Milliardär. Hubert Burda wurde außer einer Spieluhr auch ein Großverlag in die Wiege gelegt, daher darf er heute als visionärer Unternehmer mit Online-Diensten und Internet-Experimenten Millionen investieren. Wie weit er es gebracht hätte, wenn er nicht zufällig im Haus des Senators Burda, sondern irgendwo in einem Schwarzwald-Dorf als Hans Meier auf die Welt gekommen wäre, und ob er es überhaupt geschafft hätte, im Burda Verlag ein Volontariat zu bekommen, das weiß niemand.

Im öffentlich-rechtlichen Rundfunk beginnen Karrieren nicht selten damit, daß ein späterer Leistungsträger frühzeitig den jeweils herrschenden Landespolitiker als Mentor gewinnt. Und wenn der Politiker merkt, daß sein junges Talent immer flexibel auf all dessen Anregungen und Beschwerden reagiert, zieht der Hoffnungsträger schon bald an seinen weniger flexiblen Kollegen vorbei und ist dann in kürzester Zeit so qualifiziert, daß man ihn als Abteilungsleiter, Chefredakteur und Intendanten für alles und in jedem System bestens verwenden kann.

Ende der Aufzählung. Ziehen wir ein erstes Fazit: Die Leistung-muß-sich-wieder-lohnen-Ideologen sollten endlich aufhören, so zu tun, als würde in einer Marktwirtschaft jeder so bezahlt, wie er es gemäß seiner Leistung, seiner Verantwortung, seiner Bedeutung und seinem Nutzen für die Gesellschaft verdient. Was einer verdient, bestimmen in erster Linie der Markt und die Verhandlungsmacht, über die einer verfügt. Die Masse der Arbeitnehmer hat in der Vergangenheit gut verdient, weil die Gewerkschaften eine starke Verhandlungsmacht hatten. Im Zeitalter der Globalisierung schwindet diese Macht, darum werden Arbeitnehmer künftig weniger verdienen, egal, was sie leisten. Markt und Macht werden bei der Entlohnung eine immer größere Rolle spielen, und die Bedeutung der eigentlich wichtigen Kriterien – tatsächliche Leistung, Verantwortung, Nutzen für andere – wird gegen Null gehen.

Da wir schon beim Aufräumen sind, räumen wir auch gleich mit einem zweiten Mythos der Marktideologen auf, dem Mythos, daß es immer die besten und tüchtigsten sind, die nach oben kommen, und daß es daher nur gerecht sei, sie besser zu belohnen. Wer in unserer Gesellschaft Chef wird, das lehrt uns aufs anschaulichste das Tierreich.[53] Darüber hat der Wissenschaftsjournalist Vitus B. Dröscher einmal berichtet und als Beispiel einen Schimpansen genommen, nennen wir ihn Turzun. Er war ein Affe von mäßigem Verstand und mäßigem Gewicht und auch sonst sehr durchschnittlich, gehörte daher zur unteren Mittelklasse seiner Horde, mit der er eines Tages in die Nähe der Behausung der Primatenforscherin Jane Goodall gelangte. In deren Vorratszelt fand Turzun einen Haufen übereinandergestapelter Blechkanister und schlug diese so heftig gegeneinander, daß unter dem Geschepper und Getöse die ganze Affenhorde vor Ehrfurcht erstarrte und ihn zum neuen Boß kürte. Er blieb es bis zu seinem Lebensende.

Wer nach oben will, muß auffallen und trommeln. Jürgen W. Möllemann – er läßt sich von Zeit zu Zeit mit dem Fallschirm vom Himmel auf die Erde fallen, hinein in die Volksmenge und vor die Linsen der Kameras – hatte es damit einmal bis zum Staatsminister im Auswärtigen Amt gebracht, ist dann allerdings über einen Plastikchip für Einkaufswagen gestolpert.

Man hat bei Primaten auch schon beobachtet, daß sie gute Kontakte untereinander pflegen und Seilschaften bilden. Mit deren Hilfe können es relativ durchschnittliche Gestalten bis weit nach oben bringen. Auch sicheres Auftreten und gute Beziehungen sind oft wichtiger als pure Leistung.

Führungskräfte zeichnen sich durch Entschlossenheit und Willensstärke aus. Das läßt sich schon an Heringen studieren. Normalerweise sind Heringsschwärme führerlose Gesellschaften, in denen sich jeder beständig an den anderen orientiert, wodurch sich der Kurs des Schwarms ergibt. Nur wenn ein Hering Futter sieht, wird er vorübergehend zum Führer. Dann achtet er nicht mehr auf die anderen, sondern schießt zielstrebig auf die Beute zu. Diese Entschlossenheit veranlaßt den Rest des Schwarmes, dem Hering zu folgen und ihn damit kurzzeitig als Führer zu bestätigen.

Wissenschaftler haben einen Hering aus dessen Schwarm genommen, ihm das Sozialisationszentrum aus dem Gehirn entfernt und wieder in den Schwarm zurückgebracht. Er kümmerte sich nun überhaupt nicht mehr um das, was der Schwarm tat, sondern schwamm, wie er gerade lustig war. Sein Schwarm aber zeigte sich von der kühnen Entschlossenheit des Hirngeschädigten so beeindruckt, daß er ihm überallhin folgte und auch die verrücktesten Zickzackbewegungen noch mitmachte. Der Gehirngeschädigte avancierte zu einem im Heringsschwarm eigentlich nicht vorgesehenen Dauerführer.

Manche Künstler, Gurus, Yogis, Modezaren, Trendredakteure, Designer, Unternehmensberater, Schamanen und Managementtrainer haben es mit ähnlichen Kühnheiten ähnlich weit gebracht. Im Management großer Unternehmen führt das Wirken solch entschlossener Orientierungsloser gelegentlich in die Pleite, was aber regelmäßig mit hohen Abfindungen für die Gehirngeschädigten honoriert wird.

Bei Gänsen wird die Hackordnung gleich zu Beginn geregelt. Kaum, daß sie geschlüpft sind, beginnt eine Art Ausscheidungswettkampf, während dem die Gössel so lange aufeinander einhacken, bis am Ende der Champion übrigbleibt. Dabei ist es aber keineswegs so, daß immer der größte und kräftigste gewinnt. Auch ganz mittelmäßige Kameraden können ins höchste Amt gelangen. Es hängt nämlich viel davon ab, wer bei den Ausscheidungskämpfen an wen gerät. Gerät beispielsweise der mittelmäßige Gössel Gerhard in der ersten Runde an den schwachen Hans-Jochen, siegt Gerhard auf ganzer Linie. Nun kann es sein, daß Gerhard in der zweiten Runde auf den ebenfalls mittelmäßigen, also gleich starken Johannes trifft, der aber zuvor verloren hat und darum schon etwas demoralisiert ist. Gerhard, von seinem Sieg beschwingt, wird den demoralisierten Johannes daher aus dem Feld schlagen. Jetzt gerät Gerhard allmählich in einen Siegesrausch und schlägt in den nächsten Runden auch die etwas stärkeren Björn und Rudolf, bis er es zuletzt mit Gössel Oskar zu tun bekommt. Gegen den hat er eigentlich keine Chance, denn Oskar ist wirklich stärker. Aber beim Kampf verheddert sich Oskar in einen Maschendraht, damit hat Gerhard leichtes Spiel, und er gewinnt auch den letzten Kampf. Nun ist er der Boß, zwar noch mittelmäßig, aber das wird er nicht lange bleiben. Denn von nun an, so ist das bei Gänsen, wächst er mit dem Amt. Nachdem die Rangordnung geklärt ist, entwickelt sich das Gewicht jedes Gössels genau im Verhältnis zu seinem Rang, und schon nach kurzer Zeit wird aus dem Mittelgewicht Gerhard ein Schwergewicht. Ein anderer Gössel namens Helmut, mit Nachnamen Schmidt, wäre vermutlich nie Bundeskanzler geworden, wenn nicht sein Vorgänger Willy Brandt über einen Stolperdraht namens Guillaume gefallen wäre. Schmidt hat seinen Job damals hervorragend gemacht, kein Zweifel, aber ohne Guillaume hätte er es nie beweisen können.

Lassen wir jetzt alle Ironie und Zufälligkeiten mit lebenden Personen mal weg. Nehmen wir versuchsweise an, durch objektive Selektionsmethoden gelänge es, Zufälle, Trommler, Windmacher und Gehirnamputierte auszuschließen und aus den vielen Bewerbern um die begehrtesten Posten wirklich die besten herauszufinden – wäre dann Gerechtigkeit hergestellt? Wie wird man eigentlich »Bester«? Durch eigenen Fleiß, eigene Tüchtigkeit, eigene Genialität? Und woher kommt dies »Eigene«?

Es kommt vom Elternhaus, von den ererbten Genen, von den Verwandten und Bekannten, Geschwistern, Sandkastenfreundschaften, Kinderfrauen, Tagesmüttern, Kindergärtnerinnen, Lehrern, Pfarrern, Mitschülern, Professoren, Freunden und Feinden. Es kommt von den Büchern, die man gelesen, und von den Filmen, die man gesehen hat, von der Zeitungslektüre und von tausend anderen Einflüssen, die sich auch untereinander wechselseitig und auf undurchschaubare Weise beeinflussen. Das »Eigene« – es ist zum größten Teil Verliehenes, Geschenktes, Zugefallenes, Zufälliges.

Was aus einem wird, das hängt zum geringsten von einem selber ab. Viel entscheidender ist, ob einer in einem Dorf in Anatolien geboren wurde oder in einer Villa in München-Grünwald, ob in seinem Land Demokraten regieren oder Diktatoren, ob er vor 20 Jahren geboren wurde, vor 40 oder gestern, ob er mit weißer Hautfarbe und männlichem Geschlecht auf die Welt kommt oder mit schwarzer Farbe und weiblichem Geschlecht, ob er als Kind geliebt wurde oder gehaßt, ob er eine robuste Konstitution mitbekommen hat oder eine schwache, ob er gesund ist oder krank. Wenn sich von all diesen Schicksalsfaktoren die günstigen mehrheitlich in einem Menschen vereinen, dann kann dieser durch eigenes Zutun sein Glück zu Ende schmieden, und selbst dabei braucht er noch ein bißchen Glück. Er muß seine Schmiedearbeiten auch noch zur richtigen Zeit am richtigen Ort leisten und dort die richtigen Personen treffen, und ob wirklich alles richtig war, weiß man immer erst hinterher.

Wenn es aber so ist, daß Zufälle unser Schicksal stärker bestimmen als wir selbst, dann haben die von den Zufällen Begünstigten allen Grund, nicht allzu stolz die eigenen Verdienste hervorzukehren und daraus für sich das Recht auf die größten Stücke vom Kuchen abzuleiten. Hochleister sollten lieber fröhlich für den Tiefleister mitackern, als ständig zu versuchen, noch mehr für sich selbst herauszuholen. Leistungsträger sollten nicht ihre Leistungsfähigkeit wie eine Monstranz vor sich hertragen, sondern lieber den Fußkranken am Wegesrand schultern. Die vom Schicksal Begünstigten sollten dankbar sein für ihr Glück und die weniger Begünstigten an ihrem Glück teilhaben lassen. Auch wenn sie teilen, wird ihr verbleibendes Stück Kuchen immer noch größer sein als das Durchschnittsstück, und daß manches Stück an Schmarotzer abfällt, ist leichter zu ertragen als eine Gesellschaft, in der aus lauter Angst vor Schmarotzern auch die wirklich Bedürftigen nicht mehr kriegen, was sie zum Leben brauchen.

Von Affen, gehirnamputierten Heringen und frisch geschlüpften Gänsen kann man solche Einsichten nicht erwarten, von Verstandeswesen sollte man es erwarten können. Solidarität ist das notwendige Korrektiv im Würfelspiel des Lebens. Keine Gesellschaft kann es sich leisten, auf dieses Korrektiv dauerhaft zu verzichten. Wo es dennoch versucht wird, endet der Versuch irgendwann mit der Guillotine und rollenden Köpfen.

Leistungsgerechtigkeit, Menschlichkeit und intelligenter Egoismus

Wettbewerb ist schon nicht schlecht. Anfang 1980 las ich eines Tages unter den Stellenangeboten der ›Zeit‹, daß der Hamburger Verlag Gruner + Jahr und die Wochenzeitung ›Die Zeit‹ vor kurzem eine Journalistenschule gegründet haben und nun Bewerber für den zweiten Lehrgang suchen. Ich studierte Theologie, der rechte Glaube war mir während dieses Studiums abhanden gekommen, Pfarrer wollte und konnte ich daher sowieso nicht werden, also war das genau das richtige für eine verkrachte Existenz. Man mußte etwas schreiben und nach Hamburg schicken. Das tat ich und wußte zum Glück noch nicht, daß rund 5000 andere Zeitgenossen ebenfalls etwas geschickt hatten. Das Wissen darüber hätte mich entmutigt. 100 wurden vom Verlag ausgesiebt und nach Hamburg eingeladen, wo in einem zweiten Ausleseverfahren die 20 Teilnehmer des Lehrgangs ausgesiebt wurden. Ich war unter den 100 und am Ende unter den 20.

Wer so einen Auslesekampf verliert, findet ihn unwürdig, widerlich, brutal und kennt anschließend ein Dutzend Gründe, warum dieser Kampf weder gerecht noch besonders intelligent, noch besonders aussagekräftig gewesen sein konnte, und daß letztlich das Glück entschieden hat. Wer ihn gewinnt, findet ihn gut, findet vor allem sich gut, findet besonders gut, daß es hier ohne Ansehen der Person nur nach Leistung ging, und empfindet tiefe Befriedigung, wenn er hinterher hört, daß der Sohn dieses berühmten Journalisten und die Tochter jenes Politikers auch dabei waren und es nicht einmal unter die ersten 100 geschafft haben.

Bei Praktika oder später im Job begegnet man dann in der ›Zeit‹, der ›FAZ‹ oder in TV-Sendern dem Sohn dieses berühmten Journalisten und der Tochter jenes Politikers, die den Kampf um einen Platz in der Journalistenschule verloren hatten und nun trotzdem wieder gegen unsereinen konkurrieren, dazu weiteren jungen Trägern berühmter Namen, die es gar nicht erst probiert und dank ihres Vaters gleich geschafft haben, ein Volontariat oder ihren ersten Job zu bekommen. Man glaubt zu wissen, was man davon zu halten hat, genauso wie von jenen jungen, willigen Damen, die von einem als »Volontärsvater« getarnten Lustgreis als Hospitantinnen, Praktikantinnen und Volontärinnen mit großer Sorgfalt ausgesucht worden sind.

Aber im Lauf der Jahre wird man milder, vor allem klüger. Erstens begegnet man später zur eigenen Verblüffung Kollegen, die sich auch am Rattenrennen der Journalistenschule beteiligt, aber verloren und es – ganz ohne väterliche Hilfe – trotzdem weiter gebracht haben als man selbst. Das kränkt zwar, relativiert aber auch den überbordenden Stolz auf die eigene Leistung, und das ist sehr gesund. Zweitens erlebt man, daß nicht alle Sprößlinge aus guten Familien nur Pfeifen sind, sondern tatsächlich etwas können und vielleicht auch die Aufnahme in die Journalistenschule geschafft hätten. Drittens merkt man, daß manche der attraktiven jungen Damen den Lustgreis als Mentor gar nicht gebraucht hätten, und viertens sieht man, daß etliche derer, die es nur ihres Namens oder ihrer weiblichen Reize wegen geschafft haben, ganz sympathisch sind, auch wenn sie Pfeifen sind.

Da sagt man sich dann: Ein bißchen Ungerechtigkeit muß sein. Ungerechtigkeiten dieser Art machen eine Gesellschaft erst menschlich, absolute Gerechtigkeit ist nicht nur nicht machbar, sondern wäre überdies, wie alles Absolute, auch unmenschlich. Schwer zu ertragen bleiben allerdings jene vom Schicksal Begünstigten, die es durch Protektion oder bloßes Parteischranzentum ziemlich weit nach oben gebracht haben, obwohl sie Pfeifen und zugleich unsympathisch sind.

Als freier Journalist beneidet man auch jene festangestellten Redakteurskollegen, die oft wochenlang keine Zeile schreiben, auch im Innendienst nicht viel tun, und trotzdem an jedem Monatsende ein hübsches Sümmchen aufs Konto überwiesen bekommen und dazu noch allerlei Ansprüche – Weihnachtsgeld, bezahlten Urlaub, Betriebsrente etc. – haben. Der freie Journalist, der Geld nur fließen sieht, wenn er schreibt, und der für all seine Kosten – Büro, Maschinen, Kranken-, Renten-, Berufsunfähigkeitsversicherung, Urlaub – selbst aufkommen muß, sieht sich dann zuweilen an der Seite von Arbeitgebern stehen und hört sich sagen: Hire und Fire hat schon auch gewisse Vorzüge. Wenn der Arbeitgeber den Faulpelz in der Redaktion einfach rausschmeißen und dafür mich, den fleißigen, motivierten Schreiber einstellen würde, der während seiner Existenz als Freier gezwungenermaßen gelernt hat, effizient zu arbeiten, dann wäre das nur gerecht.

Das denkt der Freie besonders dann, wenn ein Redakteur eine Geschichte bei ihm bestellt und nur vage mitgeteilt hat, was er sich von dieser Geschichte erwartet, bei Lieferung aber sagt, sich etwas ganz anderes vorgestellt zu haben und den Freien nun mit tausend Änderungswünschen schikaniert. So einem wünscht der Freie, er möge von seinem Chef gefeuert und dadurch gezwungen werden, sich selbst mal als freier Autor durchzuschlagen, und der Schikanierte malt sich genüßlich aus, wie der Schikanierer kein Bein mehr auf die Erde kriegt und innerhalb eines Jahres unter den Brücken der Isar schlafen muß.

Ich erzähle das, damit klarwird, daß hier kein larmoyanter Gutmensch über die Kälte des Kapitalismus räsoniert, sondern einer, dem die Gedankenwelt der Leistungs- und Wettbewerbsideologen nicht ganz fremd ist. Und ich erzähle weiter, daß sich die Wut des schikanierten Freien über den schikanierenden Festangestellten nach einer gewissen Zeit wieder verzieht und dem Verstand des normalen Egoisten Platz macht. Und der sagt ihm: Wenn der festangestellte Schikanierer aus der Redaktion auf den freien Markt flöge, dann gäbe es zwei Möglichkeiten: Der Gefeuerte behauptet sich und macht damit dem Freien, den er einst schikanierte, zusätzlich Konkurrenz, und die ist eh schon sehr groß. Oder der Gefeuerte geht unter und vergrößert das Heer der Arbeitslosen und sozialen Absteiger um eine weitere Person.

Davon hätte ich auch nichts. Im Gegenteil. In einer Gesellschaft, in der es sich lange Zeit für die meisten recht gemütlich leben ließ, ist es mit der Gemütlichkeit rasch vorbei, wenn diese Gesellschaft immer mehr Gefeuerte, Absteiger, Chancenlose und schlecht Ausgebildete produziert. Auch die Lebensqualität des privilegierten Egoisten sinkt, wenn er von einer wachsenden Zahl von Verlierern und Unterprivilegierten umringt ist. Also täte der privilegierte Egoist gut daran, sich dafür einzusetzen, daß die Zahl der Verlierer möglichst klein und der faule, schikanierende Redakteur möglichst in der Redaktion bleibt.

Meine Hoffnung ist daher: Wenn schon Solidaritätsappelle, Aufrufe zu sozialem Handeln und Moralpredigten nichts helfen, weil sie noch nie geholfen haben und in unseren modernen Zeiten erst recht als hoffnungslos vorgestrig, out und »uncool« empfunden werden, dann müßte es doch wenigstens möglich sein, den Durchschnittsegoisten über sein Eigeninteresse davon abzuhalten, jegliche Solidarität aufzukündigen.

Doch die Erfahrung lehrt: Mit solch einem nur durchschnittlich intelligenten Gedanken ist das Denkvermögen des Durchschnittsegoisten bereits hoffnungslos überfordert.

Freiheit macht arm[54]

Der Mensch ist von Natur aus träge. Darum muß immer mal wieder die Peitsche knallen, damit er seine Trägheit überwindet und etwas leistet.

Nein, es sind keine Zyniker, keine Menschenverächter, die solch gewerkschaftsfeindliche Äußerungen von sich geben, sondern, zum Beispiel, TV-Redakteure, die viel unterwegs sind und mit unterschiedlichen Kamerateams arbeiten. Sie berichten übereinstimmend von der häufigen Erfahrung: Ist es ein Team festangestellter Mitarbeiter des eigenen Senders, mit dem sie arbeiten, müssen sie viel Zeit einkalkulieren. Das Team pocht auf die Einhaltung tariflich festgesetzter Pausen und Arbeitszeiten, lehnt Überstunden ab und droht wegen jeder außerplanmäßigen Beanspruchung mit dem Betriebsrat. Ganz anders dagegen die Arbeit mit freien Teams. Sie sind höflich, munter, flexibel, leistungsbereit, ohne Scheu vor Überstunden oder Nachtarbeit und murren nicht, wenn mal eine Pause ausfällt oder verschoben werden muß – schließlich möchten sie wieder engagiert werden.

Theaterintendanten, Unternehmer, Abteilungsleiter der Industrie, auch Chefredakteure machen ähnliche Erfahrungen. Wo immer sie es mit Festangestellten zu tun haben, wird weniger geleistet und mehr gemault. Wir haben hier einen der Gründe für Lean production und Outsourcing, den Trend, die Belegschaft auszudünnen, immer mehr Funktionen aus den Betrieben an freie Teams und freie Mitarbeiter zu vergeben. Gelegentlich handelt es sich bei den Mitarbeitern solcher Teams um dieselben Leute, die zuvor innerhalb des Betriebs als Angestellte den gleichen Job verrichtet haben. Jetzt aber tun sie das für weniger Geld, bei längerer Arbeitszeit, mit weniger Rechten und – zwangsweise – mit mehr Engagement. Für bessere Arbeitsbedingungen, bessere Bezahlung und mehr soziale Sicherheit zu kämpfen ist solchen Einzelkämpfern praktisch nicht mehr möglich. Früher konnten sie sich einen Betriebsrat wählen, Betriebsversammlungen halten und Druck auf den Arbeitgeber ausüben. Heute werden diese freien Mitarbeiter gegeneinander ausgespielt. Wer aufmuckt, bekommt keinen Auftrag mehr.

Daß Arbeitgeberherzen deshalb höher schlagen, versteht man, und weil die Gewerkschaften durch die Globalisierung entmachtet sind, können die Arbeitgeber auf dem eingeschlagenen Weg fast widerstandslos weitermarschieren. Überall schallt es daher der Jugend entgegen: Bilde dir nicht ein, daß du deinen jetzt erlernten Beruf bis an dein Lebensende wirst ausüben können. Stell dich darauf ein, ihn mehrmals wechseln zu müssen, dich beständig weiter- und fortbilden und auch mal beschäftigungslose Zeiten überstehen zu müssen. Feste Belegschaften wird es kaum noch geben, allenfalls ganz kleine Truppen Festangestellter, die mit wechselnden Teams während begrenzter Zeiten ganz bestimmte Projekte verwirklichen. Vor den üblichen Risiken des Lebens, Krankheit, Arbeitslosigkeit, Alter, wirst du dich selbst schützen müssen. Und du solltest dich bemühen, stets kreativ, flexibel und voll belastbar zu sein und zu bleiben. Kannst du das nicht, stehst du alleine da, denn das soziale Netz gibt es nicht mehr.

Aber das alles ist gut für dich, denn du wirst freier, selbständiger und flexibler sein als dein Vater, der Angestellte, je gewesen ist. Du wirst dein eigener Chef sein, dich selber managen, dich mit deiner Kreativität immer wieder neu erfinden und dich glücklich preisen, deine Arbeit frei von den Zwängen betrieblicher Hierarchie verrichten zu können, frei von betriebsüblichen Intrigen, Mobbing, Neid und Gezänk. Und dank der Telekommunikation wirst du zu Hause arbeiten und selbst bestimmen können, wie du dir Arbeit und Freizeit einteilst. Auch den Job und die Familie bekommst du besser unter einen Hut.

Mehr Markt, mehr Leistung, mehr Wettbewerb, mehr Flexibilität, Privatisierung und Deregulierung, das haben auch die Parteien in ihre Programme geschrieben, sogar die SPD. Nicht hineingeschrieben haben sie, daß es auch Leute gibt, die nicht so recht wissen, wie das gehen soll, »sich immer wieder neu zu erfinden«. Nicht hineingeschrieben haben sie, daß dies alles nur funktioniert, wenn man von der Existenz von Alten, Kranken, Schwachen und insbesondere Kindern absieht. Vergessen wurde in den Parteiprogrammen die Frage, was mit der wachsenden Zahl derer passieren soll, die dem Konkurrenzdruck nicht standhalten und von dem immer schneller sich drehenden Karussell der Leistungsgesellschaft hinausgeschleudert werden. Wie sollen ausgerechnet jene, die schon im geschützten Arbeitnehmerverhältnis ihren Arbeitsplatz nicht verteidigen konnten, sich draußen gegen die ungeschützte Konkurrenz der anderen behaupten? Daß die FDP diese Menschen bereits in die Ecke der »Globalisierungsjammerer« abgeschoben hat, paßt zur Partei der Besserverdiener, aber sie wird aufpassen müssen, daß die Zahl der Globalisierungsjubler nicht unter die Fünf-Prozent-Marke fällt.

Daß man als Selbständiger besser den Job und die Familie unter einen Hut bekommt, habe ich auch einmal geglaubt, war für mich das Motiv, meine Festanstellung aufzugeben. Jetzt merke ich: Mancher Kollege, der jeden Tag in die Redaktion fährt und dort seinen Acht-Stunden-Tag verbringt, hat oft mehr Zeit für seine Familie als ich, der ich oft zehn und manchmal zwölf Stunden arbeiten muß, nicht selten auch am Wochenende, erstens, um das gleiche Einkommen mit der gleichen sozialen Sicherheit zu erzielen, wie es der Festangestellte hat, und zweitens, weil man als Freier bei angebotenen Aufträgen lieber einmal zuviel ja als einmal zuviel nein sagt, aus Angst, der Anbieter würde bei einem Nein kein zweites Mal mehr anrufen. Hat man aber zwei- bis dreimal hintereinander ja gesagt, wo man eigentlich hätte nein sagen sollen, arbeitet man plötzlich Tag und Nacht, um die Aufträge fristgerecht zu erledigen. Und meistens kann der Festangestellte, wenn er will, in acht Stunden fast genausoviel leisten wie der Freiberufler in zehn Stunden, weil dieser zu Hause ständig von den Familienmitgliedern gestört wird und immer involviert ist, wenn es an der Haustür klingelt. Und natürlich bedeutet der Entschluß, seine Festanstellung um der Familie willen aufzugeben, den Verzicht auf Karriere und ein hohes Einkommen. Davon steht leider nichts in den Programmen der Selbständigkeits-Verherrlicher.

Ebenfalls in ihren Programmen vergessen haben die Parteien, daß mehr Wettbewerb am und um den Arbeitsplatz auch heißt: Man hat keine Kollegen mehr, nur noch Konkurrenten. Das bedeutet: mehr arbeiten als der Konkurrent, länger am Arbeitsplatz präsent sein, sich öfter und länger am Abend, an Wochenenden und sogar im Urlaub fortbilden. Und das heißt: weniger Zeit haben für die Kinder, den Ehepartner, aber auch für die Eltern und Großeltern, für die Pflege von Freundschaften und für ehrenamtliches Engagement. Es wird kälter werden zwischen den Menschen, und das steht ebenfalls nicht in den Programmen.

Ist auch die Ehefrau berufstätig, steht sie unter dem gleichen Konkurrenzdruck wie der Mann. Dann handeln aber beide eigentlich verantwortlicher, wenn sie auf Kinder verzichten, zumindest auf ein hohes Einkommen und Karriere, denn Kinder sind für die Frau, wie auch für den Mann, der seine Vaterrolle ernst nimmt, Karrierekiller. Jede Stunde, die für Kinder draufgeht, fehlt im Kampf gegen den kinderlosen Konkurrenten. Daher werden wohl über kurz oder lang sämtliche Führungspositionen des Staates und der Wirtschaft von Kinderlosen besetzt werden, die glänzend verdienen und sich auf hohe Renten freuen dürfen, welche von den Kindern anderer Leute bezahlt werden.

Nicht in den Parteiprogrammen steht, was flexiblere Arbeits- und Maschinenlaufzeiten bedeuten: Auch samstags/sonntags gehören Mami oder Papi nicht mehr der Familie, sondern dem Unternehmen. Ein freier Dienstag oder Donnerstag als Ausgleich für die Arbeit am Wochenende hilft da wenig, denn dienstags und donnerstags sind die Kinder in der Schule. Die Zahl der Tage, an denen mal die ganze Familie zu Hause ist und gemeinsam etwas unternehmen kann, schrumpft drastisch in einer Welt mit flexiblen Arbeitszeiten. Seit der Einführung flexibler Arbeitszeiten bei Volkswagen steigen in Wolfsburg die Scheidungszahlen.

Für die kämpfende Wirtschaft ist der ideale Arbeitnehmer ein bindungsloser Zölibatär, der rund um die Uhr verfügbar ist und dem es nichts ausmacht, sich wie ein Soldat von seinem Unternehmen in der Welt herumschubsen zu lassen. Kinder dagegen brauchen Eltern, die verläßlich jeden Tag für sie dasind. Und Großeltern und mehrere Geschwister bräuchten sie eigentlich auch – was angesichts mobiler Eltern und viel zu kleiner Wohnungen illusorisch ist.

Schreibt man den bestehenden Trend in die Zukunft fort, dann wird es künftig vier Gruppen von Menschen geben: Die erste Gruppe sind die Globalisierungsgewinner, die Eigner von Kapital und deren Helfer auf den Führungsebenen. Dank eingesparter Arbeitskräfte, gedrückter Löhne und gestutzter Sozialleistungen steigt das Einkommen dieser Minderheit exponentiell.

Die zweite Gruppe sind Hochqualifizierte, die gut verdienen, aber ständig am Ball bleiben müssen, um nicht von Konkurrenten ins Abseits gedrängt zu werden. Von einem Acht-Stunden-Tag kann bei ihnen nicht die Rede sein. Zeit für Kinder werden sie kaum haben. Sie könnten es sich leisten, die Kinderbetreuung und Erziehung an privates Personal zu delegieren, aber wozu Kinder, wenn man keine Zeit für sie hat? Und wie entwickeln sich Kinder, die ihre Eltern nur stundenweise sehen?

Die dritte Gruppe sind Geringqualifizierte, die sich finanziell nur dadurch über Wasser halten können, daß sie mehrere Beschäftigungsverhältnisse gleichzeitig eingehen und wahrscheinlich moderne Formen einer neuen Tagelöhnerei praktizieren müssen. Auch sie kommen mit einem Acht-Stunden-Tag nicht aus. Auch sie haben keine Zeit für Kinder, und Geld für Personal ist nicht da. Also werden sie, wenn sie dennoch Kinder haben, diese vor das TV-Gerät setzen, und wenn die Kinder groß sind, werden sie 100 000 Stunden Werbung und 100 000 Morde gesehen und gelernt haben, daß der Sinn des Lebens im Konsumieren besteht und man Konflikte am besten gewaltsam löst.

Die vierte Gruppe sind die Überflüssigen, die den Konkurrenzkampf schon in der Schule oder der Universität verloren haben und nun sehen, daß sie nicht gebraucht werden. Diese Gruppe wird verstärkt von den Leistungsschwachen, die wegen Alter, Behinderung, Krankheit, Alkoholismus, Drogensucht oder Unqualifiziertheit nicht einmal zu einer geringfügigen Beschäftigung kommen. Delinquenz, Gewalt, Drogen, Vandalismus und Kriminalität werden deren ständige Begleiter sein.

Gesellschaften mit solchen Voraussetzungen müssen nicht untergehen, sondern können sich damit ganz gut arrangieren. Die Reichen aus der ersten Gruppe ziehen sich dann eben hinter hohe Mauern mit Stacheldraht, Videokameras und Alarmanlagen zurück, panzern ihre Autos und schützen sich und ihre Kinder mit Bodyguards und privaten Sicherheitsdiensten. Und ›Focus‹, das deutsche Zentralorgan gegen die Miesepetrigkeit, wird fröhlich melden: Das gestiegene Sicherheitsbedürfnis der Reichen schafft Wachstum und Jobs.

Die anderen, die sich keinen privaten Sicherheitsdienst leisten können, wird der Staat schützen müssen. Er kann Schnellrichter zulassen, Strafgesetze verschärfen, alle öffentlichen Plätze mit Hilfe personenidentifizierender Kameras überwachen, Heere von schwerbewaffneten Hilfssheriffs durch die Städte patrouillieren lassen, von jedem Neugeborenen einen genetischen Fingerabdruck im Polizeicomputer speichern, Ausländern und Asylbewerbern elektronische Fesseln verpassen, jedes kleine Vergehen sofort ahnden, die Strafmündigkeit auf zwölf Jahre herabsetzen, Kindergefängnisse bauen und aufräumen wie in New York und damit die Kriminalität zwar nicht verhindern, aber auf einem noch erträglichen Maß halten.

Dieses Modell wird dann letztlich wahrscheinlich auch kaum billiger sein als ein funktionierender Sozialstaat, aber der Reiche will nicht mehr teilen, sondern sich von seinen gesparten Steuern und Löhnen lieber Panzerglas und Überwachungskameras kaufen. Und so wird man sich halt daran gewöhnen müssen, daß Kinder und Jugendliche bewaffnet in die Schulen gehen, gelegentlich auf Lehrer und ihresgleichen schießen, andere Kinder erpressen oder auf dem Schulweg und im Pausenhof drangsalieren, mit Drogen dealen und auf den Strich gehen.

Irgendwann wird dann sicher auch einmal gefragt werden, warum eigentlich der Staat für die Sicherheit der Bürger verantwortlich sein soll. Der einzelne ist doch für sich selbst verantwortlich. Also sollte der Staat vor einer endgültigen Selbstauflösung rasch noch die Schußwaffengesetze lockern. Dann kann sich jeder eindecken mit Waffen und sich selbst verteidigen. Das schafft Wachstum und Arbeitsplätze in der Waffenindustrie und im Waffenhandel.

Kann aber gut sein, daß dann, wenn es soweit ist, sich sogar die Reichen in die goldenen achtziger Jahre zurücksehnen, in die Dienstleistungswüste Deutschland, wo faule, maulende, sozial bestens abgesicherte und festangestellte Arbeitnehmer für die 38,5-Stunden-Woche und sechs Wochen Urlaub kämpften und trotzdem Exportweltmeister waren.

Zurück an den Herd, Frau Doktor!

Zu den Verlierern der Konkurrenzgesellschaft gehören nicht zuletzt diejenigen, die naturgemäß nicht frei über ihre Zeit verfügen können: Frauen mit Kindern. Für Frauen hat sich zwar in den letzten 25 Jahren viel zum Positiven gewendet, aber jetzt zeichnet sich ab, daß die Sache der Frauen stagniert, obwohl es einer nicht geringen Zahl von ihnen gelungen ist, in Machtpositionen der Wirtschaft und besonders der Politik zu gelangen. Eigentlich, so sollte man denken, müßte das doch den Prozeß der Emanzipation beschleunigen.

Für Frauen ohne Kinder und ohne Familie läuft es ja auch ganz gut. Ihnen steht die Welt offen. Doch das gilt nicht für die berufstätigen Mütter. Bei konservativen Familienpolitikern, die in der Familie eine höchst wichtige Institution sehen, die es zu schützen gilt, müßten eigentlich längst die Alarmglocken schrillen. Viele Politiker hören das Schrillen auch, sind aber offensichtlich unfähig zu erkennen, woher es kommt und wo es denn brennt, und weil sie es nicht erkennen, schüren sie mit ihrer Wirtschaftspolitik das Feuer noch weiter, das den Alarm ausgelöst hat.

Schauen wir uns also das Feuer an. Wir sehen: Trotz Hilfen, Regelungen, Gleichstellungsgesetzen und bester Ausbildung der Frauen bleiben sie auf ihrem Weg nach oben irgendwo in der Mitte hängen. Zwar steigt die Zahl der Studentinnen, und sie schließen hervorragend ab, aber nach 15 bis 20 Jahren sind es fast ausschließlich Männer, die als Minister, Unternehmensvorstand, Professor oder Richter oben ankommen.

Was wurde aus den Frauen? Wie kann man erklären, daß Frauen ihr Studium mindestens so gut abschließen wie Männer, in den beruflichen Anfangsjahren genauso rasch vorwärtskommen wie Männer, aber nach ein paar weiteren Jahren plötzlich auf eine Blockade stoßen?

Es gibt mehrere Antworten auf diese Frage, aber die mit Abstand wichtigste lautet: Das Problem der Vereinbarkeit von Familie und Beruf ist noch immer ungelöst. Für die Frauen gilt nach wie vor, daß die »Frauenfrage« eine »Kinderfrage« ist.

Irgendwann zwischen dem Einstieg in den Beruf und der Menopause muß die Frau entscheiden, ob sie ein Kind will. Es gleich nach dem Einstieg zu bekommen, wäre unsinnig. Es immer länger hinauszuschieben und das Kind kurz vor der Menopause zu bekommen kann medizinisch problematisch sein und hat auch sonst ein paar Nachteile. Also muß es irgendwann dazwischen passieren.

In dieser beruflich wichtigen Phase ziehen die Männer an den Frauen vorbei, denn sie müssen nicht gebären, sich nicht um Kinderkrippen, Kinderfrauen oder Au-pair-Mädchen kümmern, nicht zum Arzt rennen oder zu Hause bleiben, wenn das Kind krank ist, sich nicht um Zahnspangen, Elternabende, Pausenbrote, Hausaufgaben, Kindergeburtstage, Klavierunterricht, Nachhilfestunden kümmern, sie kennen den ganzen mit der Versorgung eines Kleinkinds zusammenhängenden Organisationsstreß nicht, denn in der Regel haben sie für ihre Kinder eine Ehefrau oder Lebensgefährtin, die entweder ganztägig zu Hause ist oder einer wenig beanspruchenden Nebentätigkeit nachgeht. Während Frauen ständig pendeln zwischen Job und Kind, können sich Männer ganz ihrer Karriere widmen.

Mütter fordern deshalb, daß sich Staat und Wirtschaft besser an ihre Bedürfnisse anpassen. Doch diese Forderung ist in Zeiten der Globalisierung vergeblich. Die öffentlichen Kassen sind leer, und Frauenförderung, Krabbelstuben, Kindergärten Ganztagsschule sind eine Geldfrage, und die Manager, denen die Shareholder im Genick sitzen, haben andere Sorgen als die Chancengleichheit der Frauen. Frauenförderung rückt jetzt und in den nächsten Jahren auf der Prioritätenliste immer weiter nach hinten, weil auf Platz eins dieser Liste das Wort Shareholder value steht, auf Platz zwei steht Fusion, auf Platz drei Produktion, auf Platz vier Innovation, auf Platz fünf Personal, auf Platz sechs Vertrieb, und auf den Plätzen sieben bis 15 steht noch alles mögliche, nur nicht: Frauenförderung, Vereinbarkeit von Familie und Beruf. Und das Wort »berufstätiger Vater« findet man weder auf der Liste noch in der aktuellen gesellschaftspolitischen Diskussion. Familie und Kinder sind ein Frauenproblem, kein Männerproblem.

Wir stehen weltweit im härtesten Wettbewerb, den es je gegeben hat, sagen die von ihren Shareholdern getriebenen Manager, da haben wir weder Zeit noch Nerven, uns groß um die Probleme von Müttern zu kümmern. Wir brauchen jeden Mann an Bord, und zwar ganz. Frauen sind uns auch willkommen, aber nur, wenn sie uns nicht mit ihren Familienproblemen belästigen.

Damit landet das Problem der Frau, das kurzzeitig als ein Problem der Gesellschaft und auch des Mannes erkannt worden war, wieder dort, wo es fast immer war: bei der Frau. Ihr wird suggeriert: Familie und Beruf, das ist dein Problem, sieh zu, daß du es irgendwie löst, und diese Einstellung bettet sich aufs wunderbarste ein in den allgemein zu beobachtenden Trend zum Konservativen, zum Rückfall hinter bereits erreichte Positionen.

Ich saß neulich mit einem pensionierten Vorstandsmitglied eines großen deutschen Megakonzerns zusammen, also mit einem weitgereisten, gebildeten Manager, einem Mann von Welt, der eine wichtige Position in der deutschen Wirtschaft innehatte und kluge und weitreichende unternehmerische Entscheidungen gefällt hatte. Wir sprachen über die Weltwirtschaft, über Mikroelektronik und über die Arbeitslosigkeit in Deutschland, und beim letzten Thema, der Arbeitslosigkeit, hat dieser Spitzenmanager gesagt, Arbeitslosigkeit gäbe es eigentlich gar nicht, »wenn die Frauen sich wieder auf ihre eigentliche Bestimmung besinnen und sich zu Hause um Haushalt und Kinder kümmern würden. Dann hätte jeder Mann wieder einen Job, und die Kinder wären auch endlich wieder gut versorgt.« Dann fügte der Manager noch hinzu, das ganze Gerede über die Selbstverwirklichung der Frau sei doch ein Quatsch und habe nur zu Leid und Unglück in den Familien geführt, zu massenhaften Ehescheidungen und zu massenhaft abgetriebenen Kindern. Er jedenfalls kenne keine einzige Frau, die durch ihre Emanzipation glücklicher geworden sei.

Ich widersprach nicht, ließ nur durchblicken, daß ich darüber schon deshalb anders denke, weil ich mal ein Jahr lang

Hausmann und Vater gespielt habe und einigermaßen glücklich mit einer »Ober-Emanze« verheiratet bin. Der Manager kommentierte dann nur: »Ach so, Sie haben das Problem im eigenen Hause ...«

Warum ich nicht heftig widersprach? Weil es mir allmählich zum Hals heraushängt, weil es mich ermüdet, die Diskussion immer wieder von vorne zu beginnen, immer wieder bei Adam und Eva anfangen zu müssen, weil man als Mann sofort unter dem Zwang steht, dem ignoranten männlichen Gesprächspartner erklären zu müssen, wieso man die Interessen von Frauen vertritt, und weil es Stunden dauert, so einem Kerl klarzumachen, daß die Emanzipation der Frau auch im eigenen Interesse, dem der ganzen Gesellschaft und der eigenen Kinder liegt, vor allem der Töchter. Vom Spitzenmanager eines Weltkonzerns erwarte ich eigentlich, daß er über den Rand seiner Geschäftsfelder hinausblickt und wahrnimmt, was eigentlich sonst noch so um ihn herum vorgeht. Ich erwarte, daß er von den 100 Metern Buch, die seit den siebziger Jahren über Gleichberechtigung und Emanzipation geschrieben worden sind, wenigstens die drei wichtigsten zur Kenntnis genommen hat.

Aber wie man sieht, kann man es nicht erwarten, was andererseits auch wieder nicht verwundert, wenn man bedenkt, daß deutsche Manager ja sogar die Entwicklung auf ihrem eigenen Gebiet, der Informationstechnologie, verschlafen haben. Wie soll man da erwarten, daß sie die Frauenbewegung wahrnehmen?

Wenn schon Topmanager, die über alle Möglichkeiten verfügen, sich bestens zu informieren, dem alten Weltbild vom Heimchen am Herd anhängen, dann kann man sich ausmalen, in wieviel Millionen Köpfen – auch weiblichen – dieses Bild noch immer herumspukt. Christine Vranitzky, die Ehefrau des ehemaligen österreichischen Bundeskanzlers, hat im Sommer 1994 gesagt: »Ich halte nichts davon, daß Frauen Kinder kriegen und sie um sieben Uhr früh abgeben, um dann vielleicht 4000 oder 5000 Schilling dazuzuverdienen. Kinder kriegen und dann wegrennen ist das feigste. Man kennt ja die Resultate.«

Nur noch ein Faktum zu den erstaunlichen Verbindungen zwischen der Informationstechnologie und der Gesellschaftspolitik: Der konservative Markt- und Technik-Ideologe Newt Gingrich stützt seinen politischen Einfluß nicht nur auf die informationstechnische Industrie, sondern auch und vor allem auf christlich-fundamentalistische Gruppen, die dafür kämpfen, die Abtreibung zu verbieten und Frauen zu bestrafen, die abgetrieben haben.

Ich habe lange Zeit gedacht, die Sache der Frauen sei entschieden, das Anliegen der Frauenbewegung in jedem Kopf präsent und mit dem Stempel »ich stimme zu« versehen. Nun muß ich erkennen, daß ich mich geirrt habe. Eine schweigende Mehrheit hat sich die Ziele der Frauenbewegung nie zu eigen gemacht, nie zugestimmt, sondern nur ablehnend geschwiegen, und jetzt kommt öffentlich zur Sprache, daß noch immer viele, allzu viele denken: Die Frau gehört an den Herd.

Und das Ungeheure ist: Die Rückkehr der Frau an den Herd zeichnet sich bereits ab. Sie kehrt nicht freiwillig ins Haus zurück, aber sie wird gegen ihren Willen dorthin geschoben, berichtet Susanne Mayer in der ›Zeit‹ in einem Bericht, den ich für den wichtigsten Beitrag halte, der 1998 zum Thema Frauenbewegung geschrieben worden ist. In England »im Land der Ganztagsschulen und examinierten Nannys, wo es Frauen gibt wie Cherie Booth, Mutter dreier Kinder, erfolgreiche Rechtsanwältin und auch noch Ehefrau von Tony Blair, in England schmeißen also Frauen wie sie alles wieder hin. Eine Politikerin, eine renommierte Journalistin und nicht weniger als sechs Vorzeigefrauen haben in den vergangenen Monaten unter großer Beachtung der Öffentlichkeit den Rückzug angetreten. Um sich ganz der Familie zu widmen.«[55] Auch in München hat sich schon vor längerer Zeit eine Bürgermeisterin, Sabine Csampai, aus der Politik verabschiedet, um mehr Zeit für ihr Kind zu haben.

»In Amerika haben bei einer Umfrage unter 4000 berufstätigen Eltern mehr als 50 Prozent gestanden, sie fühlten sich schlecht, wenn sie ihre Kinder anderen Leuten anvertrauten. Sie wollten selbst mehr Zeit für ihre Kinder. Jede fünfte Frau sagte, sie würde sofort aufhören mit ihrem Beruf, wenn sie es sich leisten könnte.«[56] Eine 44jährige Altenpflegerin brachte das Problem auf den Punkt: »Ich arbeite, mein Mann arbeitet, ich komme nach Hause und arbeite.« Ein 35jähriger Manager sagte, das Gerenne zwischen Kindergarten und Büro, den Einkaufsjagden am Spätnachmittag und der Erschöpfung am Abend halte er nicht mehr lange durch.[57]

Von den Frauen, die ihre Babypause nehmen mit dem Ziel, in zwei Jahren wieder in den Beruf zurückzukehren, sitzt ein wachsender Teil nach vier Jahren noch immer zu Hause – nicht, weil sie keinen Job mehr gefunden hätten, der war ihnen ja garantiert, sondern weil sie nicht wissen, wie sie Job und Kind unter einen Hut kriegen sollen. »Jedes Jahr nehmen knapp 400 000 Frauen Erziehungsurlaub. ... Jede zweite Frau, die Erziehungsurlaub nimmt, kehrt nicht an ihren Arbeitsplatz zurück.«[58] Und von den anderen, die es versuchen, arbeiten nur noch wenige tatsächlich wieder voll, die Mehrheit arbeitet halbtags, drei Tage pro Woche oder auch nur zweieinhalb.

Die Karriere ist damit vorbei. Wer sich umhört bei Arbeitgebern, kriegt immer häufiger zu hören: Mit Leuten, die nur 40 Stunden pro Woche Zeit haben, fange ich doch gar nicht erst an.[59]

Leute mit Kindern sind in der Wirtschaft nicht richtig zu gebrauchen. Besprechung morgens um acht, außerplanmäßige Konferenz um sechs Uhr abends, Tagung am Wochenende, Weiterbildung am Abend – wann soll da noch Zeit sein für die Kinder?

Darum, Frau Doktor, wenn Sie jetzt ein Kind bekommen, müssen Sie wissen: Sie sind mit ihm allein zu Haus'.

Auf den Kanzler kommt es nicht mehr so an[60]

Am Abend der Bundestagswahl 1998 war Bonn so voll von Journalisten und Kamerateams wie noch nie. Sie hatten den Machtwechsel erwartet und bekommen. Zum ersten Mal in der Geschichte der Bundesrepublik wurde ein amtierender Kanzler abgewählt, und die Kommentatoren interpretierten das Faktum als Zeichen einer funktionierenden Demokratie.

Darin liegt eine gewisse Tragik. Einerseits beweist das Wahlergebnis tatsächlich eine hohe demokratische Reife der deutschen Wähler. Andererseits nützt diese Reife jetzt nicht mehr viel, weil das Wählervotum an Bedeutung verloren hat und künftig noch weiter verlieren wird. Auf den Kanzler kommt es nicht mehr an – trotz der hohen Aufmerksamkeit für die letzte Bundestagswahl vor dem Jahrhundertwechsel, trotz der vielen tausend Journalisten und Kamerateams aus aller Welt und trotz des vollzogenen Machtwechsels.

Mag der Sieger auch unermüdlich lächeln, mögen seine Minister auch den Eindruck erwecken, sie wüßten genau, wo es langgeht, so ahnen die Wähler doch: In Wahrheit laufen die entscheidenden Dinge an den Politikern vorbei. Sie legen sogenannte Programme auf, von denen sie glauben machen, die Wirklichkeit werde sich danach richten und sich programmgemäß in die gewünschte Richtung steuern lassen. Aber täglich erleben wir, daß die Wirklichkeit eine ganz andere Richtung einschlägt. Man kennt die Gipfeltreffen der G7 (und neuerdings G8, mit Rußland), zu denen sich die Staatsoberhäupter der wirtschaftlich führenden Nationen treffen, um angeblich die dringendsten Weltprobleme zu lösen. Bis jetzt hat dieser Wanderzirkus noch kein einziges Problem gelöst, und alles, was solche kreißenden Berge gebären, ist PR für die jeweiligen Regierungschefs und ein Haufen Papier aus vorgefertigten Kommuniqués.

Politiker können eigentlich nur zwei Dinge: Gesetze machen und Geld verteilen, und davon immer weniger, weil es immer knapper wird. Und von den Gesetzen, die sie machen, verpuffen viele wirkungslos oder zerschellen an der Wirklichkeit. Im günstigsten Fall können Politiker die Tageskurse der Börsen beeinflussen, oft nicht einmal mehr die. Bei der letzten Regierungskrise Italiens Ende 1998 hatte die Börse den Sturz der Regierung Prodi innerhalb einer Stunde verdaut. Danach orientierte sie sich wieder am Dollar und der internationalen Lage. Ein paar Wochen später kamen zum ersten Mal Kommunisten in die Regierung. Vor 15 Jahren hätte das einen Kurssturz in ganz Europa ausgelöst. Im Jahr 1998 wurden die Kommunisten in Italiens Regierung von den Börsen einfach ignoriert.

Am Montag nach der Bundestagswahl 1998 und dem Wahlsieg von Rot-Grün hätte der DAX eigentlich fallen müssen, denn Börsianer mögen weder Sozialdemokraten noch Grüne, aber der DAX stieg. Der Dollar stand gerade günstig, und das war wichtiger als der Wahlausgang.

Langfristige Trends werden von anderen gemacht als von Regierungen. Darum kommt es auf Politiker und Parlamente nicht mehr so an. Es kommt nicht mehr so auf sie an, weil die alten Demokratien Europas gegenwärtig zu wirtschaftsabsolutistischen Gebilden mutieren, in denen Regierungen zu beschließen haben, was multinationale Unternehmen fordern, und in denen Regierungen reparierend, helfend und lindernd Entwicklungen hinterhereilen, die sie weder geplant noch realisiert haben. Regierungen degenerieren zu Reagierungen.

Die Vorstellung, daß ein Volk sich selbst regiert, war schon immer ein wenig illusionär, aber so illusionär wie gegenwärtig war diese Vorstellung noch nie, denn: Ein wachsender Teil wichtiger Entscheidungen wird nicht mehr in Bonn oder Berlin, sondern – vom Wähler und von den Medien nur unzureichend kontrollierbar – in Brüssel fallen. Dort, wo anonyme, von niemandem gewählte Eurokraten mit anonymen Lobbyisten kungeln, müßten eigentlich die Journalisten und Kamerateams stehen. Aber auf zehn Nachrichten über Bonn/Berlin kommt höchstens eine über Brüssel, und die ist meist schwer verständlich.

Das setzt sich fort und steigert sich auf der Ebene der UNO, wo ein undurchschaubares Dickicht aus nationalen, internationalen, regierungsamtlichen und nicht regierungsamtlichen Organisationen, Behörden, Lobbyisten, Militärs und Politikern kaum kontrolliert und meist unbeobachtet von den Medien internationale Abkommen vereinbaren, von denen dann jene betroffen sind, über deren Köpfe hinweg entschieden wurde. Welch verheerende Entwicklungen dabei herauskommen können, zeigt das kürzlich im Rahmen der OECD entstandene Abkommen über das Multilaterale Abkommen für Investitionen (MAI).[61]

Ein großer und stetig wachsender Teil wichtiger Entscheidungen fällt auch nicht in Brüssel oder in UN-Organisationen, sondern – völlig außer Kontrolle – in den Vorstandsetagen transnationaler Konzerne zwischen Singapur, Silicon Valley und Sindelfingen. Das Personal in jenen Etagen sorgt dafür, daß dies unter Ausschluß der Öffentlichkeit stattfindet, und ist bestrebt, auch den Staat so weit auf Distanz zu halten, daß er die Geschäfte nicht stört. Vor den Konzernzentralen der Multis aber sieht man nur selten eine Kamera. Die Medien, besonders die TV-Sender, leben offenbar noch ganz in der alten Welt der souveränen Nationalstaaten und scheinen deren Auflösung und schleichende Entmachtung noch nicht mitbekommen zu haben, und wenn doch, so haben sie bisher noch keine Konsequenzen daraus gezogen und filmen lieber zum hunderttausendsten Mal, wie die Karossen der Minister im Kanzleramt vorfahren.

Daß unsere Demokratie schon längst nicht mehr so funktioniert, wie es in den Lehrbüchern steht, dafür gibt es viele Anzeichen. Fangen wir mit einem harmlosen an: Der CDU-Politiker Rainer Eppelmann hat schon vor einiger Zeit gefordert, die Wohlhabenden stärker an der Steuerlast zu beteiligen und daher vorgeschlagen, Kursgewinne auf Aktien zu besteuern. Auch Gewinne aus Lebensversicherungen sollten versteuert werden.

Gelächter bei den Wohlhabenden. Besteuert nur, schrieb ›Capital Vertraulich‹, ein Informationsdienst für Abonnenten des Wirtschaftsmagazins ›Capital‹, wenn ihr den Finanzplatz

Deutschland auch noch kaputtmachen wollt, dann macht ihn kaputt. Eure Einnahmen werdet ihr damit nicht erhöhen, denn Aktiengeschäfte wickeln wir dann künftig eben über Schweizer und Luxemburger Banken ab, und Lebensversicherungen kaufen wir von ausländischen Versicherern. Die freuen sich schon darauf. Schweizer und Luxemburger Banken haben sich auch schon über Theo Waigels Quellensteuer gefreut. Milliardenvermögen aus Deutschland liegen seitdem auf ausländischen Konten.

Auf Gelächter stößt auch die in der Vergangenheit gelegentlich erhobene Forderung nach einer Maschinensteuer. Wenn immer mehr Menschen durch Maschinen ersetzt und in die Arbeitslosigkeit entlassen werden, so der Gedanke, dann muß ein Teil dessen, was mit diesen Maschinen erwirtschaftet wird, zur Finanzierung der Arbeitslosigkeit und der Renten herangezogen werden. Ein plausibler Gedanke, nur läßt er sich nicht verwirklichen, weil deutsche und ausländische Unternehmen ihre Maschinen dann überall arbeiten lassen, außer in Deutschland.

Man muß also zur Kenntnis nehmen, daß sich eine angemessene Beteiligung der Unternehmer an den Lasten unseres Gemeinwesens nicht mehr durchsetzen läßt. Der Staat muß sich sein Geld vom kleinen Mann holen. Der große Mann bestimmt selbst, wieviel er abgibt.

Die gerechte Beteiligung aller an den Lasten unseres Landes ist nicht die einzige Angelegenheit, bei der Regierungen nichts mehr zu melden haben. Im Interesse künftiger Generationen wäre ein schonender Umgang mit Energie und anderen Ressourcen nötig. Diesen schonenden Umgang kann man mit Hilfe einer Ökosteuer auf energie- und ressourcenfressende Produkte und scharfer Umweltschutzgesetze erzwingen. Die neue Bundesregierung unter Schröder, die die Ökosteuer durchgesetzt hat – sehr zögerlich und mit vielen Ausnahmen –, bekommt massiven Druck von seiten der Wirtschaft zu spüren, die damit droht, ins Ausland abzuwandern. Und wer, wie die Grünen, fordert, in zehn Jahren solle der Liter Benzin fünf Mark kosten, sieht die Keule «nicht regierungsfähig« auf sich herniedersausen, ungeachtet der Möglichkeit, daß der Durchschnittsverbrauch eines Autos, der heute bei zehn Litern pro 100 Kilometer liegt und 17 Mark kostet, in zehn Jahren – durch entsprechenden Druck auf die Steuerschraube – auf drei Liter sinken kann und dann 15 Mark kosten würde. Wo wäre die Katastrophe für den Standort Deutschland? Und was ist so falsch daran, den technischen Fortschritt mit Hilfe der Steuern zu steuern?

Aber der neue Kanzler hat schon vor der Wahl gesagt, daß er gehorsam die Interessen der Autoindustrie bedienen und sich solch einer Steuerung widersetzen werde, natürlich mit dem Argument, so etwas sei nur europaweit sinnvoll – womit er recht hat –, womit aber das an und für sich Notwendige und Vernünftige auf den Sankt Nimmerleinstag verschoben ist.

Der Staat befindet sich also in einer machtlosen Position gegenüber den Interessen der Wirtschaft, und nicht nur der Staat. Auch die Gewerkschaften haben ihre Macht verloren. Ihre stärkste Waffe, der Streik, ist stumpf geworden angesichts der monoton wiederholten Drohung der Arbeitgeber: Wenn ihr nicht pariert, dann können wir auch anders. In Osteuropa und Südostasien gibt es Millionen qualifizierter Arbeitskräfte, die sind billiger, dankbarer und genügsamer. Zwar machen nur wenige Unternehmen ihre Drohung, ins Ausland zu gehen, wirklich wahr, denn sie kennen die Vorzüge des Industriestandorts Deutschland, aber die Drohung allein zeigt ja auch schon Wirkung.

Das Vertrauen der Finanzmärkte in die Politik sei heute für die Regierungen mindestens ebenso wichtig wie das Vertrauen der Wähler, hat ein ehemaliger Bundesbanker neulich gesagt.[62] Politiker, wenn sie ehrlich wären, müßten daher zugeben: Demokratie war gestern, morgen ist Postdemokratie, und heute der Übergang. Was sich im nächsten Jahrhundert Demokratie nennt, wird nicht mehr die Herrschaft des Volkes sein, sondern die Herrschaft einer neuen, weltweit agierenden Nomenklatura von Managern, Lobbyisten, Experten, Technokraten und Bürokraten.

Sie werden so lange nicht in einem Land investieren, wie andernorts die Wähler weniger renitent, die Löhne niedriger, die Gewerkschaften schwächer, die Arbeiter schutzloser, die Umweltgesetze lascher sind. Eben aus diesem Grund wird es künftig immer gleichgültiger, wer in den Parlamenten gerade das Sagen hat. Politiker, welcher Partei und Nation sie auch angehören, werden über kurz oder lang die Unternehmenssteuern einfach deshalb senken müssen, weil sie ringsherum auch schon gesenkt worden sind. Sie werden soziale Errungenschaften kassieren müssen, weil andere Länder sie ebenfalls schon kassiert oder nie gehabt haben.

Sie werden gut verdienende Konzerne wie Siemens subventionieren müssen, weil General Motors und Mitsubishi von ihren Regierungen ebenfalls subventioniert werden. Sie werden vor jedem Konzernherren zu Kreuze kriechen, der verkündet, eine neue Fabrik bauen zu wollen, weil sie wissen, daß die Politiker in den Nachbarländern ebenfalls um neue Industrieansiedlungen betteln. Sie werden diese Investitionen mit billigen Grundstücken und Steuererleichterungen bezuschussen und nichts dagegen machen können, wenn die Fabrik sechs Jahre später abgerissen und in einem anderen Land mit noch besseren Bedingungen wieder aufgebaut wird, und dies unwürdige Betteln nennen sie Standortwettbewerb.

Als vor mehr als einem Jahrzehnt die Wirtschaftsverbände die Standortdebatte zum erstenmal vom Zaun brachen und alles zur Disposition stellten, was sich die Arbeitnehmer in Jahrzehnten erstritten hatten, gab das einst sich »linksliberal« nennende Magazin ›stern‹ den Arbeitgebern recht und schrieb, der Markt schere sich »einen Dreck um soziale Besitzstände in der BRD«. Wenig später formulierte der Herr über den anderen deutschen Stern, Edzard Reuter, der Chef von Daimler, vornehmer und zugleich umfassender: »Wer deutsche Arbeitsplätze verteidigen will, muß die eigenen Rahmenbedingungen dem Wandel der Verhältnisse anpassen.«

Damit wird unausgesprochen gesagt, es gebe eine anonyme, von niemand zu beeinflussende Macht – man nenne sie »Markt« oder »Wandel der Verhältnisse« oder »Globalisierung« –, der wir uns zu unterwerfen haben. Und Europas Politiker, allen voran die deutschen, glauben das. Sie haben längst vor dieser Tyrannei des Marktes kapituliert und lassen das gemeinsame Haus Europa zu einem Rollfeld für Multis verkommen.

Wir werden daher in den nächsten Jahren zu Zeugen dafür werden, wie die Politik dem Moloch Wettbewerbsfähigkeit alle kulturellen Errungenschaften opfert, auf die wir bis vor kurzem noch stolz gewesen sind: den Sonntag und die Solidarität, die Selbstbestimmung, die Demokratie und die humanistische Bildung. Am Ende dieser Entwicklung wird der glückliche Konsument in einer zum Industriestandort planierten Heimat unter 99 Varianten eines Mercedes-Chrysler-Mitsubishi mit Allradlenkung und Internet-Anschluß wählen und sich damit satelliten- und computergesteuert in den Stau begeben dürfen, aber nicht mehr darüber zu bestimmen haben, wie er leben und arbeiten will.

Das wird von der neuen Nomenklatura zwischen Sindelfingen, Redmond und Osaka entschieden werden, denn auch das werden wir erleben: Die Herausbildung einer neuen Herrschaft, mächtiger als die alte Funktionärskaste des abgewirtschafteten Kommunismus in ihren besten Zeiten je gewesen ist, auch intelligenter und aufgeklärter und dennoch beschränkt wie jede Kaste – eine Kaste, die ihre eigenen Interessen und die ihrer Herren mit dem Gemeinwohl verwechselt.

Daß die Politik weniger und die Wirtschaft mehr Macht ausüben sollte, das hat Edzard Reuter auch schon indirekt gefordert. Vor etlichen Jahren hat Reuter in der Wochenzeitung ›Die Zeit‹ geschrieben, was ihm als Ideal vorschwebt: vielfältig miteinander verflochtene Konzerne zwischen Europa, Japan und den USA. Von solch einer globalen Vernetzung der Konzerne verspreche er sich mehr für die Friedenssicherung als von der Aktivität der Politiker, weil solche Vernetzungen gegenseitige Abhängigkeiten schafften und deshalb Militäreinsätze ausschlössen.

Die Politik, forderte Reuter, müsse deshalb »Vernetzungen jeder Art fördern, Märkte öffnen, den freien Fluß von Informationen zulassen, jedem, der mitspielen will, die Tore öffnen – wohl wissend, daß dies zugleich die traditionelle Machtsouveränität der Staaten weiter auflösen wird«. Mit anderen Worten: Die Politik soll abdanken. Die Wirtschaft wird zur staatsfreien Zone erklärt, in der sie unbehelligt von öffentlicher Kontrolle ihren Geschäften nachgehen darf. Nicht mehr das Volk ist der

Souverän, sondern der Markt. Nicht mehr das Volk soll durch frei gewählte Repräsentanten regieren, sondern die unsichtbare Hand des Marktes, weil die angeblich klüger sei. Die Verfilzung der Wirtschaft, national schon sehr weit fortgeschritten, soll nun global und ungestört von demokratischer Kontrolle weitergehen.

Reuters internationale Kollegen teilen dessen Ansichten ganz selbstverständlich. »Was wollen Sie«, pflegt Akio Morita, Gründer des japanischen Elektronikkonzerns Sony, auf derlei Vorhaltungen zu antworten, »das ist normales Busineß.«

Zu solch normalem Busineß gehört auch, die Schulen und Universitäten unter die Knute des Marktes zu zwingen. In den USA hat der ehemalige Automobilmanager Lee Iacocca vor einiger Zeit eine Schule gegründet mit dem Ziel, die Wettbewerbsfähigkeit der amerikanischen Industrie zu stärken, denn »wer schon als Zwölfjähriger in der Schule nicht mit seinen japanischen oder deutschen Altersgenossen mithalten kann, der wird es mit ihnen auch als Dreißigjähriger in der Wirtschaft … nicht aufnehmen können«.

Europas Manager favorisieren dasselbe Bildungsziel wie Iacocca: Wettbewerbsfähigkeit und sonst gar nichts. Seit Jahren klagen sie über die Praxisferne an Schulen und Hochschulen und versuchen, die Lehrpläne zu beeinflussen. Deutlich sagt es der Stuttgarter Physiker Hans-Joachim Queisser: »Wir müssen die Industrie an den Unis anflanschen, sonst haben wir keine Chance gegen die Japaner.«

Weil also Daimler, Siemens, Grundig, Philips & Co. in den sechziger und siebziger Jahren die Mikroelektronik verschlafen und dieses Versagen erst Ende der Achtziger gemerkt haben, müssen in den nächsten Jahrzehnten die ehemaligen Bildungsstätten der Nation zu Unterabteilungen industrieller Unternehmen verkommen. Oder, wie man es immer wieder in den bunten Prospekten regionaler Wirtschaftsförderungs-Gesellschaften über Universitäten und Fachhochschulen liest, zu »Infrastruktureinrichtungen mit Servicefunktion für mittelständische Unternehmen und Großkonzerne«. Als Zulieferbetriebe der Wirtschaft haben sie nur noch für Personalnachwuchs, Technologietransfer und Know-how zu sorgen.

Der ehemalige Wirtschaftsminister Otto Graf Lambsdorff stößt ins gleiche Horn, wenn er sagt: »Die Mobilität des Kapitals und der unternehmerischen Aktivität hat zugenommen. Die internationalen Investoren sind unsere Jury.«[63] Was aber hat die Herrschaft dieser »Jury« der internationalen Investoren noch mit Demokratie zu tun? Woher bezieht diese Jury ihre Legitimation?

Globalisierung – das ist ein beschönigendes Wort für den Weg in den Wirtschaftstotalitarismus, und wer das für Polemik hält, der muß sagen, wie er denn ein System bezeichnen möchte, in dem das Leben eines Volkes nicht mehr, wie in der Verfassung vorgesehen, von demokratisch gewählten und parlamentarisch kontrollierten Regierungen, sondern von den Wünschen transnationaler Konzerne und den Gesetzen des Weltmarktes gestaltet wird? Was ist der Begriff Tarifautonomie noch wert, wenn Löhne, Arbeitszeiten und Arbeitnehmerrechte nicht mehr von Europas Gewerkschaften und Arbeitgebern ausgehandelt, sondern von den Produktionsverhältnissen in Indien, Japan, Korea, Singapur und Taiwan bestimmt werden?

Wozu taugt der Begriff »Freiheit von Forschung und Lehre«, wenn es nur noch darum geht, die internationale Konkurrenz zu schlagen? Wie bezeichnet man ein System, in dem offiziell noch immer die Marktwirtschaft propagiert, aber jede Fusion, jedes Oligopol und jedes Monopol zugelassen wird, wenn es die internationale Wettbewerbsfähigkeit angeblich erfordert.

Wer Arbeitgeberfunktionären zuhört, wenn diese auflisten, was alles zur Stärkung der deutschen Wettbewerbsfähigkeit zu geschehen hat, fragt sich: Was steht als nächstes zur Disposition? Wie ist das mit der Meinungs-, Rede- und Pressefreiheit? Müssen notfalls auch sie dem Wandel der Verhältnisse angepaßt werden? Wie gut sich Unfreiheit und wirtschaftliche Prosperität vertragen, sieht man doch in China, wo die Wirtschaft zweistellig wächst. Was ist mit den Alten und Kindern, den Kranken, Behinderten und allen anderen »Unproduktiven«? Schadet es nicht der Wettbewerbsfähigkeit, sie noch durchzufüttern? Warum führen wir eigentlich die Sklaverei nicht wieder ein? Das würde den Industriestandort Deutschland doch ungeheuer wettbewerbsfähig machen.

Und was, zum Beispiel, machen Europas Manager an dem Tag, an dem das erste gentechnisch erzeugte Affe-Mensch-Wesen in Taiwan oder Korea Sklavenarbeit verrichtet? Die Schweinerei verurteilen und tausend Eide schwören, daß in europäischen Fabriken niemals Homunkuli zum Einsatz kämen? Und wenn sich aber erwiese, daß so ein Homunkulus billiger, zuverlässiger, einfacher zu handhaben und leichter zu entsorgen ist als ein Roboter? Trotzdem auf den Einsatz verzichten? Auch, wenn Korea Homunkuli massenhaft in der Produktion einsetzt, damit Wettbewerbsvorteile erzielt und Europa Marktanteile abjagt? Vielleicht haben Europas Manager ja vorher schon so viele Marktanteile an Japan, Korea, Taiwan und Singapur verloren, daß sie sich angesichts dieses Wandels der Verhältnisse Bedenken gar nicht mehr leisten können?

Ja, das ist jetzt Polemik, und vom Jahr 1999 aus betrachtet, sehen solche Schreckensvisionen reichlich konstruiert aus, aber man vergißt dabei das schleichend wirkende Gift der Gewöhnung. Man muß die Menschen nur über viele Jahre daran gewöhnen, daß Entscheidungen vom Markt diktiert werden und ihnen dabei immer nur soviel zumuten, wie sie gerade noch schlucken können. Dann schlucken sie langfristig immer mehr und werden eines Tages Dinge hinnehmen, die sie heute noch unter größtem Protest zurückweisen würden und die uns heute als unglaublich erscheinen.

Mega – Giga – Gaga

Ungefähr 35 bis 40 Jahre lang, vom Kriegsende bis in die achtziger Jahre, herrschte sozialer Friede in der Bundesrepublik. Die Arbeitgeber hatten es mit starken Gewerkschaften und einem starken Staat zu tun und mußten regelmäßig mit ihnen über die Verteilung des Produktivitätsfortschritts verhandeln. Weil es so etwas wie ein Gleichgewicht der Kräfte zwischen Kapital und Arbeit gab, war diese Verteilung einigermaßen gerecht, und alle hatten etwas davon. Die Arbeitnehmer profitierten davon mit steigenden Löhnen und wachsender Freizeit, die Arbeitgeber erfreuten sich steigender Gewinne, dem Staat bescherte der Deal wachsende Steuereinnahmen, mit denen er über Transferleistungen jene am Wirtschaftswachstum teilhaben lassen konnte, die noch nicht oder nicht mehr in der Produktion aktiv waren. Arbeitnehmer konnten langfristig mit steigenden Einkommen rechnen, konnten langfristig planen und wußten sich gut versichert gegen Krankheit und vorübergehende Arbeitslosigkeit, und ihre Rente war sicher. Der Kapitalismus hatte ein menschliches Antlitz, und das nannte man soziale Marktwirtschaft.

Den Arbeitgebern ist das Teilen mit den Arbeitnehmern und dem Staat immer schwer gefallen. Sie waren immer der Meinung, sie zahlten zuviel und es sei für alle Beteiligten besser, wenn sich der Staat und die Arbeitnehmer mit ihren Forderungen zurückhielten. Aber das stimmte nicht. Letztlich profitierten auch die Arbeitgeber davon, denn diese Art der Verteilung des Ertrags sorgte für Massenkaufkraft, welche die Nachfrage und damit das Geschäft der Arbeitgeber ankurbelte. Mit den Steuern konnte der Staat in die Grundlagenforschung investieren, in die Bildung und Ausbildung, in die Infrastruktur und in eine leistungsfähige Verwaltung. Nicht zuletzt sorgte diese Art der Verteilung für Vollbeschäftigung und sozialen Frieden, die Kriminalität konnte auf niedrigem Niveau gehalten werden, und Drogenkonsum, Vandalismus und Jugendkriminalität hielten sich in Grenzen.

Dies alles sind eminent wichtige Faktoren für einen attraktiven Wirtschaftsstandort, und die Arbeitgeber wissen das. Deshalb ist ja auch ihre Drohung, den Wirtschaftsstandort Deutschland massenhaft und über Nacht zu verlassen, nicht ganz so wörtlich zu nehmen, wie es weithin geschieht. Sie schätzen nach wie vor die Stärken des deutschen Standorts und bleiben lieber hier, oder sie kehren, belehrt von kurzfristigen Auslandsabenteuern, wieder reumütig zurück. Nur möchten sie die Vorteile dieses Standorts neuerdings umsonst haben und nichts zu deren Erhaltung und Ausbau beitragen, weil sie meinen, sich diese Abstinenz jetzt leisten zu können.

Das meinen sie, weil sie nicht mehr Länder, Staaten, Städte als Standorte betrachten, sondern die Welt. Wo die Glasfaser geographische Distanzen beseitigt, gibt es keine Grenzen mehr, also auch keine Länder, Staaten und Kontinente. Daraus ergibt sich für große Unternehmen die Möglichkeit, ja sogar der Zwang, sich transkontinental mit anderen Großunternehmen zu verbünden, um den Markt zu beherrschen. Über Computer und Glasfasernetze können jetzt Mammutkonzerne, die früher unlenkbar gewesen wären, mehrere hunderttausend über den ganzen Erdball verstreute Mitarbeiter steuern. Dies ist einer der wichtigsten Gründe für die Fusionitis, die Übernahmen, Zusammenschlüsse und strategischen Allianzen der letzten Jahre, und diese Fusionitis wird noch weitergehen.

Die Vorstände, Aufsichtsräte, Großaktionäre und Großinvestoren, die solche monopolbildenden Megakonzerne fordern, predigen öffentlich gern über die Vorzüge des freien Marktes und des uneingeschränkten Wettbewerbs – für andere. Für ihr eigenes Unternehmen finden sie ihn äußerst unangenehm, denn je größer die Zahl ihrer Konkurrenten ist, desto magerer und desto gefährdeter sind ihre Gewinne. Darum werden Konkurrenten einfach vom Markt weggekauft, darum schließen sich gleich starke Konkurrenten zusammen, und letztlich ist es das Erstrebenswerteste, ein Quasimonopol zu erringen, wie es Microsoft in der Software- und Intel in der Hardware-Branche hat. Microsofts und Intels phantastische Gewinne lassen das Herz jedes Investors höher schlagen. Das wahre Glück des Aktionärs ist nicht der Markt, sondern das Monopol.

1998 hat es weltweit 24 000 Firmenzusammenschlüsse und -käufe im Gesamtwert von 3,8 Billionen Mark gegeben. 1992 waren es nur 7 500 Transaktionen im Wert von 250 Mrd. Mark.[64]

Motor der Entwicklung seien grenzüberschreitende Fusionen und Aufkäufe sowie die zunehmenden Privatisierungen, heißt es in einem Report der Konferenz der Vereinten Nationen für Handel und Entwicklung (UNCTAD).[65] Dahinter steht die Strategie der Konzerne, weniger wichtige Bereiche abzustoßen und Wettbewerbsvorteile durch Aufkäufe im Kerngeschäft zu stärken. In jedem Wirtschaftsbereich findet eine industrielle Konzentration auf einige wenige Firmen statt.

Damit wird der Wettbewerb in einigen Branchen praktisch ausgeschaltet, in anderen extrem verringert, denn keiner der wenigen übriggebliebenen Wettbewerber hat ein Interesse, direkt gegen die wenigen anderen zu konkurrieren. Statt dessen findet eine Art von Kartellbildung statt, eine Aufteilung des Gesamtmarkts nach dem größtmöglichen Nutzen für alle Beteiligten. Das geschieht wie von selbst. Es ist nicht nötig, daß sich die Konkurrenten treffen und Absprachen vereinbaren, denn jeder der verbliebenen Wettbewerber trachtet danach, einen Teilmarkt zu beherrschen, auf dem er den anderen nicht in die Quere kommt, auf dem er aber, von den anderen unbehelligt, mit seiner ganzen Macht seine Produkte durchsetzt und teuer verkauft.

Angeblich nützen solche Fusionen dem Verbraucher, weil größere Einheiten billiger produzieren können. Das mag schon stimmen, nur wird der Mega-Konzern seine Kostenvorteile nicht ohne Not an den Verbraucher weitergeben. Und eine Studie der OECD belegt, daß der Käufer mehr zahlen muß, sobald auf einem Markt wenige Hersteller Produkte anbieten, die schlecht austauschbar sind.[66] Der Aufpreis beträgt im Schnitt zehn Prozent.

Fusionen steigern angeblich den Unternehmenswert – aber nur in 42 Prozent der Fälle. In 58 Prozent der Akquisitionen und Fusionen würden dagegen Werte vernichtet, heißt es in einer Studie der Management-Beratung A. T. Kearney, bei der 115 Firmenzusammenschlüsse untersucht wurden.[67] Je nach Branche liege die Erhöhung des Unternehmenswertes zwischen 13 Prozent bei Energieversorgern und 56 Prozent im Bereich Telekommunikation und Elektronik. Zwei Jahre nach der Fusion gäben zudem 75 Prozent der befragten Führungskräfte zu, daß sie ihre mit der Fusion gesetzten strategischen Ziele noch nicht umgesetzt hätten.[68] Seit Anfang der neunziger Jahre »ist fast jede zweite Großfusion in den Vereinigten Staaten gescheitert«.[69] BMW hat sich beim Kauf der englischen Automarke Rover katastrophal verschätzt. »Statt der fünf Milliarden Mark, die der BMW-Chef für den Aufbau einer Zweitmarke veranschlagt hat, wird BMW nun zwölf Milliarden Mark ausgeben, um aus Rover doch noch einen lebensfähigen Autohersteller zu machen.«[70] Zwölf Milliarden Mark – das Geld wäre gut angelegt, wenn man es in die Entwicklung von abgasfreien Autos investieren würde. Natürlich würden sich diese zwölf Milliarden nicht gleich amortisieren, aber wenn BMW das nächste Jahrhundert überleben will, wird das Unternehmen abgasfreie Autos, beispielsweise solche mit Wasserstoff-Verbrennung, bauen müssen, denn auch das 3-Liter-Auto wird die Welt nicht verkraften, wenn eine Milliarde Chinesen damit herumfahren.

Wem nützt es, wenn die Konzerne Thyssen und Preussag im Norden einen neuen Werftenverbund schmieden? Entsteht denn Wachstum, entsteht Wertschöpfung, entstehen Arbeitsplätze, wenn die Versicherungsgiganten Allianz und Münchner Rück auch noch ihre Töchter Hamburg-Mannheimer und Victoria verschmelzen? Nützt es dem Staat, nützt es der Gesellschaft, wenn Daimler und Chrysler fusionieren, wenn BMW Rover und Rolls-Royce aufkauft, die Chemiemultis national und international ihre Sparten neu sortieren und unter sich aufteilen, wenn der Welt-Medienmarkt nur noch von einer Handvoll Global Players wie Bertelsmann, Murdoch, Microsoft und Time Warner kontrolliert wird und der Weltmarkt der Flugzeughersteller nur noch von zwei Unternehmen?

Während ich dieses Buch schreibe, wird eine neue Elefantenhochzeit nach der anderen geplant, bekanntgegeben oder vollzogen. Die Deutsche Bank will für 16 Milliarden Mark das amerikanische Geldinstitut Bankers Trust kaufen. Viag und die schweizerische Alusuisse Lonza gründen einen neuen Konzern. Mobil und Exxon planen die größte Fusion in der Industriegeschichte und werden nach vollzogener Fusion einen Umsatz machen, welcher der Wirtschaftsleistung der Schweiz entspricht. Man spricht von 9 000 bis 10 000 Entlassungen. Und Jürgen Dormann, der seit fünf Jahren den 125 Jahre alten Hoechst-Konzern in seine Einzelteile zerlegt und verkauft, hat sein »Werk« nun vollendet und das verbliebene Pharma-Geschäft mit der schwächelnden Rhône-Poulenc zusammengelegt. Der Unternehmenssitz soll in Frankreich sein, vom Frankfurter Traditionsunternehmen Hoechst ist nichts mehr übrig. Der Sinn dieser Aktion ist bis heute auch für viele Eingeweihte nicht zu erkennen. Erfolg hat dieser vierjährige Amoklauf eines Managers bisher auch nicht gebracht, und Arbeitslose säumen seinen Weg.

Unternehmensaufkäufe kosten Geld. Gewinne, die besser in Forschung und Entwicklung, in Bildung und Ausbildung, in neue Produkte, in die Verbesserung vorhandener Produkte und in neue Märkte investiert werden sollten, benutzen die Großkonzerne lieber dazu, die Konkurrenz durch Übernahme auszuschalten, deren Kunden, Know-how und Märkte zu kaufen, und das auch noch steuerbegünstigt. Der Staat verliert, wenn Elefanten fusionieren, die Volkswirtschaft gewinnt nichts, und Arbeitsplätze entstehen auch nicht. Im Gegenteil. Megafusionen führen so gut wie immer zu Entlassungen, weil Abteilungen zusammengelegt oder Unternehmensteile stillgelegt oder verkauft werden. Megafusionen unterdrücken die mittelständische Wirtschaft, weil Megakonzerne die Preise ihrer Zulieferer diktieren können. Und meistens führen die Fusionen auch zu Lohnabbau.

Megakonzerne akkumulieren Macht, mit deren Hilfe sie nationale Regierungen nach Belieben gegeneinander ausspielen können. Sie suchen sich für ihre nächste Fabrik das Land aus, das ihnen die genügsamsten Arbeiter, die großzügigsten Investitionshilfen, die geringsten Umweltschutzauflagen und die günstigste Steuerregelung zusagt. Noch während diese Fabrik gebaut wird, verhandeln sie schon mit anderen Ländern über noch bessere Bedingungen, und sobald sich die erste Fabrik amortisiert hat, reißen sie diese ab und bauen die nächste in jenem Land, mit dem sie handelseinig geworden sind, und mit dem zweiten Land verfahren sie genauso wie mit dem ersten und so fort. Was wir einst Wirtschaft nannten, degeneriert zu marodierenden Unternehmerbanden,[71] die plündernd durch die Welt ziehen und Ruinen zurücklassen, und das alles, weil der Shareholder seinen Value fordert. Das Ganze nennt sich dann Globalisierung.

Verteidiger des Shareholder-value-Prinzips führen an, daß Investoren mit Recht eine angemessene höhere Verzinsung ihres eingesetzten Kapitals erwarten, weil sie sonst ihr Geld ja gleich aufs Sparbuch einzahlen könnten. Da sie aber ihr Geld in ein Unternehmen investieren und damit auch ein höheres Risiko eingehen, erwarten sie einen Risikozuschlag, also eine höhere Verzinsung. Schon der Vergleich ist falsch. Das Sparbuch wirft 2,5 Prozent Zinsen ab, bessere festverzinsliche Anlagen kommen derzeit auf maximal sechs Prozent. Wenn also ein Anleger zwölf Prozent bekommt, ist er gut bedient. Er verlangt aber 20, 25, 30 Prozent. Früher nannte man das Wucher.

Noch verlogener ist das Risiko-Argument. In einen Megakonzern zu investieren ist kaum ein Risiko. Anleger können sich fast blind darauf verlassen, daß der Staat einspringt, wenn ein Megakonzern in Schwierigkeiten kommt, denn der Zusammenbruch einer Großbank oder eines Großkonzerns zöge fast zwangsläufig Massenentlassungen und weitere Zusammenbrüche kleinerer Unternehmer nach sich. Da ist fast jede Regierung gezwungen, den Zusammenbruch unter Einsatz von Steuergeldern abzuwenden. Das ist das bekannte Prinzip der Machtwirtschaft: Gewinne sind privat und fließen in die Taschen der Aktionäre, Verluste werden sozialisiert und aus den Taschen des kleinen Mannes bezahlt.

Man konnte diesen Mechanismus wieder sehr gut bei der sogenannten Asienkrise, dem Zusammenbruch der dortigen Finanzmärkte, beobachten. Jahrelang haben Banken und Investoren vom Aufschwung in Asien profitiert, hohe Gewinne in die Scheuer gefahren und sich von diesen Gewinnen zu Fehlspekulationen verleiten lassen. Als diese Spekulationsblasen reihenweise platzten und es in Asien dramatisch nach unten ging, riefen die Profiteure nach dem Staat. Im Auftrag der westlichen Regierungen pumpte der Internationale Währungsfonds (IWF) zweistellige Milliardenbeträge in die südostasiatische Wirtschaft. Sogar kapitalistische Politiker in Amerika haben dagegen protestiert und kritisiert, mit diesem Geld würden nun jene gerettet, die das Desaster zu verantworten hätten: die Banken.[72]

In Südkorea standen die Banken vor der Pleite. Westliche Investoren waren dort stark engagiert und hätten ihr Geld in den Wind schreiben können, wenn die koreanischen Banken pleite gegangen wären. Ausländisches Geld wäre dann lange Zeit nicht mehr nach Korea geflossen. Daher sprang die koreanische Regierung ein und übernahm den Schuldendienst.[73] Der koreanische Steuerzahler trägt also das Risiko der westlichen Spekulanten. Mit welchem Recht fordern sie eine Risikoprämie für ihr finanzielles Engagement?

Der bereits erwähnte UNCTAD-Report nennt übrigens ein interessantes Detail über die Gründe für Großfusionen: Deregulierung und Privatisierung in einigen Schlüsselindustrien wie etwa der Telekommunikation hätten den Appetit der Megakonzerne verstärkt, heißt es in dem Bericht. Leider versäumten es die Berichterstatter, die grotesken Folgen dieses Sachverhalts zu beschreiben, beispielsweise in Deutschland. Da gilt die Zerschlagung des Telekom-Monopols und die damit verbundene Öffnung des Telekommunikationsmarktes als wettbewerbspolitische Großtat. Aber wer ist jetzt durch die neuen Öffnungen in diesen Markt geschlüpft? Die Strommonopolisten, Energieversorgungsunternehmen wie die VIAG und VEBA, haben sich mit Hilfe ihrer Monopolgewinne aus dem gesetzlich geschützten Energiemarkt in die Telekommunikation eingekauft. Ein Monopol wurde zerschlagen, damit sich anderen Monopolisten neue Gewinnmöglichkeiten erschließen.

Der einzige Sinn von Deregulierung und Privatisierung auf der einen und Megafusionen auf der anderen Seite besteht offenbar darin, Megagewinne für die Megakonzerne zu ermöglichen, damit diese durch Gigafusionen zu Gigakonzernen wachsen können, und das ist gaga.

Microsoft – der Traum aller Fusionierer

Während ich dieses Buch zu Ende schreibe, läuft in Amerika ein Prozeß gegen Bill Gates' Unternehmen Microsoft, ein Anti-Trust-Verfahren wegen der einzigartigen Stellung, die Microsoft weltweit in der Software-Branche hat.

Microsoft wird in diesem Prozeß von der Anklage vorgeworfen,

- eine marktbeherrschende Stellung bei Betriebssystemen für Personal Computer zu haben,
- eine marktbeherrschende Stellung bei sogenannten Office-Paketen zu haben,
- die marktbeherrschende Stellung zu nutzen, um unliebsame Konkurrenten zu behindern, aus dem Markt zu drängen oder gar nicht erst hochkommen zu lassen.

Die US-Kartell-Behörde sieht im Microsoft-Monopol die Gefahr, daß es neue Entwicklungen verhindert oder behindert und Softwareprodukte überteuert.

Ich kann nicht abschätzen, wie der Prozeß ausgehen wird, und ich halte es auch nicht für sehr wichtig. Selbst wenn für Microsoft der schlimmstmögliche Fall eintreten sollte, die Zerschlagung in mehrere Unternehmensteile, so wäre das nichts weiter als ein punktueller und temporärer Sieg gegen die Machtwirtschaft, wie die Geschichte ähnlicher »Siege« beweist. So wurde 1902 Rockefellers Ölimperium Standard Oil aufgelöst. Von den daraus entstandenen Ölkonzernen Mobil, Chevron, Exxon und Amoco ist heute jede einzelne mächtiger, als es Standard Oil je war.

Eine Marktposition wie Microsoft – das ist es, was die Fusionierer dieser Welt letztlich gerne hätten. Rund 90 Prozent aller auf der Welt vorhandenen Personal Computer arbeiten mit einer der verschiedenen Varianten des Microsoft-Betriebssystems Windows oder DOS. Das allein widerspricht dem Gesetz des freien Wettbewerbs. Microsoft hat aber auch bei der Bürosoftware ein Monopol. Das Programmpaket Microsoft Office – eine Bündelung mehrerer Programme fürs Büro – erreicht einen Marktanteil von über 90 Prozent.

Das ist noch lange nicht alles. Microsoft entwickelt sich durch Aufkäufe verschiedener US-Medien-Unternehmen und durch weltweite strategische Allianzen auch zum Medienkonzern. In Deutschland arbeitet Microsoft beispielsweise mit ›Spiegel‹, ›stern› und ›Focus› zusammen. Der Verdacht, daß eine kritische Berichterstattung dadurch beeinträchtigt werden könnte, ist nicht von der Hand zu weisen.

Microsoft erwirbt außerdem die Rechte an zahlreichen Kunstwerken. Ob Malerei, Musik oder Film, Microsoft sichert sich das Recht, bestimmte Kunstwerke in eigenen Produkten, beispielsweise digitalen Lexika, zu verwerten.

Auch im Kabel- und Satellitengeschäft hat sich Microsoft engagiert. Das bedeutet: Das Gates-Unternehmen kann eigene Softwareprodukte und eigene Medienprodukte über eigene Medien und eigene Leitungen bewerben, verteilen und verkaufen.

Schwach war Microsoft eine Zeitlang im Internet. Den Markt für sogenannte Browser, die fürs Internet nötige Steuerungssoftware, hat ursprünglich das Unternehmen Sun mit seinem Produkt Netscape dominiert. Microsoft hatte dem zunächst gar nichts entgegenzusetzen, später den eigenen Browser Internet Explorer entwickelt und damit innerhalb weniger Jahre die Netscape-Dominanz gebrochen. Gelingen konnte das nur, weil Microsoft seine ganze Marktmacht in die Waagschale geworfen hat, um den Explorer durchzusetzen. Eine dieser Maßnahmen – und ein wichtiger Grund für die Einleitung eines Anti-Trust-Verfahrens gegen Microsoft – war die Integration des Explorers ins Betriebssystem Windows. Wer Windows kaufte, kaufte automatisch den Explorer mit. In Windows 98 ist der Explorer so fest mit dem Betriebssystem »verschweißt«, daß er sich überhaupt nicht mehr deinstallieren läßt.

Angeblich soll Microsoft die Hersteller von Personal Computern gezwungen haben, ausschließlich den Explorer auf ihren Rechnern zu installieren. Ein Angestellter des PC-Herstellers Compaq erklärte beispielsweise gegenüber dem US-Justizministerium, daß Microsoft gedroht habe, sämtliche Lieferungen von Windows 95 einzustellen, falls Compaq nicht auch den Explorer sowie den Internetdienst Microsoft Network auf allen Compaq-Presario-PCs installiere. Kurz zuvor hatte Compaq beschlossen, statt des Explorers das Konkurrenzprodukt Navigator von der Firma Netscape standardmäßig anzubieten. Daher habe Microsoft eine schriftliche Zusage verlangt, daß Compaq innerhalb der nächsten 60 Tage reagiert. Angesichts dieser massiven Drohungen habe Compaq nachgegeben. Ähnliches berichtete auch der PC-Hersteller Gateway 2000.

Mancher wird vielleicht fragen, warum der Explorer für Microsoft so wichtig ist. Da diese Software von Gates an die Surfer dieser Welt praktisch verschenkt wird, könne er doch kein tolles Geschäft sein. Aber die Musik spielt für Microsoft auf der anderen Seite des Internet. Wer als Produzent übers Internet irgend etwas verkaufen, anbieten oder mitteilen will, muß von Microsoft das Gegenstück zum Explorer kaufen, damit die Surfer dieser Welt via Explorer mit den Internetanbietern dieser Welt kommunizieren können. Hier liegt das Geschäft für Gates. Würde es Gates gelingen, Netscape zu verdrängen, dann hätte Microsoft auch im Internet wieder ein Monopol. Jedes Unternehmen, das auf irgendeine Weise ins weltweite Internet-Geschäft einsteigen will, müßte zuallererst die dafür nötige Software bei Microsoft einkaufen. Gates ließ nichts unversucht, diese Monopolstellung auch aufs Internet auszuweiten.

Das ist nun ein bißchen schwieriger geworden, seit der Bertelsmann-Online-Dienst AOL Netscape gekauft hat. Nun sieht es so aus, als ob sich Gates das Internet mit Bertelsmann teilen müßte. Ein Duopol wäre für Gates zwar nur die zweitbeste Lösung, aber natürlich immer noch besser als ein Wettbewerb mit vielen Konkurrenten. Wahrscheinlich kam Gates der Einstieg von Bertelsmann ins Internet sogar sehr gelegen, weil dadurch den Anklägern im Microsoft-Prozeß ein bißchen Wind aus den Segeln genommen wird.

Microsoft behauptet immer, die monopolartig hohen Marktanteile nur deshalb errungen zu haben, weil Microsoft-Produkte so unschlagbar gut seien. Das stimmt so nicht. Microsofts Aufstieg begann, als sich der Computerriese IBM entschlossen hatte, Personal Computer herzustellen und dafür das Microsoft-System DOS zu verwenden. Dieses war dem Betriebssystem von Apple deutlich unterlegen. Apple war aber für IBM nicht zu haben. So entschied man sich für DOS. Mit Hilfe der schieren Marktmacht von IBM wurde nun das schlechtere DOS weltweit verbreitet und damit praktisch als Standard etabliert. Es hat rund zehn Jahre gedauert, bis es dem Apple-System einigermaßen ebenbürtig war.

Wer sich einmal für Microsoft entschieden hatte, mußte bei Microsoft bleiben. Ein Wechsel zu Apple hätte bedeutet: Die bisher angeschafften Programme werden wertlos, denn sie laufen nicht auf einem Apple-Computer. Und die bisher gesammelten und erarbeiteten Daten wären nicht mehr lesbar. Apple-Computer konnten lange Zeit keine mit DOS- oder Windows-Programmen erstellten Dateien lesen, und umgekehrt. Auch heute klappt eine Konvertierung nicht bei allen Daten reibungslos.

Weil Microsofts Betriebssystem den Markt beherrscht, programmieren die Entwickler Anwendungssoftware – Textverarbeitungen, Grafiksoftware, Datenbanken, Tabellenkalkulationen etc. – zuerst und hauptsächlich für Microsoft-Betriebssysteme. Daher gibt es für Windows das größte Software-Angebot. Weil das so ist, entscheidet sich so gut wie jeder PC-Käufer für einen Computer mit dem Betriebssystem Windows. Das hat zusätzlich den Vorteil, daß man seine Daten problemlos mit jedem anderen Windows-PC austauschen oder bearbeiten kann. So verstärkt sich mit jedem neuen PC-Käufer Microsofts Monopol, und Windows etabliert sich als Standard.

Auf die Abhängigkeit der Anwender konnte Microsoft immer bauen. Es hat dem Unternehmen bis heute nicht geschadet, daß seine Programme stets fehlerhaft sind und immer wieder zu Programmabstürzen führen. Mit jedem neuen Update werden zwar alte Fehler korrigiert, aber neue gemacht. Noch nie hat Microsoft ein ausgereiftes Programm auf den Markt gebracht. Stets wurde es vorzeitig ausgeliefert. Die Rest-Entwicklung hat Microsoft seinen Kunden aufgebürdet.

Wenn diese mit dem unausgereiften Programm arbeiten, so bekommen sie dessen Fehler zu spüren und rufen wegen dieser Probleme bei Microsoft an. Microsoft kann die Anrufe auswerten und das Produkt daraufhin nachbessern. So erspart man sich die Kosten für die Qualitätssicherung. Daher kommen die Ausdrücke »Bananenpolitik« und »Bananenprodukt«. Beide bedeuten: Produkt reift beim Kunden.

So lief es bisher zwischen Microsoft und seinen Kunden, und so soll es weiterlaufen. Fehlerfreie Software sei nicht machbar, sagt Microsoft. Diese Haltung kann sich Microsoft nur erlauben, weil das Unternehmen keine Konkurrenz hat.

Das Computermagazin ›PC Welt‹ rechnete vor: Microsoft ist mit einem Marktwert von über 260 Milliarden Dollar das wertvollste Unternehmen der Welt. Bill Gates' Vermögen wird auf 56 Milliarden Dollar geschätzt. Würde er knapp ein Prozent davon opfern, könnte er 500 Millionen Dollar für die Qualitätssicherung aufwenden. Von dieser Summe könnte Gates 300 Top-Entwickler zehn Jahre lang beschäftigen, um Microsoft-Produkte fehlerfrei zu machen.[74]

Doch das wäre für Gates eine unnötige Geldausgabe. Viel Geld investiert er hingegen, um Raubkopierer ausfindig zu machen und verfolgen zu lassen. In aufwendigen Kampagnen rechnet er vor, wieviel Schaden der »Volkswirtschaft« – damit meint er Microsoft – durch Raubkopien entstehen. Wieviel Schaden der Volkswirtschaft und den Microsoft-Kunden durch schlampig programmierte Software entsteht, interessiert ihn nicht.

Statt der Programmierer beschäftigt Gates rund 300 festangestellte Juristen und zahlreiche freie Anwälte, mit denen es jeder zu tun bekommt, der sich mit Microsoft anlegt. Letztes Jahr hatte das deutsche Computermagazin ›PC Welt‹ das Microsoft-Betriebssystem Windows 95 unter die Lupe genommen, darin ein paar undokumentierte Funktionen entdeckt und sie veröffentlicht. Prompt hatte der Verlag die Microsoft-Anwälte im Haus, die das Magazin beschuldigten, Microsoft-Betriebsgeheimnisse verraten zu haben.

Vor Gericht hatte Microsoft keinen Erfolg damit, aber seitdem bekommt die ›PC Welt‹ von Microsoft keine Testprodukte mehr. Auf Vorserien- und Testprodukte ist jedes Computermagazin angewiesen, damit es seine Leser kontinuierlich informieren kann. Weigert sich Microsoft, ein Magazin damit zu beliefern, so ist das ein Versuch, sich eine nicht willfähige Redaktion gefügig zumachen. Andere Redaktionen bekommen das natürlich mit und haben damit die »Chance«, sich auf dieses Microsoft-Verhalten einzustellen und vorsichtiger zu sein.

Microsoft hat für 1998 einen geschätzten Umsatz von 14,4 Milliarden Dollar und einen geschätzten Gewinn von 4,46 Milliarden Dollar bekanntgegeben. An diesen Zahlen erkennt man, was ein Monopolgewinn ist. Er beträgt 30 Prozent des Umsatzes. Solch eine Umsatzrendite kann ein Unternehmen nur erzielen, wenn es die Macht hat, fast jeden Preis durchzudrükken.

Zum Vergleich: Volkswagen nennt für 1998 einen Umsatz von knapp 100 Milliarden Mark, aber nur einen Gewinn von 1,5 Milliarden Mark, magere 1,5 Prozent Umsatzrendite. Bayer kam 1998 auf eine Umsatzrendite von rund zehn Prozent, die Telekom erzielte 1997 knapp fünf Prozent Umsatzrendite.

Laut einer Studie der US-Verbraucherorganisation Consumer Federation of America (CFA) hat Microsoft durch überhöhte Software-Preise in den letzten drei Jahren zehn Milliarden Dollar zuviel eingenommen. Ein Bündnis von US-Verbraucherorganisationen forderte daher, Microsoft solle dieses Geld zurückzahlen. In der Studie wurde die Gewinnspanne von Microsoft mit der anderer Software-Firmen und Computerhersteller verglichen.[75]

Umsatzrenditen, wie sie Microsoft erzielt, sind für Unternehmen, die in einem echten Wettbewerb stehen, nicht zu erreichen. Deshalb achtet Gates peinlich darauf, daß sein Monopol erhalten bleibt, und reagiert kleinlich auf jede Gefährdung, und deshalb streben Unternehmen, die einem harten Wettbewerb ausgesetzt sind, nach einer Entschärfung des Wettbewerbs durch Fusionen, zumal sich der Zugewinn an Markt- und Wirtschaftsmacht auch in politische Macht umsetzen läßt.

Das Kürzel MAI

Der Machttheoretiker Machiavelli hat einmal gesagt, es sei leichter, sich mit guten Soldaten Geld zu verschaffen als umgekehrt. Damals hatte er recht.

Heute verschafft man sich Geld, Macht und Einfluß mit Ingenieuren und Kaufleuten. Sie kämpfen in einem Krieg ganz anderer Art, der ohne Bomben und ohne Kanonen auskommt. Es ist eine modernisierte und humanisierte Form des Imperialismus, aber dennoch Imperialismus, denn er hat das Ziel aller Imperialismen: Ressourcen sollen gesichert, Herrschaft errungen, der kleine Besitz der vielen zu einem großen Besitz von wenigen umverteilt werden.

Die neuen Kolonien heißen Mikroelektronik, Informatik, Gentechnologie, Nanotechnologie, Mikrosystemtechnik, Computerwissenschaft, Internet und E-Commerce. Wer die erobert, erobert die Märkte von morgen, und wer die Märkte hat, hat die Welt.

Um sie kämpfen heute Generäle in Zivil. Ihre Schlachtschiffe sind Laboratorien und Forschungsinstitute, ihre Plantagen sind Chipfabriken und Genlabors. Ihr Personal hat Hochschulbildung und wird von Unternehmen wie IBM, Intel, Microsoft, DaimlerChrysler oder Hoechst jahrgangsweise von den Universitäten weggekauft.

Die Generalstäbe dieser Unternehmen zählen Roboter und Forscherheere schon so aufmerksam, wie einst Panzer und Divisionen gezählt wurden, wittern überall den Forschungsvorsprung der Konkurrenz und drehen deshalb an der Technologiespirale. Wer sich den Imperatoren in den Weg stellt, wird ausgeschaltet, denn sie verfügen über eine unschlagbare Waffe, die Informationstechnik. Mit dieser Waffe haben sie schon die Gewerkschaft entwaffnet und das ehemalige Gleichgewicht zwischen Kapital und Arbeit beseitigt. Mit dieser Waffe erpressen sie den Staat. Diese Waffe haben sie gegen die Demokratie gerichtet. Und mit dieser Waffe verschaffen sie sich

Macht. Die errungene Macht benutzen sie, um die Welt nach ihren Interessen umzupflügen.

Ihr erster Versuch zur Gestaltung einer »shareholder-gerechten« Welt konnte gerade noch abgewehrt werden, aber sie werden es wieder probieren, und die Erfolgsaussichten sind groß, denn ihr Angriff blieb praktisch unbemerkt. Es war ja kein Kanonendonner zu hören, und kein Atompilz verfinsterte den Himmel. Es haben nur ein paar Verhandlungen stattgefunden, es hat ein paar jener internationalen Konferenzen gegeben, bei denen Regierungsbeamte, Experten und Interessensvertreter in unverständlicher Sprache mit vielen Abkürzungen über schwerverständliche Dinge geredet haben, die scheinbar nur Kaufleute, Juristen, nationale und internationale Behörden und eine Handvoll Großkonzerne betreffen. Es ging um ein Kürzel namens MAI.

MAI ist die Abkürzung für Multilateral Agreement on Investment, ein internationales Abkommen über Investitionen. Es ist, zum Glück, dank unterschiedlicher nationaler Interessenlagen im vergangenen Jahr abgeschmettert worden. Aber es wird erneut auf die Tagesordnung kommen, und beim nächsten Mal wird sich hoffentlich die Öffentlichkeit mehr dafür interessieren.

Was im MAI vereinbart werden sollte, klingt sehr harmlos und vernünftig. Ausländische Investitionen in anderen Ländern sollen von deren Regierungen behandelt werden wie ausländische Waren. Diese Waren müssen, wenn sie die Grenze passiert haben, von Behörden genau wie inländische behandelt werden – ein durchaus vernünftiges Prinzip. Es gehört zu den wichtigsten Regeln des Welthandels, aber es gilt eben nur für Waren, noch nicht für Investitionen.

Die Ausdehnung dieses Prinzips der »Inländerbehandlung« auf Investitionen ist der Zweck des MAI. Über dessen genauen Inhalt und Formulierung verhandeln und beraten die Industriestaaten in der Organisation für wirtschaftliche Zusammenarbeit (OECD) seit 1995. Das Abkommen sieht neben dem Inländerstatus das Verbot vor, bestimmte Nationen zu bevorzugen (»Meistbegünstigungsklausel«). Investoren sollen vor willkürlicher Genehmigungspraxis und Enteignung geschützt werden. Alle OECD-Mitglieder müssen sich zu einem «fairen, transparenten und verläßlichen Investitionsregime« verpflichten.

Vermutlich, weil das alles so vernünftig und so selbstverständlich klingt und weil man weiß, daß in zahlreichen Ländern Korruption, Vetternwirtschaft, staatliche Willkür und mafiose Verhältnisse Investitionen und Wohlstand für die Armen verhindern, hat sich die Presse kaum dafür interessiert, wurde in der OECD praktisch unter Ausschluß der Öffentlichkeit verhandelt. Aber einige wenige haben aufgepaßt. Besonders die Non-Governmental Organisations (NGO), also die nichtstaatlichen Organisationen in der OECD, liefen Sturm gegen das MAI. Warum?

Nicht, weil sie etwas gegen Investitionsschutz hätten oder für Korruption einträten, nein, im MAI erkennen Organisationen wie der WWF (World Wide Fund for Nature) oder die Friends of the Earth ein Dokument für den Versuch, die Weltherrschaft der Konzerne zu etablieren. Im MAI sehen die NGOs einen Hebel, mit dem sich die Konzerne ungehindert Zugang zu billigen Arbeitskräften und Rohstoffen verschaffen. Und vor allem wäre das MAI, wenn es denn durchgesetzt werden könnte, ein Mittel, die Souveränität nationalstaatlicher Regierungen dauerhaft einzuschränken.

Es sind vor allem jene Passagen, die tief in die nationale Souveränität demokratischer Länder eingreifen und die den erbitterten Widerstand der NGOs, aber auch einiger Regierungen provozierten: Mit dem MAI soll ausländischen Investoren nicht nur eine Gleichstellung mit inländischen, sondern eine Besserstellung eingeräumt werden. So hätten ausländische Investoren, anders als inländische, bei Konflikten die Wahl, diese vor einem ordentlichen Gericht des Inlandes zu verhandeln oder vor einem Schiedsgericht. Im Gegensatz zu ordentlichen Gerichten aller demokratischen Staaten tagen Schiedsgerichte geheim. Deren Schriftsätze, Urteile und Urteilsbegründungen bleiben vertraulich und für Dritte verschlossen, auch für Parlamente. Trotzdem sind die Urteile bindend, und es gibt keine Berufungsmöglichkeit. Damit ist klar, wo künftige Konflikte zwischen Investoren und Staaten verhandelt würden, und damit ist klar, daß die nationale Rechtsprechung eines Landes durch die Schiedsgerichte zugunsten der Konzerne ausgehebelt würde.

Sigrid Skarpelis-Sperk, Mitglied des SPD-Bundesvorstands, weist darauf hin, daß der Staat ausländischen Investoren keine Auflagen mehr machen könne und viele traditionelle Steuerungsinstrumente demokratischer Staaten im Vertrag ausdrücklich verboten werden sollten,[76] beispielsweise Abmachungen zwischen Regierung und Investor von der Art: Du darfst bei uns investieren, und wir unterstützen dich dabei, du mußt aber dafür zusichern, daß du Einheimische ausreichend beschäftigst und ausbildest.

Wird die Gewinnerwartung eines ausländischen Investors von einem nationalen Gesetz, beispielsweise zum Gesundheits-, Umwelt- oder Arbeitnehmerschutz, negativ beeinflußt, so kann der Investor gegen Diskriminierung klagen oder sogar den Staat auf Schadenersatz verklagen, weil die gesetzliche Maßnahme als indirekte Enteignung interpretiert werden kann. Das ist die Entmachtung der Parlamente.

Dazu paßt, daß Nachteile oder Pflichten für die Investoren oder Rechte für die Staaten im MAI nicht festgeschrieben sind. Es fehle beispielsweise ein internationales Wettbewerbsrecht, »das Staaten die Möglichkeit gibt, gegen exzessive Preise, internationale Kartellabsprachen und sonstige Ausnutzungen« vorzugehen (Skarpelis-Sperk). Ebensowenig existiere »ein internationales Haftungsrecht, mit dessen Hilfe ausländische Unternehmen für gesundheitliche, ökologische oder sonstige Schäden haftbar gemacht werden können« (Skarpelis-Sperk). Der Investor darf zwar den Staat verklagen, aber nicht der Staat den Investor. Weiterer Kritikpunkt: Die Entwicklungsländer durften nicht mal am Katzentisch sitzen, waren von den Verhandlungen ausgeschlossen, dürfen sich aber, wenn sie wollen, dem MAI anschließen.

Der kanadische Bestseller-Autor John R. Saul hat in diesem Zusammenhang auf ein neues Phänomen hingewiesen: Mit dem MAI würden Beziehungen zwischen Großinvestoren und Regierungen geschaffen, die den Beziehungen zwischen Staaten gleichen,[77] allerdings Beziehungen zum deutlichen Vorteil der Unternehmen. Unternehmen würden durch das MAI in den Rang souveräner Nationalstaaten erhoben – was ja wegen der puren Finanzkraft mancher Unternehmen auch naheliegt. Die Bilanzsummen internationaler Megakonzerne liegen auf gleicher Höhe mit den Etats zahlreicher Staaten dieser Erde und nicht selten darüber. Die UNO hat 185 Staaten als Mitglieder, Siemens ist in 152 Ländern vertreten und damit in dreien mehr als das Auswärtige Amt.

Neu und typisch ist für Saul auch, daß so ein tief in demokratische Strukturen eingreifendes Abkommen wie das MAI praktisch unter Ausschluß der Öffentlichkeit zustande kommt und nur Bürokraten und Lobbyisten damit befaßt sind. Wer hat diesen Anschlag auf die Demokratie zwei Jahre lang geplant und vorbereitet? Saul: »... die Manager der Staatsunternehmen; die Manager der Privatwirtschaft; die ›Denkfabriken‹, die von Interessengruppen dafür bezahlt werden, über deren Interessen nachzudenken; die Berater, die ihrem Auftraggeber den Rat geben, den er hören will; und schließlich folgsame, verängstigte Politiker«.[78]

Das war kein demokratisch gewähltes Gremium, sondern ein Ensemble von Lobbyisten, das durch den Zwang zusammengehalten wird, gegensätzliche Interessen auszugleichen. »Der Begriff des öffentlichen Interesses, da lediglich romantisch und ineffizient, hat hier keinen Platz mehr. Der Begriff der Gesellschaft als solcher fällt unter den Tisch. Die Regierung wird nur noch als eine Interessengruppe unter anderen betrachtet.« (Saul)

Die Zensurbehörde namens Markt

Jeder Berufsanfänger erlebt seinen Praxisschock. Der meinige wurde mir bei der ›Frankfurter Rundschau‹ versetzt. Ich fing dort an und dachte, ab morgen würde ich jeden Tag mit einem flammenden Leitartikel das Böse zum Guten wenden, die Welt in ihre Schranken weisen, die Startbahn West verhindern und die Atompolitik beenden. Sie ließen mich aber keinen einzigen Leitartikel schreiben, sondern steckten mich in die Lokalredaktion, wo ich vor allem »Lesertelefone« schreiben sollte. Daher wurde die Startbahn West gebaut und die Atompolitik fortgesetzt, und das Böse konnte sich im Großen ungehindert entfalten.

Aber nicht mehr so leicht im Kleinen. Denn da waltete jetzt ich. Das Lesertelefon der ›Frankfurter Rundschau‹ war so etwas wie die ZDF-Sendung ›Mit mir nicht‹ auf 60 Zeilen. Leser, die sich von Behörden schikaniert, von Kaufhäusern schlecht behandelt, von Versicherungen betrogen, von der Bundesbahn verärgert und von den Banken über den Löffel balbiert fühlten, riefen mich an, erzählten mir ihr Leid, und ich recherchierte nach. Wenn ich den Eindruck hatte, daß die Geschichte stimmt, stellte ich die Schikanierer, Betrüger und Balbierer zur Rede und verhalf anschließend den Schikanierten und Balbierten auf 60 Zeilen zur Gerechtigkeit. Das hat nicht nur Spaß gemacht, das hat mir auch ein großes Leserecho verschafft, ein größeres als das der Leitartikler. Ich war der Robin Hood des kleinen Mannes.

Diese Tätigkeit brachte es mit sich, daß sich jemand über schlechte Behandlung in einer Filiale des Kaufhof beklagte, zufällig zu einem Zeitpunkt, zu dem ich selbst gerade vom Kaufhof schlecht behandelt worden war. Man wünscht sich ja, wenn man in einem Laden schlecht behandelt wird, ein paar Millionen auf dem Konto, damit man diesen Laden kaufen und den Chef feuern kann. Die Millionen hatte ich nicht, wohl aber einen Job bei der Zeitung und nun einen Anlaß, den Laden mit 60 Zeilen zu vernichten.

Leider wurde die Vernichtung nie gedruckt. Horst Wolf, einer der damaligen leitenden Redakteure der Zeitung, kam zu mir und redete mir die schönsten Pointen, die geschliffensten Formulierungen und die gehässigsten Bemerkungen aus. Anfangs wollte ich widersprechen, wir diskutierten eine Weile, aber dann sagte er einen Satz, den ich nie mehr vergaß, und das war der Praxisschock: »Die Pressefreiheit endet da, wo der Selbstmord beginnt.«

Ein Schock war das vor allem deshalb, weil mir der Satz unmittelbar einleuchtete und es kein Argument dagegen gab und gibt. Jede Tageszeitung finanziert sich aus Verkaufserlösen und den Einnahmen für Anzeigen. Die Anzeigen steuern meistens einen größeren Teil bei als die 1,50 Mark von den Lesern. Kaufhäuser gehören überall zu den besten Anzeigenkunden. Der Kaufhof ist ein wichtiger Kunde jeder Tageszeitung, auch der ›Frankfurter Rundschau‹.

Deshalb, so legte mir Horst Wolf nahe, solle ich doch abwägen, ob ich wegen einiger Pointen die Stornierung von Kaufhofanzeigen riskieren und damit die stets schwierige wirtschaftliche Lage der ›Frankfurter Rundschau‹ weiter erschweren oder meinen Text versachlichen wolle. Er habe ja nicht vor, den Text zu unterdrücken, es gehe ihm nur um Mäßigung, auch um die Verhältnismäßigkeit der Mittel. Was nützt es, im Kleinen kompromißlos zu sein, wenn das dazu führt, daß wir es dann im Großen nicht mehr sein können, weil uns unsere Kompromißlosigkeit um die Existenz bringt?

Ich habe dann ganz auf die 60 Zeilen Haß verzichtet. Das war unnötig, aber es war eine Überreaktion auf die sich blitzartig einstellende Erkenntnis, daß sogar die mutige, kämpferische ›Frankfurter Rundschau‹ ihre Achillesferse hat. Absolute Pressefreiheit könnte es nur geben, wenn die Zeitung zehn Mark kostete, aber dann nützte die Freiheit nichts, weil die Zeitung nicht gekauft würde – absolute Pressefreiheit kann es also gar nicht geben. Das war mir bis zu diesem Zeitpunkt in dieser Deutlichkeit nicht bewußt.

Man müßte sich um die relative Pressefreiheit in unserem Land trotzdem nicht sorgen, wenn sie in jeder Redaktion so groß wäre wie in der ›Frankfurter Rundschau‹. Das bißchen

Vorsicht gegenüber dem Kaufhof, das läßt sich verkraften, zumal man sich darauf verlassen kann, daß die ›Frankfurter Rundschau‹ kein bißchen Rücksicht nähme, wenn es über den Kaufhof etwas tatsächlich Wichtiges oder Skandalöses mitzuteilen gäbe. Daß ein alter Grieche und ein junger Franke im Kaufhof schlecht behandelt wurden, mein Gott, dafür setzt man nicht ein paar hunderttausend Mark aufs Spiel, die man in die Recherche, ins Personal, in bessere Technik und in eine bessere Zeitung investieren kann.

Sorge bereitet aber etwas anderes. Wenn schon die Demokratie durch den Shareholder-Kapitalismus ausgehöhlt wird, dann wäre eine verschärfte demokratische Kontrolle durch die Medien um so dringender nötig. Das Gegenteil aber ist der Fall. Die Pressefreiheit im Shareholder-Kapitalismus nimmt ab, und der harte Züchtiger der Journalisten, der mächtige Zensor, das ist der Markt. Der Medienmarkt gehört zu jenen besonderen Märkten, bei denen die Behauptung nicht stimmt, Konkurrenz verbessere das Produkt. Das Gegenteil ist richtig. Je größer die Konkurrenz, desto schlechter die Produkte, desto gefährdeter die Pressefreiheit.

Vom großen Verleger Gerd Bucerius, Gründer der Wochenzeitung ›Die Zeit‹ und ehemaliger Eigentümer des ›stern‹, wird erzählt, daß ihm einmal von einem großen deutschen Unternehmen die Stornierung von Anzeigen mitgeteilt wurde, weil dieses in der Berichterstattung des ›stern‹ schlecht weggekommen ist. Bucerius soll einen wütenden Brief zurückgeschrieben und dem Unternehmen mitgeteilt haben, daß es ab sofort im ›stern‹ Werbeverbot habe und deshalb nie wieder versuchen solle, Anzeigenplatz zu buchen. So etwas wäre heute undenkbar.

Man weiß auch, daß Bucerius ›Die Zeit‹ über Jahrzehnte mit den Gewinnen durchgefüttert hat, die der ›stern‹ erwirtschaftete. Die Existenz dieser Wochenzeitung und das politische Anliegen dieser Zeitung waren ihm wichtiger als die Millionen, die er damit verlor. Auch das wäre heute, im Zeitalter von Shareholder value und Profitmaximierung, undenkbar.

Axel Cäsar Springer war in meiner Jugend, wie für alle Angehörigen der APO-Generation, ein Feindbild. Heute ziehe ich den Hut vor ihm und wünschte mir, es gäbe noch mehr Verleger von seinem Kaliber. Auch Springer war ein Verleger, dem es wichtiger war, für eine Idee einzutreten, als seinen Millionen noch weitere Millionen hinzuzufügen. Die notorisch defizitäre Tageszeitung ›Die Welt‹ hat er sein Leben lang mit den Gewinnen von ›Bild‹ und anderen Zeitungen und Zeitschriften aus seinem Verlag über Wasser gehalten, weil es ihm wichtig war, daß es diese Zeitung gibt. Das belegt zwar auch nur den Satz, Pressefreiheit sei nichts weiter als die Freiheit einiger reicher Leute, ihre Meinung zu sagen, aber wenn es sich bei diesen reichen Leuten ausnahmsweise um Persönlichkeiten mit politischem Gewissen und demokratischem Engagement handelt, ist das gar nicht einmal so übel.

Bucerius ist tot, Springer ist tot. Zeitungsverleger, die mit ihrem Verlag eine Idee verfolgen, gibt es nicht mehr, und erst jetzt merken wir, was für ein Verlust das ist. Auch wenn mir die Idee eines Verlegers nicht paßt, ist mir dieser – natürlich unter der Voraussetzung, daß er sich mit seiner Idee im demokratischen Spektrum bewegt – immer noch lieber als die heutigen Rechner, Controller, Anzeigenverkäufer und die Marketingspezialisten, deren einzige Idee darin besteht, den Profit zu mehren, egal womit.

Daß heute nur noch Krämer in den Verlagen sitzen, daran sind Bucerius und Springer nicht ganz unschuldig. Zwar waren die beiden in erster Linie Verleger und erst in zweiter Linie Kaufleute, aber Kaufleute waren sie eben auch, und als solche mußten sie dafür sorgen, daß ihre Verlage wachsen. Wie aber soll ein Verlag wachsen, wenn es alle wichtigen Zeitungen und Zeitschriften schon gibt?

Darauf gibt es nur eine mögliche Antwort: Man macht unwichtigere Zeitschriften. Wie aber bringt man Menschen dazu, unwichtigere Blätter zu kaufen, die oft genug noch teurer sind als die wichtigen? Indem man sich mit diesen Zeitschriften auf bestimmte Themen beschränkt, die spezielle Lesergruppen interessieren.

Zu ›Bild‹ kommt ›Auto Bild‹, zum ›Spiegel‹ kommt das ›manager magazin‹, zum ›stern‹ kommen ›Geo‹, ›Schöner wohnen‹, ›Essen & Trinken‹, ›Eltern‹ und ›Capital‹. Die Auflagen solcher »Special-interest-Zeitschriften« sind deutlich niedriger; das macht aber nichts, dafür kann man die Anzeigen teurer verkaufen, denn solche Zeitschriften sind ideale »Werbeträger«.

Das Automobilunternehmen, das in der Autozeitschrift wirbt, kann sich darauf verlassen, daß es für Leser zahlt, die sich besonders für Autos interessieren, also vielleicht auch für die Anzeige des Unternehmens. Die »Streuverluste« der Anzeige sind in der Special-interest-Zeitschrift deutlich geringer als bei einer Publikumszeitschrift wie dem ›stern‹. So sind alle zufrieden, der Verlag, die Leser und die Anzeigenkunden – ein ideales Geschäft.

Doch damit fangen die Probleme an. Eine Publikumszeitschrift wie der ›stern‹ kann es sich im Prinzip erlauben, regelmäßig über die schädlichen Wirkungen des Autoverkehrs auf die Umwelt zu berichten, weil der ›stern‹ eigentlich nicht abhängig ist von einer einzigen Branche. Die Autozeitschrift kann es nicht.

Ich sage beim ›stern‹ »im Prinzip« und »kann«, weil er es nicht muß, weil er die Wahl hat zwischen journalistischem und kaufmännischem Denken. Der Journalist wird sagen, wir müssen über die Schädlichkeit des Verkehrs berichten, auch wenn es uns die Anzeigen der Autoindustrie kostet, der Kaufmann wird sagen, wir brauchen jede Anzeige, auch die der Autoindustrie, damit der Verlag wächst. Unter Henri Nannen wurde beim ›stern‹ eher journalistisch gedacht, heute denkt man dort kaufmännischer. Die gewachsene Konkurrenz – ›Focus‹, das Privatfernsehen – zwingt dazu.

Das scheinbar ideale Geschäft produziert noch ein weiteres Problem. Für den Verleger, der verlegerisch denkt, ist eine Zeitung oder Zeitschrift etwas anderes als für einen Verleger, der rein kaufmännisch denkt. Ursprünglich war es der Zweck einer Zeitung, zu informieren, aufzuklären, den Mächtigen auf die Finger zu sehen, eine demokratische Kontrollfunktion auszuüben, und es ging dann für den Verleger nur noch um die Frage: Wie erreiche ich den Zweck, wie bekomme ich die Zeitung finanziert? Das Wichtige an einer Zeitung waren für den Verleger die Redaktion und der redaktionelle Inhalt. Die Anzeigenabteilung war das notwendige ökonomische Unterfutter, das man brauchte, um die Zeitung finanzieren zu können. »Klassische« Verleger wie Springer oder Bucerius waren noch sehr von dieser Art zu denken geprägt.

Für den »modernen« Verleger, der nur kaufmännisch denkt, ist eine Zeitung etwas ganz anderes, nämlich ein Produkt, das wie Schrauben, Autos, Bananen oder Bohrmaschinen irgendwie gewinnbringend verkauft werden muß. Der kaufmännische Verleger verkauft nicht primär ein demokratisches Kontrollinstrument, mit dem sich glücklicherweise auch noch Geld verdienen läßt, sondern verkauft Anzeigen, die sich unglücklicherweise nur über den Unterhalt einer teuren Redaktion an den Mann bringen lassen. Für ihn geht's um die Frage: Wie bekomme ich die werbetreibende Industrie dazu, bei mir so viele Anzeigen zu schalten, daß ich von den Einnahmen eine Redaktion finanzieren und noch einen satten Gewinn machen kann? Für so einen Verleger ist das Wichtige die Anzeigenabteilung, und die Redaktion ist die lästige Unterabteilung, die er braucht, um die Werbebotschaften den Lesern zu vermitteln.

Unter solch einem »modernen« Verlagsmanagement wird nur noch gedruckt und gesendet, was sich rechnet. Und was sich nicht rechnet, was eventuell Ärger einbringt und vielleicht sogar finanzielle Einbußen, hat keine Chance mehr auf Veröffentlichung – das ist die Zensur des Marktes, viel subtiler als die der Stasi-Bonzen in der DDR, viel schwieriger zu fassen und zu beweisen, und darum sehr gefährlich.

Längst schon ist die »moderne« Verlegersicht die übliche Sicht der Dinge. Aus dieser Sicht heraus entstehen neue Zeitungen, Zeitschriften und auch TV-Sendungen nach ganz neuen Kriterien. Es wird nicht mehr gefragt: Welche Themen sind wichtig, was hat Bedeutung, was ist mitteilenswert, mit welchen Mächten legen wir uns heute an? Vielmehr wird gefragt: Welche Industrien, welche Märkte, welche Produkte eignen sich für eine neue Zeitschrift oder eine neue Sendung, ein neues »Format«? Medienprodukte werden nicht mehr primär für Leser konzipiert, sondern für Werbestrategien. Leser sind nur noch potentielle Konsumenten der beworbenen Produkte und werden geködert mit dazu passenden redaktionellen Inhalten.

»Pressefreiheit endet da, wo der Selbstmord beginnt«, hat Horst Wolf gesagt. Wenn nun die Konkurrenz der Blätter immer größer wird, wenn die Blätter nicht nur um Leser und Anzeigenkunden, sondern auch gegen das Fernsehen kämpfen müssen, das Leser und Werbe-Etats abzieht, und wenn zum öffentlich-rechtlichen Fernsehen auch noch das Privatfernsehen kommt und ebenfalls nach dem Werbekuchen greift, der langsamer wächst als die Zahl der Zeitschriften und Sender, dann können es sich die Redakteure immer weniger leisten, journalistisch zu denken und müssen zunehmend kaufmännisch denken – die Grenze, an der der Selbstmord beginnt, kommt also immer früher. Weil sich für ›stern‹ und ›Spiegel‹ diese Grenze verschoben hat, seit es ›Focus‹ gibt und das Privatfernsehen, müssen ›stern‹ und ›Spiegel‹ heute kaufmännischer denken als früher. Und deshalb wirken sie heute vorsichtiger, zahmer, zurückhaltender, konzilianter als früher, und das freut die Wirtschaft.

Der Spielraum der Redaktionen wird mit jedem neuen Konkurrenzprodukt enger. Es kann eine Redaktion ein tolles Blatt machen, das hohe Auflagen erzielt, aber wenn es der Werbung nicht gefällt, wenn die Agenturen meinen, das redaktionelle Umfeld des Mediums passe nicht zu ihren Werbestrategien für Autos, Computer, Dosenbier, Bausparkassen und Damenmode, dann wird das Blatt nicht lange leben. Dann muß sich die Redaktion, will sie überleben, plötzlich mit völlig redaktionsfremden Dingen wie Zielgruppenmarketing beschäftigen. Verlag und Redaktion fragen dann nicht mehr: Was will der Leser/Hörer/Zuschauer lesen/hören/sehen, und was muß er wissen, sondern fragen: was ißt und trinkt er eigentlich, wie alt ist er, welchen Schulabschluß hat er, wieviel Geld gibt er fürs Wohnen aus, wieviel fürs Auto, für Klamotten, Bücher, Reisen, und was bleibt auf dem Sparbuch?

Wenn's von allem ziemlich viel ist, dann hausiert der Verlag mit den Daten seiner Leser bei den Agenturen, verhökert die Leser an die Industrie und ruft: Hier, bei uns müßt ihr inserieren, denn bei unseren Lesern sitzt das Geld locker, und eure Produkte kaufen sie besonders gern. Unsere Redakteure schreiben so feinfühlig um eure Produkte herum, daß es eine

Wonne ist. Der Journalist mutiert zum Anzeigen-Umfeld-Gestalter, zum Verkaufshelfer der Industrie.

Special-interest-Zeitschriften haben für die Verleger noch einen weiteren Vorteil. Sie lassen sich fast beliebig vermehren. Um praktisch jedes Produkt oder jede Produktgruppe herum läßt sich eine Zeitschrift erfinden. Bootsfahrer, Jäger, Feinschmecker, Häuslebauer, Computerfreaks, Autofahrer, Fußballfans, Heimwerker, Camper – da kommen Leser und Produkt wie von selbst zusammen, da müssen Autoren nicht lange recherchieren, Redaktionen nicht lange über Themen brüten, die Industrie liefert alles frei Haus und die Anzeigen obendrein.

Was dagegen einzuwenden ist? Zwar schaden solche Blätter niemand. Und doch zersetzen sie in ihrer Summe die Freiheit der Presse, denn sie entziehen jener Presse, die ihren Auftrag demokratischer Kontrolle noch ernst nimmt und informieren und zur Meinungsbildung beitragen will, das Geld. Die Werbe-Etats sind begrenzt. Immer größere Teile dieses Kuchens fließen in die der Werbung genehmen Redaktionen, und plötzlich müssen auch selbstbewußte, starke, unabhängige Redaktionen um Werbeeinnahmen buhlen und sich überlegen, was sie drucken oder senden.

Bedrohlich für die Demokratie wird diese Entwicklung beim Volksmedium Fernsehen. Mit dem Fernsehen leben wir schon, bevor wir lesen können. Es ist allgegenwärtig und wirkt auf unsere Sinne, bevor wir eine bewußte Auswahl treffen und entscheiden können, was wir auf uns wirken lassen wollen. Seit es die Privaten gibt, gibt es den Kampf um Werbe-Etats. Dieser Kampf strukturiert ein völlig anderes Fernsehen als das öffentlich-rechtliche und verändert dieses zugleich. Das hat eine andere Qualität als die Lektüre von Printmedien. Und es wird noch einmal eine ganz andere Qualität bekommen, wenn Fernsehen digital wird.

Das Fernsehen der Dealer und Händler

Auch ich war einst dafür. Das öffentlich-rechtliche Fernsehen braucht Konkurrenz, sagte ich, als es das Privatfernsehen noch nicht gab. 1001 kleine Fernsehspiele hatte ich über mich ergehen lassen, die mir 1001mal vorgeführt haben, wie trist das Leben und wie schlecht die Welt ist. Auf weitere 1001 solcher Selbstverwirklichungsversuche der Schauspieler und Regisseure legte ich keinen Wert mehr. Regelmäßig schwappte die linke Betroffenheitssoße mancher Sender in mein Wohnzimmer, einmal hätte genügt. Der Schwarzfunk des Bayerischen Rundfunks unterschied sich in seiner Qualität und politischen Einseitigkeit nur noch graduell vom Schnitzler-Rotfunk der DDR. Wenn sich ein Sender statt dessen um parteipolitische »Ausgewogenheit« bemühte, produzierte er gähnende Langeweile. Und daß für Intendanten, Programmdirektoren, Chefredakteure und Hauptabteilungsleiter das Parteibuch so wichtig ist, wie es einst das Gesangbuch war, und daß der beste Journalist keine Chance hat, im Fernsehen etwas zu werden, wenn er sich nicht das Ticket einer Partei beschafft, das hielt und halte ich noch immer für ein Ärgernis. Deshalb war ich fürs Privatfernsehen.

Der Kommerz würde auch etliche Tonnen Mist produzieren, darauf war ich gefaßt. Daß er fast nur Mist produzieren würde, darauf war ich nicht gefaßt. Warum sollten die Privaten nicht auch ein Fernsehen von der Qualität der ›Zeit‹, des ›Spiegel‹, der ›FAZ‹ oder der ›Süddeutschen Zeitung‹ zustande bringen? Weil das viel zu teuer werden würde und niemals durch Werbung finanziert werden könnte, hätte die Antwort gelautet. Ich habe es nur nicht gewußt, damals. Ich hätte es besser wissen können. Ein Blick in die USA hätte genügt.

So kam das Privatfernsehen über uns, und womit es uns als erstes beglückte, war ›Tutti Frutti‹, eine Sendung, bei der es »Länderpunkte« zu gewinnen gab, deren Zweck es war, jungen Damen aus aller Herren Länder durchschnittlich alle drei Minuten die Gelegenheit zu geben, ihre Brüste zu entblößen und in die Kamera zu recken. Das war sehr informativ.

Auch haben die Privaten ihr Versprechen wahr gemacht, die Politiker herauszuhalten. Dafür ließen sie die Marketingexperten und Werbeagenturen ans Programm, das dadurch viel bunter, pluralistischer und aufklärerischer wurde. Statt des kleinen Fernsehspiels sahen wir alle Folgen des Schulmädchenreports gleich mehrmals hintereinander und gewannen damit einen fundierten Einblick in das bunte Treiben junger Mädchen, die pluralistische Vielfalt sexueller Praktiken und der menschlichen Anatomie.

Es gab ganz neue, innovative Talkshows, zum Beispiel eine, die im Boxring stattfand, wo die Talkgäste einander anschrien und der Moderator wie ein Ringrichter herumging und neue Reizwörter streute, wenn das Geschrei zu verebben drohte. Durch diese Erhöhung des Schallpegels konnte sich der kleine Mann viel mehr Gehör in der Öffentlichkeit verschaffen.

Wir erlebten auch ein demokratisches Bürgerfernsehen, bei dem Laien Moderatoren mimten, die mimende Experten interviewten. Das haben die Verwandten und Bekannten der mimenden Laien und Experten als sehr bürgernah empfunden.

Das Bestreben der Privaten, es der werbetreibenden Wirtschaft recht zu machen, hat auch den angenehmen Nebeneffekt, daß wir von allen Widrigkeiten des Lebens weitgehend verschont werden. Wer ausschließlich Privatfernsehen guckt, bleibt schon allein dadurch jung, daß ihm der Anblick »alter Leute« über 49 erspart wird, denn die Moderatoren, Moderatorinnen, Schauspieler und Schauspielerinnen sind allesamt unter 50. Auch von Sendungen für Leute über 49 wird man verschont. An Behinderten, Alten, Kranken, Opfern der Armut und Arbeitslosen kommen die Privaten zwar nicht ganz vorbei, aber sie belästigen uns damit nur mit dem notwendigen Minimum und strengen sich hinterher um so stärker an, uns wieder mit ihrer notorisch guten Laune anzustecken, und dafür sind wir dankbar.

Von Porno-Queens werden wir inzwischen auf allen Kanälen regelmäßig darüber aufgeklärt, wie sinnerfüllt ihr Tun und wie lustvoll es ist, sich vor laufender Kamera von zwei Männern gleichzeitig von hinten traktieren zu lassen und vorne mit dem Mund noch einen dritten zu bedienen. Und es ergeht die Aufforderung an das arbeitslose Ossi-Mädel oder die schlecht bezahlte Kassiererin im Supermarkt, doch mal darüber nachzudenken, ob nicht auch sie lieber ein Star oder eine Queen wäre und ob sie nicht ihr Glück, ihre Erfüllung und bessere Bezahlung im Beruf der Pornodarstellerin suchen sollte.

Statt trister Sozialkritik und larmoyanter Betroffenheitssoße ergießt sich dank Meiser – Christen – Kiesbauer das pulsierende Leben in unser Haus, da geht's ums Private und Intime, da erfährt man, daß Frau K. den Penis ihres Mannes Charly nennt, und das kann man ja auch verlangen von den Sendern, die sich privat nennen.

Neben Krimi, Krebs und Koitus satt erfreuen uns die Privaten auch mit Fußball satt, Tennis satt und Autorennen satt. Sollte gerade zufällig ein deutscher Boxchampion vorhanden sein, gibt's auch Boxen satt. Handball sehen wir nicht so oft, Leichtathletik selten, andere Sportarten kaum, Frauenfußball und Behindertensport nie. Interessiert ja auch niemand, und was niemand interessiert, muß nicht gesendet werden, da sind die Privaten sehr demokratisch.

Der Fußball hat allerdings einen großen Nachteil. Er besteht nur aus zwei Halbzeiten und einer einzigen Pause. Wenn er mehr Pausen hätte, könnte man viel mehr Werbung unterbringen und die teuren Sportübertragungsrechte besser bezahlen. Daher muß man jetzt über eine Reform des Fußballs nachdenken, über drei, vier oder fünf Halbzeiten pro Spiel. Es wären dann natürlich gar keine »Halbzeiten« mehr, egal. Auch die Boliden auf der Rennbahn sollten von Zeit zu Zeit rechts ranfahren und dem Rennfahrer eine Verschnaufpause gönnen. Der Sport würde dadurch viel menschlicher. Und im Tennis hätte unsere Steffi vielleicht weniger Rückenprobleme, wenn sie ab und zu den Tennisschläger ruhen lassen und ein Päuschen für die Werbung einlegen würde.

Auch das Boxen muß menschlicher werden. Vorzeitige Siege durch K.o. sind auszuschließen. Ein Boxkampf hat sich über alle Runden zu erstrecken, damit zwischen ihnen genügend geworben werden kann. Allenfalls in der letzten Runde ist ein K.o.-Sieg erlaubt.

Was die Fans dazu sagen? Wieso die Fans? Seit wann ist Sport für die Fans da? Diese sind für den Sport da, der Sport ist für die Sportler, Funktionäre, Verbände, Vereine, die Werbung und die Industrie da, diese sind für das Fernsehen da, das Fernsehen ist wieder für die Werbung da, und alles zusammen ist für Shareholder da.

Olympische Spiele und Fußballweltmeisterschaften nur alle vier Jahre einmal zu veranstalten ist unter ökonomischen Gesichtspunkten natürlich Unfug und dringend reformbedürftig. Eine Halbierung der Periode muß rasch erfolgen, der Jahresrhythmus ist auf längere Sicht anzustreben. Bei der Vergabe der Spiele entscheidet künftig allein der Markt. Die Stadt, die am meisten Mitglieder des Olympischen Komitees mit den höchsten Summen besticht, erhält die Spiele. Ein angenehmer Nebeneffekt der dadurch erzielten Einnahmesteigerungen wäre die Möglichkeit, die Zahl der IOC-Mitglieder zu erhöhen, was wiederum der internationalen Staatengemeinschaft die Chance eröffnete, sich von ihren Mafiosi und korrupten Dunkelmännern mit zweifelhafter Vergangenheit zu befreien und diese im IOC zu entsorgen.

Im übrigen können die Bundesliga, der Fußball-Europapokal der Landesmeister, der Europapokal der Pokalsieger und die Champions League das Privatfernsehen auf Dauer nicht auslasten. Innovationen wie eine Europaliga, eine Europameisterschaft der Nationalmannschaften und eine Weltmeisterschaft der Vereine sind dringend erforderlich, und in einer Welt der Global Players versteht es sich von selbst, daß wir auch eine Weltliga brauchen.

Karneval ist immer ein Straßenfeger. Da bietet es sich an, die Narren zu professionalisieren und auf einem Karnevalskanal ganzjährig zu senden. Das brächte einen hübschen Aufschwung zwischen Mainz und Düsseldorf und viele neue Arbeitsplätze.

Wenn man schon mal beim Reformieren ist, dann könnte man eigentlich auch das Ganze generalreformieren und beispielsweise ein paar Hindernisse aus dem Weg räumen, welche den Wettbewerb hemmen und die freie Entfaltung des Privatfernsehens stark behindern, die öffentlich-rechtlichen Sender zum Beispiel. Wäre es für eine freie Wirtschaft der dynamischen Unternehmer und Innovatoren nicht hilfreich, die verstaubte und gebührenfinanzierte ARD aus dem Markt zu reformieren und das gebührenfinanzierte ZDF zu privatisieren? Fernsehen wäre dann für die Zuschauer völlig kostenlos, und wer partout bezahlen will, kann ja Pay-TV abonnieren.

Der Anschlag auf das demokratische Fernsehen

Das ZDF privatisieren? Die ARD verschwinden lassen? Für die Existenz solcher Pläne habe ich keinerlei Beweis. Es ist nur der Trend, der in diese Richtung weist, der allgemeine Lauf der Welt. Und es gibt ein Papier, einen Anhaltspunkt für diesen Trend.

»Kommunikations- und Medienordnung 2000 plus«[79] heißt das Papier, und da steht drin, in welche Richtung die Privaten denken. Dieser Anhaltspunkt für die Zerstörung des öffentlich-rechtlichen Rundfunks ist ein 1997 bekanntgewordenes Strategiepapier des Verbands Privater Rundfunk und Telekommunikation (VPRT), der rund 160 Unternehmen aus der Szene der privaten Rundfunkanbieter vertritt, und dieses Strategiepapier ist ein hübsches Beispiel dafür, was man unter Machtwirtschaft zu verstehen hat.

ARD und ZDF sollen nach den Vorstellungen des VPRT künftig nur noch »kompensatorisch« senden, »wenn durch privatrechtliche Kommunikationsunternehmen nachweislich Inhalte nicht angeboten werden, deren Fehlen die kulturelle und soziale Entwicklung der Gesellschaft beeinträchtigen würde«.[80] Etwas weniger kryptisch formuliert heißt das: Die Öffentlich-rechtlichen sollen nur noch senden, wozu die Privaten keine Lust haben, weil es zu teuer ist oder kein Geld bringt, Minderheitenprogramme eben, kein Fußball mehr, keine Shows, keine Serien, keine Unterhaltung, nicht einmal mehr Nachrichten, das ist ja angeblich alles bestens abgedeckt durch die Privaten.

Manche Wünsche äußern die Privaten auch ganz ungeschminkt: Die acht dritten Programme, Arte, 3sat, Phoenix, Kinderkanal und die neuen ARD/ZDF-Digitalangebote müssen weg, desgleichen der größte Teil der jetzigen 54 landes- und bundesweiten Hörfunkprogramme.[81]

Der Staat soll den Medienmonopolisten und einigen kleineren Verlagen den Weg frei machen, indem er deren lästige öffentlich-rechtliche Konkurrenz beseitigt. Genauso haben wir uns die Marktwirtschaft immer vorgestellt. Wenn man gegen seinen Konkurrenten nicht ankommt, weil er besser ist, dann läßt man ihn beseitigen.

Die Konsequenz liegt in der Logik einer Industrie, die ihren primären Zweck nicht darin sieht, für Information, Aufklärung, Bildung und öffentliche Debatten zu sorgen, sondern darin, Werbezeiten zu verkaufen. Nach dieser Logik handelt es sich nicht um öffentliche Werte, um die es bei der politischen Gestaltung von Medien geht, sondern um Produkte, um industriell gefertigte Massenware.

Medienprodukte als bloße Waren zu betrachten und zu behandeln widerspricht aber einem humanistischen Menschenbild und einer demokratischen Grundordnung genauso eklatant wie die Herabwürdigung des Menschen zur Ware Arbeitskraft. Das »moderne« Selbstverständnis von Medienproduzenten als Warenproduzenten ist in Wahrheit das Gegenteil von modern. Es ist ein Rückfall in die Barbarei, es ist die Vernichtung ethischer und kultureller Werte zugunsten des Profits.

Händler und Dealer mögen dem Anspruch dieses Gedankens nicht gewachsen sein, aber wenigstens von konservativen Politikern, die gerne die Wörtchen »geistig-moralische Führung« oder »christlich-abendländische Werte« mit großer Ergriffenheit im Munde führen, sollte man verlangen können, diesen Gedanken zu verstehen und in praktische Politik umzusetzen. Auch von Sozialdemokraten, die sich in ihrem Grundsatzprogramm auf die Werte der Aufklärung und des Humanismus berufen, erwarte ich, daß sie endlich begreifen, wieviel in einer Gesellschaft zerstört wird, wenn in den Medien Werbung die Hauptsache und Programm die Nebensache ist.

Wenn wir also wegen der sich abzeichnenden technischen Entwicklung bei Medien über eine neue Medienordnung nachdenken müssen, wenn bisher getrennte Medien wie Computer, Internet und Rundfunk zusammenwachsen und es deshalb nötig wird, die bisherige Medienordnung zu überprüfen, dann brauchen wir genau das Gegenteil dessen, was die Privaten fordern. Wir brauchen eine Rückbesinnung auf die Frage, worin der eigentliche Zweck der Medien bestehen soll. Ist es ihr primärer Zweck, privaten Unternehmern einen Markt und Profitmöglichkeiten zu verschaffen, oder besteht ihr primärer Zweck darin, zum Funktionieren der Demokratie beizutragen?

Sollte sich zeigen, daß auf dem Rundfunkmarkt nicht genug Platz ist für alle Anbieter, dann kann eine demokratische Gesellschaft eher auf die kommerziellen Anbieter verzichten als auf die öffentlich-rechtlichen. Und überhaupt verlangen die augenblicklichen Umwälzungen in der Technik, der Wirtschaft, der Gesellschaft und der globalen Märkte eher die Stärkung des öffentlich-rechtlichen Rundfunks als dessen Schwächung und eher die Beschneidung und Kontrolle der Privaten als deren Expansion und den Wegfall letzter Reste von Kontrolle.

Gerade in Zeiten, in denen sich vieles auf vielen Gebieten gleichzeitig und rasch ändert, hat eine Gesellschaft erhöhten Informations- und Diskussionsbedarf, braucht sie ein öffentliches Forum, auf dem über die großen Probleme und Folgen der Umwälzung informiert und diskutiert wird, auf dem Lösungsvorschläge gemacht und erörtert werden und auf dem beraten wird, was politisch getan werden soll. Wo, wenn nicht im Fernsehen, soll denn darüber diskutiert werden? Wo, wenn nicht bei den öffentlich-rechtlichen Sendern, wäre denn so ein Forum zu schaffen? Etwa bei den Privaten? Nach dem Motto: »Gleich nach der Werbung diskutieren wir über die Informationsgesellschaft, danach kommt Werbung und dann ›Peep!‹ mit Verona Feldbusch«?

Schon jetzt leidet unsere Gesellschaft – wenn es auch nur wenigen bewußt ist – unter der Zersplitterung der Öffentlichkeit durch die Zersplitterung des Fernsehens. Und wenn das digitale Fernsehen mit den dann möglichen 300 bis 500 Kanälen wirklich kommen sollte, dann wäre das Fernsehen atomisiert und die Öffentlichkeit fragmentiert. Es muß daher gefragt und diskutiert werden, ob wir uns das überhaupt erlauben können und ob es im Interesse der Demokratie nicht nötig wäre, das digitale Fernsehen so streng zu reglementieren, daß es die Öffentlichkeit nicht mehr gefährden kann. Ganz verhindern sollte man es nicht, denn die digitale Technik senkt die Kosten für alle Sender ganz erheblich, und man soll bis zum Beweis des Gegenteils die Hoffnung nicht aufgeben, das gesparte Geld werde in die Qualität gesteckt. Genau aus diesem Grund müssen auch die öffentlich-rechtlichen Sender die Chance haben, sich zu digitalisieren. Machte man ihnen dieses Recht streitig – und die Privaten tun es –, wäre der öffentlich-rechtliche Rundfunk nicht mehr wettbewerbsfähig.

Früher, als es nur zwei Programme gab und sich noch jeder einer Planstelle erfreute, hat die Nation am Arbeitsplatz über das diskutiert, was sie am Abend zuvor im Fernsehen gesehen hatte, über Kulenkampffs ›Einer wird gewinnen‹ genauso wie über Barzels Mißtrauensvotum gegen Willy Brandt oder die Landung auf dem Mond. Da hatte das Fernsehen einen öffentlichen Raum geschaffen.

Diesen öffentlichen Raum können die öffentlich-rechtlichen Sender trotz der Konkurrenz gegen die Privaten noch immer herstellen, wenn sie wollen und wenn sie ihren demokratischen Auftrag ernst nehmen. Daß sie oft in Versuchung geraten, diesen Auftrag wegzudrücken, daß auch sie zunehmend mindere Qualität produzieren, seit es die Privaten gibt, daß sie das Seichte in die Hauptsendezeit verlagern und das Wichtige nach hinten in die Nacht verschieben, daß auch sie schon von der Quotenpest befallen sind, ist beklagenswert und sollte von den Programmverantwortlichen korrigiert werden, ist aber ein Ergebnis der Konkurrenz mit den Privaten und zugleich wieder ein Beweis, daß zuviel Konkurrenz bei Medien deren Produkte verschlechtert.

Man kann von den öffentlich-rechtlichen Sendern nicht verlangen, daß sie konsequent an der Quote vorbeisenden. Aber man darf verlangen, daß sie auch regelmäßig echte oder scheinbare Quotenkiller ins Hauptprogramm drücken, wenn es wichtig ist, das zu tun. Und man kann verlangen, daß sie sich mühen, das Sperrige und wenig Quotenträchtige, aber Bedeutsame so aufzubereiten, daß es weniger sperrig wird und die Seriosität und Qualität trotzdem nicht darunter leiden. Das ist schwer, aber nicht unlösbar, und meistens teuer. Weil Qualität nicht umsonst zu haben ist, muß gewährleistet sein, daß die öffentlich-rechtlichen Sender das Geld bekommen, das sie brauchen, um Qualität zu produzieren. Die müssen sie aber auch liefern.

Zum Zweck der Qualitätssicherung kann es sogar erforderlich werden, daß der Staat eingreift, wenn die Qualität zu sinken droht, aus Gründen, die nicht bei den öffentlich-rechtlichen Sendern liegen. Dies kann beispielsweise passieren, wenn die Preise für Sportübertragungsrechte weiter in dem Tempo steigen wie bisher. Noch 1987 bekamen ARD und ZDF die Bundesliga für 18 Millionen Mark. Heute werden Zahlen zwischen 140 und 200 Millionen Mark genannt. Die Konkurrenz der vielen Sender ermöglicht den Sportverbänden, den Preis in fast beliebige Höhen zu treiben. Da muß der Staat irgendwann ein Limit setzen, denn die Mondpreise für die Sportrechte fressen immer größere Teile des begrenzten Budgets auf und senken daher die Programmqualität. Wenn ein immer größerer Teil des stets knapp bemessenen Budgets für den Sport draufgeht, muß irgendwann an Korrespondenten-Büros, qualifiziertem Personal und qualitativ hochwertigen TV-Serien und -Spielfilmen gespart und auch der öffentlich-rechtliche Zuschauer mit billigen Soap-Operas eingeseift werden.

Wozu müssen die öffentlich-rechtlichen Sender Fußballspiele übertragen? fragen die Privaten, das sollen sie doch uns überlassen. Die Antwort kennen die Privaten ganz genau: Ein Sender, der für seine Zuschauer attraktiv bleiben soll, muß auch Sport bringen, muß über die Bundesliga berichten, muß Fußballspiele übertragen. Wer will, daß das öffentlich-rechtliche Fernsehen seine demokratische Funktion wahrnimmt, muß wollen, daß es für möglichst viele Zuschauer attraktiv ist und bleibt.

Der Pressefreiheit und einer glaubwürdigen Information wäre es auch sehr dienlich, wenn ein privater Unternehmer, der im TV-Geschäft engagiert ist, nicht auch Zeitungen und Zeitschriften verkaufen dürfte. Wie sollen denn die Zeitungen und Zeitschriften unabhängig und kritisch über einen TV-Sender und dessen Programm berichten, wenn die Zeitungen und Zeitschriften dem gleichen Konzern gehören wie der Sender?

Und wie soll ein TV-Sender kritisch über einflußreiche Printmedien berichten, wenn sie dem gleichen Mann gehören wie der Sender? Wir haben, nicht nur bei uns, eine Bündelung von Markt- und Meinungsmacht, die nicht nur der Pressefreiheit hohnspricht, sondern auch den Prinzipien des Wettbewerbs.

Und der Einfluß der Politiker aufs öffentlich-rechtliche Fernsehen? Ja, das ist ein Ärgernis, was zuweilen groteske Blüten in den Sendern treibt und Opportunismus fördert, aber dazu gibt es offenbar nur das Kommerzfernsehen als Alternative. Und angesichts dieser Alternative ist mir ein Fernsehen dann doch viel lieber, das von demokratisch gewählten Politikern und Kirchen und Gewerkschaften kontrolliert wird, als eines, in dem anonyme Marketingleute, Werbeagenturen und unkontrollierbare Wirtschaftsinteressen das Programm gestalten.

Auf Politiker kann ich Einfluß nehmen, und mag er auch noch so gering sein, und zu Kirchen und Gewerkschaften habe ich immer noch mehr Vertrauen als zu Verkäufern von Bier und Katzenfutter. Auf die Programm-Beeinflusser der Privaten habe ich keinen Einfluß. Weder öffentlicher Druck noch Spott, noch Kritik hat sie bisher davon abgehalten, konsequent Sendungen zu verbannen oder zu vermeiden, die dem Jugendlichkeitskult oder dem Quotendiktat in die Quere kommen. Sogar Qualitätssendungen wie etwa ›Talk im Turm‹ werden gekippt, wenn es die Werbemacher verlangen. Wenn es eines Beweises bedurft hätte für die These, daß sich Privatfernsehen als politisches Forum nicht eignet, dann hat ihn Sat 1 mit der Demontage von Erich Böhmes Erfolgstalkshow ›Talk im Turm‹ geliefert.

Öffentlich-rechtliches Fernsehen ist demokratisches Fernsehen, die Öffentlichkeit hat Zutritt. Kommerzielles Fernsehen ist privat, der Zutritt ist für die unbefugte Öffentlichkeit verboten, besonders für Leute über 49 und mit wenig Einkommen.

Und schließlich möchte ich für den Rest meines Lebens die Chance haben, einen Spielfilm am Stück anzusehen, ohne daß dieser drei-, vier- und fünfmal von den Marktschreiern unterbrochen wird. Ich will nach der Tagesschau von Werbung nicht mehr belästigt werden, ich will mir vom Fernsehen die Zeit nicht stehlen lassen. Werbung in der Zeitschrift kann ich überblättern, Werbung im Fernsehen muß ich über mich ergehen lassen.

Auch meine Kinder möchte ich nicht diesem Dauerbeschuß aussetzen. Ich möchte meine Kinder eine Zeitlang vorm TV-Gerät sitzen lassen können, ohne daß ich ständig dabeistehen und prüfen muß, ob das Programm noch kindgemäß ist, und ich will meine Kinder vom Fernsehen auch nicht an die Industrie verkaufen lassen. Ich brauche kein Fernsehen der Dealer und Händler.

Die kalte Blindheit ökonomischer Professionalität

Mit dem Stierkampf in Spanien verhält es sich folgendermaßen: Fernab von den Arenen werden die Kampfstiere geboren und mit Spezialfutter so gemästet, daß sie stark und beeindruckend aussehen. Sie sind aber nicht stark, sondern haben Probleme, längere Zeit auf den Beinen zu stehen, weil sich durch das Kraftfutter mehr Fleisch und Gewicht ansetzen, als die Knochen aushalten.

Wenn der Stier sein Kampfgewicht erreicht hat, wird er mit den anderen unter der Glut der spanischen Sonne mit Lastwagen in die Arenen gefahren. Das kann vier Stunden dauern, aber auch acht oder zwölf. Wasser oder Futter bekommen die Stiere während dieser Reise nicht. Wenn sie am Ziel ankommen, kann es sein, daß man sie nicht gleich ausladt, sondern über Nacht im geparkten Lkw stehen läßt bis zum nächsten Tag. Erst dann werden sie ausgeladen und bekommen wieder Wasser und Futter.

Der Stier, obwohl für den Kampf gezüchtet, ist ein friedliebendes Tier und will gar nicht kämpfen. Damit er will und mit der nötigen Aggressivität in die Arena läuft, muß er erst wütend gemacht werden. Deshalb läßt man vor dem Kampf ein 30 Kilogramm schweres Gewicht aus großer Höhe auf seine Nieren fallen. Weil das offenbar nicht reicht, wird ihm zusätzlich eine Metallspitze mit Widerhaken in den Rücken getrieben, gedreht und im Fleisch belassen. Mit seinem Schmerz und seiner Wut wird der Stier in die Arena gejagt, wo ihm die Picadores mit weiteren Spießen die Lunge perforieren. Das macht den Stier noch aggressiver, den Kampf länger, den Stier mit der Zeit aber auch schwächer. Damit er nicht vorzeitig aufgibt, sondern weiterkämpft, müssen noch mehr Spieße mit Widerhaken ins Fleisch des Stieres getrieben werden. Jeder neue Widerhaken läßt den Stier sich noch einmal aufbäumen und vor Wut angreifen und ihn anschließend noch mehr ermatten. So, im

Wechsel zwischen Aufbäumen und Ermattung, wird der Stier allmählich zu Tode gequält. Während er stirbt, schneidet ihm der Torero ein Ohr ab, das er sich zu Hause als Trophäe an die Wand hängt.

Es sei ein fairer Kampf zwischen gleichwertigen »Partnern«, sagt die spanische Stierkampfpropaganda. Wenn das stimmen würde, dann müßte es in Spanien pro Jahr ungefähr 12 500 tote Toreros und 12 500 getötete Stiere geben. Es gibt aber rund 25 000 tote Stiere und kaum einen toten Torero. Daß so viele Stiere zu Tode gefoltert werden, liegt auch an den Touristen, die meinen, wenn man schon in Spanien sei, dann müsse man auch einmal einen Stierkampf erlebt haben. Das Gros dieser Touristen sind Deutsche. Dank der stetigen Nachfrage durch Touristen ist der Stierkampf in Spanien ein Milliardengeschäft geworden.

Alles, was ich hier wiedergebe, habe ich aus einem Filmbeitrag einer ZDF-Sendung aus der Reihe ›Achtung! Lebende Tiere‹ erfahren. In diesem Film wurde das Leben eines Kampfstiers, sein Weg von der Farm in die Arena, nachgezeichnet. Es wurden Szenen vom Kampf gezeigt, und inmitten dieser Szenen sah man im Publikum ein Kind, das weinte und von seinen Eltern aus der Arena geführt wurde.

Wegen dieses Kindes erzähle ich hier vom Stierkampf in Spanien. Nicht primär um den Stierkampf geht es mir, sondern um das Kind. Der Stierkampf ist nur Anlaß, um auf ein erstaunliches Phänomen aufmerksam zu machen und darüber nachzudenken.

Das Kind war offenbar der einzig normal empfindende Mensch unter den Tausenden in der Arena, und ich frage mich: Wie ist es möglich, daß unter den Tausenden von Zuschauern – Männern, Frauen, Jungen, Alten, Kindern und Jugendlichen – nur ein einziger Mensch, ein Kind, die Lage richtig beurteilt und angemessen reagiert auf das, was es sieht?

Jeder einzelne der Millionen Zuschauer, die alljährlich in die Stierkampfarena strömen, und jeder einzelne derer, die in diesem Geschäft eine Funktion ausüben, wäre prinzipiell in der Lage zu erkennen: Es ist nicht richtig, was da geschieht. Es darf nicht sein, daß das gemacht wird.

Warum aber wird es nicht erkannt? Warum macht nur ein einzelnes Kind von seiner Fähigkeit Gebrauch, auf das Gesehene auf die ihm angemessene Weise zu reagieren? Die Mutter des Kindes wurde nach dem Kampf um ein Statement gebeten. »Es war schon beeindruckend«, hat sie gesagt, »aber wegen mir hätte der Stier nicht sterben müssen.«

»Beeindruckend« war es also. Daß der Stier am Ende unter Schmerzen verreckt, hätte zwar nicht sein müssen, aber die vorausgegangene Folter, das erbärmliche Ausspielen menschlicher Überlegenheit gegenüber dem hilflosen Tier, das unerträgliche Gehabe des lächerlichen Macho in seinem prunkenden Gewand, sein albernes Getänzel, seine vor Eitelkeit berstende Körperhaltung, der Spaß am Quälen eines Tieres, das Vergnügen der Massen, bei dieser Quälerei zuzusehen, der »Stolz« des Toreros über seinen »Sieg« in einem »Kampf«, zu dem der Gegner unter Qualen gezwungen wurde, dies alles war doch sehr »beeindruckend« und ist sein Geld schon wert gewesen.

Nicht einmal das Weinen ihres Kindes hat die Mutter dazu bewegen können, von der menschlichen Fähigkeit des Mitleids mit der geschundenen Kreatur Gebrauch zu machen, nicht einmal das Weinen ihres Kindes hat bei der Mutter zu der Erkenntnis gereicht: Stierkampf soll nicht sein.

Wäre das Kind anschließend zu den Menschen gegangen, die das Geschäft des Stierkampfs betreiben, und hätte sie gefragt, warum sie tun, was sie tun, ob sie denn kein Mitleid hätten und ob es nicht besser wäre, die Stiere einfach in Frieden leben zu lassen, hätten alle Beteiligten dem Kind überlegen lächelnd erklärt, das habe schon alles seine Ordnung und Richtigkeit, und das müsse schon alles so sein, wie es ist.

Der Stierzüchter hätte gesagt, es sei nun mal sein Beruf, Stiere zu züchten, er lebe davon und er stehe damit in einer langen Tradition. Die Lastwagenfahrer hätten gesagt, die Tiere unterwegs zu tränken und zu füttern, gehöre nicht zu ihrem Auftrag, sei auch gar nicht machbar. Der Mann, der dem Stier vor dem Kampf die Nieren quetscht und den Widerhaken ins Fleisch treibt, hätte gesagt, das sei notwendig, damit der Stier in der Arena bereit sei zu kämpfen. Der Torero hätte gesagt, er sei stolz, ein Torero zu sein. Der Lokalreporter hätte gesagt, Stierkampf sei nichts für Kinder. Nur Erwachsene könnten die Faszination des Kampfes verspüren, und wer es nicht kann, solle es sich von Hemingway erzählen lassen, vielleicht kann er's dann. Die Politiker, die den Stierkampf mit einem Federstrich verbieten könnten, hätten gesagt, das könne man nicht verbieten, das sei in Spanien nun mal Tradition, und Traditionen und kulturelle Eigenheiten eines Volkes solle man respektieren und achten, im übrigen handle es sich um einen bedeutenden Wirtschaftszweig, der vielen Menschen Arbeitsplätze und ein sicheres Auskommen biete, und außerdem beweise die große Nachfrage, daß die Menschen den Stierkampf wollen. Sollen die Politiker den Menschen vorschreiben, was sie sehen wollen?

Alle hätten dem Kind eingeredet, daß man den Stierkampf so nicht sehen kann, wie ihn das Kind gesehen hat. Alle hätten dem Kind eingeredet, daß es lernen müsse, erwachsen zu werden, die Realitäten zur Kenntnis zu nehmen und sein Mitleid mit dem Stier zu bezähmen. Alle hätten dem Kind eingeredet, dem Stier gefalle der Kampf doch auch, er habe doch ein schöneres, ein würdigeres Leben als der Bulle im Stall, der eingezwängt mit hundert anderen gemästet und zu Hamburgern verarbeitet wird. Und am Ende hätte das Kind sich vielleicht den Standpunkt der Stierkampfbranche zu eigen gemacht und wäre »erwachsen« geworden.

Der Stierkampf ist ein vergleichsweise kleiner Wirtschaftszweig, die Zahl der gequälten Tiere ist gering im Vergleich zur Zahl jener Tiere, die auf sogenannten Bauernhöfen künstlich gezeugt, mit Chemiefutter gemästet, mit Hormonen aufgepäppelt, in Käfige gezwängt, per Flugzeug, Schiff und Lastwagen durch die Welt gekarrt und in den Schlachthöfen der Welt zu Rindersteaks, Schweineschnitzel und Grillhähnchen verarbeitet werden.

Im Vergleich zu jenem Busineß, das wir Landwirtschaft nennen, ist der Stierkampf ein vernachlässigenswerter Faktor. Er ist dadurch nicht gerechtfertigt, aber es wäre ungerechtfertigt, sich nur über den Stierkampf zu erregen, übers Agrobusineß aber nicht.

Wer aus einigem Abstand auf dieses Agrobusineß schaut, erkennt eine Branche, die

- mit hohem Energieaufwand,
- mit Hilfe von Subventionen,
- unter Schädigung von Boden, Wasser und Luft und
- unter Gefährdung des Lebens von Menschen in der Dritten Welt

mehr Nahrung produziert, als verkauft werden kann. Was davon verkauft wird, ist zumeist qualitativ minderwertig, teilweise gesundheitsgefährdend und erfordert wegen des Zwangs zu verbraucherfreundlichen Preisen eine Maximierung der Wirtschaftlichkeit bei der Produktion. Für die Tiere bedeutet dieser Zwang zu beständiger Kostenreduktion Leid, millionenfaches Leid. Für die Gesellschaft bedeutet der Wahn, die Ökonomie in der Landwirtschaft auf die Spitze zu treiben, einen zunehmend gefährlicher werdenden Leichtsinn im Umgang mit der Gentechnik, denn das Agrobusineß ist eine der treibenden Kräfte hinter dieser Technik.

Würde man nun wieder, wie das Kind, in diesem gewaltigen Busineß von einem zum anderen gehen und jeden einzelnen fragen, warum er tut, was er tut, wäre es wieder genauso wie beim Stierkampf, die Befragung würde nur viel länger dauern, und die Begründungen wären komplizierter, liefen aber alle auf die Antwort hinaus, daß es gut und sinnvoll sei, was in diesem Geschäft geschieht. Der Bauer würde die Massentierhaltung mit dem Argument der günstigen Verbraucherpreise rechtfertigen, der Tierarzt würde seinen Hormoncocktail mit der Tiergesundheit rechtfertigen, der Chemiemanager würde den Kunstdüngerverbrauch mit dem Hunger in der Welt rechtfertigen, und der Landwirtschafts-Eurokrat würde behaupten, daß es keine Alternative gebe zu der Art, wie in der EU Milch, Gemüse, Obst, Getreide, Eier und Fleisch erzeugt werden.

Warum ist das so, warum sieht der Insider nicht, was der Außenstehende sieht? Und warum sind es von den Außenstehenden auch nur ganz wenige, die es sehen und die reagieren? Macht Professionalität partiell blind? Ist das die berühmte Betriebsblindheit? Und wenn es das wäre, was für eine Art von

Blindheit steckt dann in den Zuschauern beim Stierkampf? Macht Zuschauen in der Masse blind?

Ich habe keine Antworten auf diese Fragen, nur Vermutungen. Bei der letzten Frage denke ich: Ja, Zuschauen in der Masse produziert das massenpsychologische Phänomen der Verantwortungslosigkeit. Wenn unter Tausenden von Menschen in der Stierkampfarena meine Nachbarn zur Rechten und zur Linken keinen Grund sehen, sich zu empören, sehe ich ihn auch nicht. Wenn ich ihn nicht sehe, sehen ihn meine Nachbarn nicht. Es ist dann normal, daß man kein Mitleid mit dem Stier hat, und hat man es doch, weicht man von der Norm ab und unterdrückt es, damit man nicht unangenehm auffällt. So entsteht innerhalb von Sekunden unter Tausenden von Menschen die Übereinkunft: Es ist alles normal, was wir sehen.

Bei den Betreibern des Stierkampfbusineß spielt dies Phänomen auch eine Rolle, aber es kommt noch etwas Entscheidendes hinzu. Es ist ihr wirtschaftliches Interesse, das sie dazu bewegt, bestimmte Dinge auszublenden und zwanghaft und systematisch wegzublicken. Wenn der Stierzüchter Mitleid mit seinen Stieren hätte, könnte er seinen Job nicht mehr machen. Also kann er sich Mitleid nicht leisten. Mitleid mit dem Stier entzöge ihm die Existenzgrundlage.

In jedem anderen Busineß verhält es sich genauso. Mitleid mit dem Käfighuhn wäre für den Hühnerbaron existenzgefährdend. Der Aufbau einer persönlichen Beziehung zum freundlich wedelnden Beagle im Versuchslabor könnte die Doktorarbeit des Pharmazeuten behindern.

Einsicht in den Wahnsinn der Agroproduktion würde nicht nur die Landwirtschaft in Schwierigkeiten bringen, sondern auch die Chemie, die Pharmaindustrie, die Tierärzte, das Tiertransportgewerbe, die Landmaschinenindustrie und die Gentechnik.

Jeder Mensch hat prinzipiell die Fähigkeit zu erkennen, daß Fernsehen, in dem Werbung die Hauptsache und Programm die Nebensache ist, nur schwer Qualität produzieren kann und zu umfassender und der Realität angemessener Information kaum in der Lage ist. Aber die Verleger, die Macher, die Werbeagenturen und die das Kommerzfernsehen fördernden Politiker dürfen das um keinen Preis der Welt erkennen.

Die Milliarden, die da auf dem Spiel stehen, zwingen zum Wegsehen, Weghören, Wegdenken. Man nennt diese Fähigkeit, ausdrücklich kein Interesse daran zu haben, bestimmte Dinge zur Kenntnis zu nehmen, auch Professionalität. Professionalität entsteht durch systematisches Abtrainieren des Blicks aufs Ganze und der Konzentration auf jene Details, die wichtig sind, um die Profession möglichst gut auszuüben.

Professionalität ist bei uns ein Hochwert-Wort. Wenn einer seine Sache gut macht, dann sagen wir anerkennend, das ist eben ein Profi. Ein Profi nimmt Niederlagen nicht persönlich, sondern sportlich, und das bewundern wir. Er tut, was er tut, für Geld, dafür aber auch gut. Das erkennen wir an. Der Amateur tut es ohne Geld, dafür aber auch dilettantisch, laienhaft, unprofessionell. Das ist auch in Ordnung, muß aber niemand ernst nehmen.

Wenn wir in die Lage kommen, uns einem Chirurgen anvertrauen zu müssen, dann hätten wir zwar gern, daß unserem Chirurgen etwas an uns liegt. Aber wenn ihm etwas an uns läge, wäre er kein Profi, sondern ein Gutmensch. Weil dieser um unser Leben bangte, würde er womöglich mit vor Aufregung zitternden Händen danebenschneiden und uns ins Jenseits befördern. Darum legen wir uns lieber beim Profi unters Messer, für den wir nichts weiter sind als eine Lunge, Leber oder ein Meniskus. Daß der Weißkittel über uns Witze reißt und fröhlich seinen Assistenten und Schwestern vom letzten Urlaub erzählt, während er mit ruhiger Hand gleichgültig, aber konzentriert und routiniert, aus uns herausschneidet, was herauszuschneiden ist, gefällt uns zwar nicht, ist aber in diesem Fall völlig unerheblich.

Ein Profi verrichtet seinen Job effizient und erfolgreich. Deshalb sitzt überall, wo es auf Erfolg und Effizienz ankommt, ein Profi. Ein Profi sieht von moralischen Grundsätzen ab, fragt nicht nach dem Sinn seines Tuns, interessiert sich nicht für die Folgen, hat aber immer ein Gerüst von beruhigenden Antworten parat für den Fall, daß mal ein Laie oder Journalist daherkommt und dumme Fragen stellt. Es gibt sogar Profis, deren

Job es ist, sich solche Antworten auszudenken. Sie bezeichnen sich als PR-Manager, Öffentlichkeitsarbeiter oder Pressesprecher.

Von einem professionellen Fußballspieler erwarten wir nicht, daß er gerne spielt, es genügt, daß er gut spielt. Von einem Anwalt erwarten wir keine Leidenschaft für das Recht oder gar die Gerechtigkeit, es genügt, wenn er seine Mandanten gut verteidigt. Von einer Hure darf kein Mann Liebe erwarten, er muß zufrieden sein, wenn sie ihn professionell befriedigt. Darum bezeichnen wir sie auch als »Professionelle«. Und darum wäre es gut, wenn sich der Profi von Zeit zu Zeit bewußt machte, was er mit der Professionellen gemein hat. Es könnte für die weitere Entwicklung unserer Zivilisation vorteilhaft sein, wenn sich der Profi in manch lichten Momenten der großen Professionalität und Effizienz erinnerte, mit der vor einem halben Jahrhundert in Deutschland auf sehr ökonomische Weise fast ein ganzes Volk ausgerottet worden ist.

Es ist ja im Prinzip nichts dagegen einzuwenden, daß in einem Käfig voller Narren jeder tut, was zu tun in seiner Profession nötig ist. Aber freuen würde man sich schon, wenn man hin und wieder einem Chirurgen begegnete, dem etwas an uns liegt, obwohl er ein Profi ist, oder einem Anwalt, der ein Profi ist und uns trotzdem nicht nur wegen seines Honorars verteidigt, sondern auch, weil er sich über das Unrecht ärgert, das uns widerfuhr. Wir würden uns darüber freuen, verlangen können wir es nicht.

Verlangen müssen wir aber, daß es in jedem Käfig mindestens einen gibt, der sich trotz aller Professionalisierung den kindlichen Blick fürs Ganze bewahrt und die Fähigkeit antrainiert hat, im Käfig zu sitzen und ihn sich von außen vorzustellen. Dieser eine sollte den Käfig führen. Unsere ganze Misere besteht jedoch darin, daß an der Spitze jedes Käfigs regelmäßig jener Profi sitzt, der von allen Profis die Kunst des Wegdenkens am besten perfektioniert hat, also der blindeste von allen. Und die Leute mit dem kindlichen Blick rangieren in der Hierarchie regelmäßig ganz unten oder befinden sich außerhalb des Käfigs, weil sie es darin gar nicht aushielten, oder sie sind Künstler.

Weil das so ist, bewegen sich die Narrenkäfige wie von selbst in eine Zukunft, die am Ende niemand gewollt haben wird. Weil sich alle Käfige in die gleiche Richtung bewegen, denken die Narren, die Richtung stimmt.

Was sollen wir tun?

Den Kurs festlegen

Auf viele meiner Artikel habe ich immer wieder Leserbriefe bekommen mit dem Tenor: Du hast ja recht. So, wie du die Lage beschreibst, so sehe ich sie auch. Aber deine Beschreibung nützt nichts. Sie ändert nichts, und man kann auch nichts ändern. Die Steuerung des Ganzen ist uns längst entglitten, die Gestaltung der Welt liegt nicht mehr in unseren Händen, sondern in den Händen einiger weniger mit Geld und Macht. Aber auch die könnten, selbst wenn sie wollten, den Lauf der Welt nicht mehr zum Guten wenden, denn längst haben sich die Entwicklungen von uns emanzipiert, folgen ihren Eigengesetzlichkeiten, beeinflussen sich gegenseitig, und was letztlich geschieht, geschieht ohne uns, gegen uns und von keinem gewollt.

Vielleicht haben die Schreiber dieser Leserbriefe recht. Vielleicht aber auch nicht. Sind wir wirklich ohnmächtig?

Bevor wir diese Frage voreilig bejahen, bevor wir fatalistisch alles über uns ergehen lassen, schlage ich vor: Probieren wir es doch erst einmal. Wir sollten versuchen, die Kontrolle über die wichtigsten Entwicklungen wieder zu erringen. Wir sollten versuchen, wieder Herr im Haus zu werden.

Ja, aber wie? wird man mich fragen.

Auch ich habe selbstverständlich keinen fertigen Plan zur Rettung der Welt. Was zu geschehen hat, wie Probleme zu lösen sind, das kann nur gemeinsam besprochen und öffentlich debattiert werden. Jeder hat ein Vorschlagsrecht, jeder ist aufgerufen, über die Vorschläge nachzudenken, und alle zusammen sollten daraus Entscheidungen und Handlungen ableiten.

Ein paar Vorschläge habe ich allerdings. Mein erster Vorschlag lautet: Bevor wir über die Lösung unserer wirtschaftlichen und sozialen Probleme diskutieren, sollten wir etwas Wichtiges klären. Erst wenn das erledigt ist, hat es einen Sinn, über Lösungen nachzudenken. Zu klären ist die Frage, ob wir uns noch als Wertegemeinschaft verstehen wollen oder als Wertpapiergemeinschaft. Zu klären ist, ob wir, und besonders die Unternehmer und Eigner von Kapital, bereit sind, weiterhin für Werte wie Demokratie, soziale Gerechtigkeit und Solidarität einzutreten und dafür auch Opfer zu bringen, oder nicht. Zu klären ist, ob wir auf den Kurs zurückkehren wollen, den uns das Grundgesetz vorgibt, oder ob wir auf dem davon abweichenden, in Richtung Markt und Ökonomismus eingeschlagenen Kurs weitersegeln wollen. Die Frage lautet: Stehen wir noch zu den Werten unserer Verfassung?

Natürlich rufen alle laut ja, wenn man so fragt. Darum wird jetzt von den Güllenern die Rede sein. Auch die Güllener haben sich zu den Werten des Humanismus bekannt, als das Ansinnen an sie gerichtet wurde, einen ihrer Mitbürger einfach umzubringen. Sie haben laut dagegen protestiert. Aber am Ende war ihr Mitbürger tot.

Mord am Sonntag[82]

Güllen, eine Kleinstadt irgendwo in Mitteleuropa, steht vor dem Ruin. Die Leute sind arm, arbeitslos und ohne Hoffnung. Doch plötzlich naht die Rettung. Die Ölmilliardärin Claire Zachanassian, die selbst aus Güllen stammt, hat ihren Besuch angekündigt. Alle sind sicher: Sie wird uns helfen. Das will sie auch. Doch die alte Dame stellt eine Bedingung. Sie fordert Gerechtigkeit. Ihre Gerechtigkeit. Die Kleinstädter sollen den Krämer Alfred Ill ermorden. Das ist die Rache dafür, daß der Krämer vor 45 Jahren seine damalige Freundin Claire verleugnet hatte, als sie ein Kind von ihm erwartete und sie deshalb die Stadt verlassen und sich fern ihrer Heimat prostituieren mußte, um sich und ihr Kind durchzubringen. Später wurde sie dann reich durch Heirat, und diesen Reichtum setzt sie nun ein, um ihr Verständnis von Gerechtigkeit durchzusetzen.

Natürlich weisen die braven Bürger von Güllen das Ansinnen der alten Dame entrüstet zurück. Der Bürgermeister spricht für seine Bürger: »Noch sind wir in Europa, noch sind wir keine Heiden. Ich lehne im Namen der Stadt Güllen das Angebot ab. Im Namen der Menschlichkeit. Lieber bleiben wir arm denn blutbefleckt.«

Aber die Not ist groß und noch größer die Hoffnung, daß sich vielleicht doch etwas arrangieren ließe. So ernst wird sie es mit ihrer Forderung ja wohl nicht meinen, denken sich die Güllener, wollen mit ihr verhandeln, können nicht glauben, daß ihre ehemalige Mitbürgerin sie wirklich in der Armut läßt, und beginnen, auf großem Fuß zu leben, machen Schulden im Vertrauen darauf, daß sich schon alles irgendwie regeln wird.

Doch die alte Dame beharrt darauf: Geld wird nur fließen, wenn zuvor Blut fließt, das Blut von Alfred Ill. Und da kippt die Stimmung in der Stadt allmählich um – nicht zu Lasten der unmenschlichen Alten, nein, zu Lasten von Alfred Ill. Hat er sich sein Schicksal nicht selbst zuzuschreiben? fragen die Bürger plötzlich. Hat er sich nicht wie ein Schwein verhalten? Hat das gedemütigte Mädchen von damals nicht einen Anspruch auf Sühne?

Es beginnt der Prozeß des Umdefinierens. Die Güllener zeigen, wie man sich die Wirklichkeit zurechtlügen kann, wenn man die Begriffe nur genügend lange hin und her wendet. Die Güllener lehren, was zu tun ist, wenn man seinen Egoismus und seine wirtschaftlichen Interessen mit der Moral in Einklang bringen möchte. Die Güllener wühlen in der großen Kiste der Rechtfertigungs-Schablonen, finden Fertigteile wie »Willen zur Gerechtigkeit« oder »notwendiges Opfer für die Allgemeinheit«, und auf einmal kommt eine Eigendynamik in Gang, die dann nicht mehr zu steuern ist. Wie von selbst wird aus Unrecht Recht, und am Ende ermorden die braven Güllener ihren Mitbürger während einer Ratsfeier. Daß sie »im Namen der Menschlichkeit lieber arm denn blutbefleckt bleiben« wollten, das war ein feierliches Lippenbekenntnis. Und sie wissen: Es wird weder Kläger noch Richter geben. »Tod durch Herzschlag« diagnostiziert der Arzt. »Tod aus Freude« schlagzeilt die Lokalzeitung. Und die Bürger von Güllen lebten in Wohlstand bis an ihr Lebensende.

Der Philosoph Robert Spaemann hat den ›Besuch der alten Dame‹, dieses Stück von Friedrich Dürrenmatt, vor ein paar Jahren als Parabel zitiert, als hierzulande über den Sonntag diskutiert wurde und über die Frage, was es die Wirtschaft koste, sonntags die Maschinen abzuschalten.

Wer fragt: »Was kostet uns der Sonntag?«, der hat, so Spaemann, den Sonntag bereits zum Abschuß freigegeben. Dieser als Frage verkleidete Anschlag auf den Sonntag wirke wie der Anschlag der alten Dame in Dürrenmatts Stück. Die Menschen in diesem Stück beginnen sich nach einiger Zeit mehr unbewußt als bewußt zu fragen, was sie das Leben dieses Mannes eigentlich kostet, sagt Spaemann, und in dem Augenblick sind die Würfel gefallen, ist der Mann verloren. Dieselbe ökonomistische Denkweise stellt den Sonntag in Frage, und der steht für mehr als nur den Sonntag, nämlich als eine Chiffre für vieles, was unsere Kultur ausmacht: das Humane, das Recht, das Soziale, was dem der Wirklichkeit innewohnenden großen Trend zum Inhumanen, zur Barbarei und zum Recht des Stärkeren abgetrotzt werden mußte, also auch all das, wodurch Alte, Kranke, Behinderte, Familien mit Kindern oder alleinerziehende Mütter und Väter geschützt werden.

Wer fragt, was der Sonntag kostet, hat ihn bereits in einen Arbeitstag verwandelt und den Gewinn berechnet, der uns entgeht, wenn wir ihn ungenutzt verstreichen lassen. Und damit ist der Sonntag zerstört. Der Sonntag ist nämlich gerade dadurch Sonntag, daß er nichts kostet und ökonomisch nichts bringt.

Ökonomisten wenden hier ein: Alles schön und gut, aber wenn es nun mal neue Produktionsmethoden gibt, die eine Unterbrechung der Produktion verlustreicher machen als bisher, und wenn in anderen Ländern deshalb am Sonntag gearbeitet wird, dann können wir zwar weiter den Sonntag heiligen, dürfen uns aber nicht beschweren, wenn wir uns den Sonntagsbraten nicht mehr leisten können.

Wer so redet, hat natürlich den wirtschaftlichen Sachverstand auf seiner Seite, nur soll er dann aber gleich dazusagen, daß für ihn andere als ökonomische Werte nicht mehr gelten. Und das bis zur Unkenntlichkeit strapazierte Attribut »christlich« oder »human« läßt sich auf diese bereitwillige Unterwerfung unter wirtschaftliche Sachzwänge auch von den größten Interpretationskünstlern nicht mehr anwenden. Es nützt auch nichts, auf Jesus zu verweisen, der einmal gesagt hat, natürlich dürfe man eine Kuh nicht ertrinken lassen, nur weil Sabbat ist. Auch der Verweis auf die Bauern, die sonntags ihr Korn einfahren, nützt nichts. Im Gegenteil. Beide Beispiele bestätigen das Gebot der Sonntagsheiligung. Jesus hat nichts weiter gesagt als: Der Sabbat muß geheiligt werden, aber es gibt Ausnahmen. Wer eine Kuh um eines abstrakten Prinzips willen opferte, würde das Prinzip nicht heiligen, sondern schänden.

Dieser Ausnahme waren sich die Bauern stets bewußt, wenn sie sonntags das Korn ernteten. Dafür gingen sie im Winter um so häufiger in die Kirche. Verbandsfunktionäre der Wirtschaft aber wollen weg von der Sonntagsheiligung, wollen die Ausnahme zur Regel, den Sonntag zum Arbeitstag, das Leben zum Alltag machen, weil die wirtschaftlichen Zwänge es einfach erfordern. Die Arbeitgeber sagen jetzt: Die Wirtschaft muß geheiligt werden, und davon gibt es keine Ausnahmen.

Zum scheinbar unschlagbaren Argument der Sachzwang-Ideologen sagt Spaemann übrigens, für freie Wesen gebe es so etwas wie Sachzwänge überhaupt nicht. In jedem vorgebrachten Sachzwang stecke verborgen bereits ein von bestimmten Wünschen, Präferenzen und Wertungen geleiteter Wille. Wem der Feiertag nicht mehr heilig ist, der sieht natürlich einen Zwang ihn abzuschaffen, wenn die Produktionsunterbrechung teuer ist.

Spaemann verallgemeinernd heißt das: Wer soziale Gerechtigkeit nicht als einen ethischen Wert, sondern nur als Investitionshemmnis betrachtet, muß soziale Gerechtigkeit abschaffen. Wer in Arbeitnehmerschutzrechten nur ein Wettbewerbshindernis zu sehen vermag, muß sie beseitigen. Wem Ökosteuern als geschäftsschädigend erscheinen, der muß sie verhindern. Wer Arbeit für eine bloße Ware hält und nicht für ein Grundrecht, der muß den Lohn so weit drücken, wie es der Markt hergibt, und der darf seine Angestellten guten Gewissens in die Arbeitslosigkeit entlassen, wenn die Maßnahme mit explodierenden Gewinnen und Aktienkursen honoriert wird. Wer Gewinn machen als den einzigen Sinn des Wirtschaftens begreift, muß alles, was das Gewinn machen behindert, als Unsinn begreifen, auch die Demokratie, auch unsere Verfassung.

Die ökonomistische Sichtweise wird sich weiter entwickeln. Wir werden noch erleben, daß Menschen einfach deshalb geklont werden, weil es eine Nachfrage dafür gibt. Wenn sich bei Olympischen Spielen irgendwann im nächsten Jahrhundert herausstellen sollte, daß die Spitzensportler an die absoluten Grenzen menschlicher Leistungsfähigkeit gelangt sind, und auch Doping nicht mehr hilft, dann werden wir den Kampf gentechnisch mutierter Sportmonster erleben. Wir werden erleben, daß Gentechniker versuchen, Elefanten auf Hundeformat zu schrumpfen, damit sie als lebendes Spielzeug ins Kinderzimmer passen, und sie werden auch Tiere nach Belieben kreuzen und jedes Jahr ein anderes Modetier kreieren – es sei denn die Sonntagsredner der Parteien und die Verkünder christlich-abendländischer Werte nehmen sich endlich selbst beim Wort und gebieten dem Trend zum Wirtschaftstotalitarismus Einhalt.

Wäre die CSU tatsächlich so christlich, wie sich ihre Repräsentanten bei ihrer Demo für das Kruzifix in Schulen gefeiert haben, dann müßte der Sonntag – auch als Chiffre für christlich-abendländische Werte – für die CSU unantastbar sein, Bischof Dyba in Fulda müßte die Kirchenglocken läuten und mit der CSU die Frage stellen: Wie lösen wir unsere Produktionsprobleme unter der Voraussetzung, daß bestimmte Werte unserer Kultur nun einmal nicht zur Disposition stehen? Warum, so könnte man ja fragen, entwickelt man überhaupt Produktionsmethoden, die nur unter der unakzeptablen Voraussetzung der Wertezerstörung realisiert werden können?

In den Ohren der Manager klingen solche Überlegungen natürlich so realitätsfremd, als kämen sie von einem anderen Stern. Eine Kaste, die sich das Zusammenleben der Völker auf diesem Erdball auch im Informationszeitalter, in der High-Tech-Gesellschaft und wohl für alle Zeit nur in den Kategorien der Macht vorstellen kann, kann natürlich nicht an die Idee glauben, daß sich die Bürger dieser Welt aus freien Stücken für eine Wirtschaftsordnung entscheiden könnten, die nicht vom Markt, sondern von humanitären Normen diktiert wird.

Wenn die Manager in ihrem vermeintlichen Realismus schon nicht an die Idee einer humanen Weltwirtschaftsordnung glauben können und wollen, so müßten sie zumindest rein verstandesmäßig erkennen können, wohin uns ihre Alternative – die Regelung durch den Markt – führt: in eine Gesellschaft, in der nur noch gemacht wird, was sich rechnet. Und was sich nicht rechnet, unterbleibt.

Ohne Moral geht es nicht

Sollen ausschließlich Märkte, Männer und Moneten unsere Welt beherrschen oder die Moral? Oh, denken jetzt viele, auch solche, die mir bis hierher mit Sympathie gefolgt sind. Oh, das hätte jetzt aber nicht kommen dürfen. Wie kann er dieses anstößige, verstaubte, hoffnungslos veraltete Wörtchen »Moral« in den Mund nehmen?

Ich weiß, daß ich mich damit in die Ecke der Moralisten manövriere, und ich weiß, daß ich mich damit ins gesellschaftliche Aus begebe, denn von den moralingefüllten Sauertöpfen, den freudlosen Asketen mit den herabhängenden Mundwinkeln und dem stets erhobenen Zeigefinger will diese Gesellschaft nichts mehr wissen. Locker draufsein und Spaß haben sind angesagt, Coolneß, Cleverneß und Comedy ist in, alles kann diese Gesellschaft verkraften, nur nicht die Stimmungskiller mit ihrer ewigen Nörgelei.

Es läßt sich leider nicht mehr vermeiden, dieser Gesellschaft mit moralisch erhobenem Zeigefinger auf die Nerven zu gehen, und ins verrufene Viertel der Moralisten muß man mich gar nicht erst abschieben. Dort wohne ich schon längst – freiwillig. Dort fühle ich mich wohl, geborgen und gut aufgehoben. Dort sind Albert Schweitzer und Mahatma Gandhi meine Nachbarn. Albert Einstein und Kurt Tucholsky wohnen hier, auch Picasso, Charlie Chaplin und Martin Luther King. Immanuel Kant ist unser Bürgermeister, und Nietzsche, Marx und Hegel hocken in der Opposition. Martin Luther sitzt im Präsidium und streitet sich gelegentlich mit Thomas von Aquin. Heinrich Heine geht hüstelnd im Park spazieren, Goethe und Schiller trifft man regelmäßig im Café Eckermann, nebenan spielen Leo Tolstoj und Fjodor Dostojewski eine Partie Schach, und im Sommer fiedeln Beethoven und Bach die Leute aus ihren Häusern heraus und laden zum Konzert unter freiem Himmel mit Louis Armstrong und den Comedian Harmonists. Die Marx Brothers trifft man immer dann im Kino, wenn dort der neueste Film von Woody Allen gezeigt wird. Ein paar Mätressen absolutistischer Herrscher organisieren zur Zeit so etwas wie eine Frauenbewegung gegen die herrschenden Männerbünde und Macho-Riegen, die – man muß es zugeben – auch unser Viertel dominieren.

Ich möchte in keinem anderen Viertel dieser Welt wohnen als in diesem. Schlimmer noch: Ich lade die Leute sogar ein, in unser verrufenes Viertel zu ziehen, denn hier läßt es sich wirklich noch gut leben. Hier sind Hauptsachen noch Hauptsachen und Nebensachen Nebensachen. Hier arbeitet man, um zu leben. Was durch die gemeinsame Arbeit erwirtschaftet wird, wird einigermaßen gerecht verteilt. Da gibt es zwar immer Streit, nicht nur über die Größe des jeweiligen Anteils, nicht nur über das beste Verfahren der Verteilung, sondern auch über die Frage, wie man noch mehr erwirtschaften kann, ohne dabei anderem, wie etwa der Familie oder auch der Umwelt Schaden zuzufügen. Aber daß vom Erwirtschafteten alle etwas abbekommen sollen, auch jene, die nicht soviel dazu beitragen konnten, darüber herrscht Konsens. Und Konsens herrscht auch darüber, daß mit »alle« wirklich alle gemeint sind, auch jene, die scheinbar gar nicht dazugehören, die Menschen in den sogenannten Entwicklungsländern.

Jetzt nicken wieder alle und sagen: Ja, wenn mit Moral das gemeint ist, was er da alles aufgezählt hat, dann sind wir auch dafür.

So einfach ist es leider auch wieder nicht. Dafür sein genügt nicht. Die Güllener waren auch dafür. Trotzdem haben sie ihren Mitbürger umgebracht. Die Macher des Privatfernsehens sind auch dafür, trotzdem arbeiten sie gemeinsam hart daran, die Pressefreiheit und noch ein paar andere Werte abzuschaffen, nicht weil sie etwas gegen die Pressefreiheit und die anderen Werte hätten, nein, wichtig ist ihnen nur, daß ihr eingesetztes Kapital sich ordentlich verzinst. Dieses Vorhaben erfordert allerlei Anstrengungen, die ein paar Eigengesetzlichkeiten produzieren, die wiederum dazu führen, daß Werbung die Hauptsache und Programm die Nebensache sein muß, und das hat leider den von niemand gewünschten Nebeneffekt der allmählichen Zerstörung der Pressefreiheit und der anderen

Werte. Diesen Nebeneffekt zur Kenntnis zu nehmen müssen sich aber die Medienmogule kategorisch verbieten, sonst müßten sie versuchen, ihr Vorhaben mit anderen Mitteln zu realisieren. Das würde erfordern, das Programm zur Hauptsache zu machen und die Werbung zur Nebensache, was wiederum den Beschluß erforderte, die Marketing- und Werbeleute aus den Sendern zu werfen, und damit, so glauben und fürchten die Medienmacher, läßt sich kein Geld verdienen, zumindest nicht soviel, wie man verdienen müßte, um sein Kapital besser zu verzinsen als auf dem Sparbuch.

Doch genau das sollen sie tun. Sie sollen das Programm wieder zur Hauptsache erheben, die Werbung zur Nebensache degradieren und bewußt in Kauf nehmen, daß sie weniger verdienen.

Das ist eine Zumutung. Das ist eine unzumutbare Forderung. Das ist eine moralische Forderung. Unzumutbarkeit ist das Wesen jeder moralischen Forderung.

Moral ist etwas schrecklich Lästiges. Moral verlangt die Anerkennung, daß es etwas Wichtigeres gibt als meinen Egoismus, mein Geschäft, mein Wohlergehen und meinen Besitz. Moral verlangt, gegen meine Natur und meine Interessen zu handeln. Moral verlangt, wie es Luther einmal formuliert hat, den »alten Adam« in mir zu ersäufen, und ist er ersäuft, steht er am nächsten Tag fröhlich wieder auf und muß erneut ersäuft werden.

Moralische Forderungen erheben Absolutheitsanspruch, und dieser erscheint uns erstens unangemessen in einer Welt des Relativismus, des Unbestimmten und Ungewissen, und erscheint uns zweitens als unmenschlich. Menschlichkeit und Absolutheit vertragen sich nicht miteinander, deshalb wirken die Relativisten immer sympathischer und menschenfreundlicher als die strengen Moralisten.

Auch ich finde die Relativisten und die fröhlichen Zyniker sympathischer als die freudlos-strengen Moralisten, und doch ist nicht zu leugnen, daß die großen Katastrophen der Menschheitsgeschichte ihre Ursache allesamt in einem leichtfertigen Umgang mit moralischen Standards haben. Es herrschte ein allseits fröhlicher Zynismus bei den Kaisern im antiken Rom, als kurz danach die Welt unterging, auch die Päpste feierten fröhlich ihre Feste, während Luther seine Thesen an die Kirchentür nagelte. Am Vorabend der Französischen Revolution war die Stimmung sehr locker an den absolutistischen Kaiserhöfen, und die österreichisch-ungarische Donaumonarchie tanzte ihrem Untergang im Dreivierteltakt entgegen.

Dürrenmatt hat einmal gesagt, ein Theaterstück sei erst dann fertig, wenn es die schlimmstmögliche Wendung genommen hat. ›Der Besuch der alten Dame‹ ist insofern tatsächlich ein »fertiges« Stück, denn es hat diese Wendung genommen.

Und warum hat es sie genommen? Weil die Güllener mal hier, mal da einen kleinen schmutzigen Kompromiß eingegangen sind und damit die moralischen Standards unterminierten, weil sie sich nicht zumuten wollten, wegen eines Mitbürgers, der selber keine moralisch reine Weste hat, auf ersehnten Wohlstand zu verzichten. Zwar wußten sie genau, es ist unmoralisch, was von uns verlangt wird, und darum haben sie auch verbal dagegen aufbegehrt, aber dann fingen sie an, sich neu einzukleiden, ihre Häuser zu renovieren und sich zu sagen, was ist denn schon dabei, es wird sich schon alles irgendwie arrangieren lassen.

Rein theoretisch: Wenn Unternehmen wie Kirch und Bertelsmann sich zu jener Welt, in der Charlie Chaplin und Immanuel Kant zu Hause sind, bekennen würden und wieder Programm zur Hauptsache machten und wenn alle anderen Unternehmen auch so dächten und handelten, müßte man sich um den dann galoppierend schwindenden Katastrophen-Vorrat der Geschichte ernsthaft Sorgen machen.

Aber so schlimm wird es schon nicht kommen. Die Gefahr, daß sich die Medienmogule um höherer Ziele willen selbst kasteien, besteht nicht.

Dabei wäre Selbstkasteiung nicht einmal nötig, denn ich bin sicher, daß Qualität sich auszahlt. Ich gestehe höchstens zu, daß Qualität einen etwas längeren Return-on-Investment braucht und ein paar Prozent weniger Gewinn abwirft als Schund und Billigware, aber daß Qualität einen Sender in die roten Zahlen bringt, das bezweifle ich deshalb, weil es in Deutschland und Europa ein Publikum gibt, das immer gebildeter wird und deshalb Qualität verlangt. So viele Abiturienten und Akademiker wie gegenwärtig hatten wir noch nie, und es werden stetig mehr. Die Sender machen einen Fehler, wenn sie immer nur erforschen, wer zuschaut. Sie sollten mal erforschen, wer nicht zuschaut, dann würden sie vielleicht entdecken, daß genau jenes Publikum, auf das die Werbung so scharf ist, sich längst vom Fernsehen abgewendet hat, weil es dieses Medium als Beleidigung empfindet und weil es sich daher lieber im Kino und im Theater herumtreibt, lieber ein Buch oder eine Zeitschrift liest, im Internet surft, vor Kleinkunstbühnen sitzt oder auf Vernissagen herumsteht.

Würden sich die Fernsehmacher für eine Wende zur Qualität entschließen, müßten sie sehr wahrscheinlich eine längere Durststrecke überwinden, denn als erstes verlören sie die Dummen, und die anspruchsvollen Zuschauer kämen nicht im gleichen Tempo als Ersatz nach. Aber Intelligente sind gewöhnlich gut informiert, die Wende zur Qualität spräche sich rasch unter ihnen herum, und irgendwann kämen sie zum Fernsehen zurück. Dann hätte die Werbung ein Publikum, für das sie gerne mehr bezahlt. Und wenn alle anderen Sender sich ebenfalls für eine Wende zur Qualität entschlössen, kämen auch die Dummen wieder zurück, denn sie hätten keine andere Wahl mehr und würden dank eines neuen Qualitätsfernsehens vielleicht wider Willen klüger.

Ehrlicherweise muß ich hinzufügen, einen Nachteil für die Krämer hätte die Qualitätsoffensive aber doch: Intelligente Menschen ertragen höchstens eine Unterbrechung pro Spielfilm und Sendung. Das wäre ein großes Opfer für die Privaten. Und ein kleiner Segen für die Welt.

Moral ist etwas sehr Anstrengendes. Sie überfordert uns alle. Deshalb wurde der Markt erfunden. Der Markt befreit uns von der Anstrengung des täglichen Adam-Ersäufens. Auf dem Markt dürfen wir unseren alten Adam herauslassen, das ist sogar erwünscht, denn dort, auf dem Markt, prallen alle alten Adams aufeinander zu einem großen Geraufe, und aus diesem Geraufe entsteht für die Inhaber der alten Adams so etwas wie ausgleichende Gerechtigkeit.

Weil nun nicht zu leugnen ist, daß dieses Modell innerhalb

seiner Grenzen tatsächlich funktioniert und sehr erfolgreich ist, treten in letzter Zeit Marktapostel mit der Forderung auf, das Modell von seinen Grenzen zu befreien, damit es sich auch auf anderen Gebieten ausbreiten kann. Zum Wettbewerb der Unternehmen, Waren und Dienstleistungen solle auch der Wettbewerb der Länder, Standorte, Steuern und Gesetze kommen. Auch Schulen, Universitäten, der Sport, die Kultur, die Politik sollen sich dem Marktprinzip beugen. Der Zaun, der bisher um den Marktplatz gezogen war und von Moralaposteln bewacht wurde, soll niedergerissen werden, damit die alten Adams sich überall austoben können, und die Moralapostel sollen auf eine einsame Insel verbannt werden.

Es ist klar, daß dies eine ideologische Forderung ist. Wer sie stellt, dem geht es nicht um den Markt und um dessen angebliche Effizienz und Gerechtigkeit, die er angeblich herstellt, sondern um Macht. Der Staat als moralische und politische Oberaufsicht soll aus der Wirtschaft hinausgedrängt werden, weil er die Geschäfte stört.

Aber wenn man liest, mit welcher Inbrunst die ideologische Forderung nach mehr Markt in den Zeitungen nachgebetet wird, wird man das Gefühl nicht los, daß zu viele darauf hereingefallen sind. Sie wissen: Markt ist gut. Darum glauben sie wirklich: mehr vom Guten ist besser, also ist mehr Markt die Forderung der Stunde. Sollte die Forderung Erfolg haben, werden wir erleben, daß unsere Gesellschaft an einer Überdosis Markt zugrunde geht.

Darum für diese Gläubigen: Bisher war es Konsens, daß zuerst moralische Fragen geklärt, Pflöcke eingerammt, Zäune gezogen und dann dem Markt Reservate zugeteilt wurden, weil allen Beteiligten einleuchtete, daß ein Markt ohne Moral und ohne demokratische Kontrolle nicht funktionieren kann. Der Markt hat weder ein Herz noch Verstand, und seine Fähigkeit, alles zum besten zu regeln, ist begrenzt.

Genaugenommen kann er nur über zwei Größen eine dritte regeln, über Angebot und Nachfrage ermittelt er den Preis. Mehr kann er nicht. Ihn auch moralische oder politische Fragen regeln zu lassen überfordert ihn. Dafür ist er nicht gemacht. Der Markt kennt von allem den Preis und von nichts den Wert. Ihm ist es egal, wenn Rinder mit verseuchtem Tiermehl krank gefüttert, das Grundwasser mit Kunstdünger verseucht oder die Luft mit Treibhausgasen vollgeblasen wird, solange nur alle Rechnungen immer pünktlich bezahlt werden. Erst wenn diese Rechnungen nicht mehr bezahlt werden können, weil die Kundschaft kein Rindfleisch mehr kauft, der Wasserpreis den Bierpreis übertrifft, die Zahl der zerstörerischen Tornados und Überschwemmungen von Jahr zu Jahr wächst, reagiert auch der Markt und verlangt nun genau die Gesetze, die er zuvor immer zu verhindern versuchte. Aber dann ist es meistens zu spät, und der Markt bleibt auf den unbezahlten Rechnungen sitzen, die er selbst produzierte.

Markt und Moral – die Mischung macht's

Damit wir uns nicht falsch verstehen: Ich bin keinesfalls für die Erhaltung des Status quo. Ich sehe durchaus Bereiche, in denen mehr Markt guttäte. Ich wende mich nur gegen den neoliberalen und kindischen Glauben an den Markt als Allheilmittel, ich wende mich gegen jene ideologischen Gruppierungen, die »Markt« sagen, wenn sie ihre Macht meinen, und aus bestimmten gesellschaftlich wichtigen Funktionen, wie beispielsweise der demokratischen Kontrolle durch die Medien, sollte man den Markt möglichst ganz heraushalten. Auch die ökonomistische Betrachtung der Politik, die Reduktion von Politikern und politischer Programmatik auf »Produkte«, die es möglichst professionell zu »managen« und zu »verkaufen« gilt, lehne ich ab, ebenso die Reduktion der Arbeitnehmer zu Arbeitskräften, die auf dem Markt zu handeln sind wie Schweinebäuche. Vor allem aber wende ich mich gegen die Kapitulation der Politik vor der Wirtschaft und gegen den sich abzeichnenden Trend, die Steuerung des Weltgeschehens dem Markt zu überlassen. Statt dessen fordere ich, daß demokratisch kontrollierte Politiker ihre an die Wirtschaft verlorene Macht zurückerobern und die Welt nach demokratischen Grundsätzen und ethischen Prinzipien gestalten.

Gleichzeitig halte ich es auch für sinnvoll, wenn wir systematisch alle Bereiche unserer Gesellschaft durchforsten und fragen: Könnte dieser Bereich durch eine bestimmte Dosis Markt effizienter, für den Steuerzahler billiger, für den Nutzer besser werden?

Um ein Beispiel zu nennen: Das deutsche Bildungssystem leidet nicht nur an Unterfinanzierung, sondern auch an Verkrustung und an ineffizienten Strukturen. Eine überbordende Ministerialbürokratie erstickt an den Schulen jegliche Eigeninitiative von Lehrern und Direktoren. An den Hochschulen schwindet die Qualität von Forschung und Lehre, weil Professoren praktisch keinem Wettbewerb ausgesetzt sind. Man kann nun daraus, wie es immer öfter geschieht, die Forderung ableiten: Privatisiert das Bildungssystem wie in den USA. Dort stehen Universitäten und Schulen im Wettbewerb. Sie müssen sich um Schüler, Studenten, um deren Eltern und um Zuschüsse und Spenden bemühen. Zugleich müssen die Bildungsinstitutionen versuchen, die besten Lehrer und Forscher an sich zu binden. Das garantiert effiziente Strukturen und führt mit Sicherheit auch dazu, daß sich Lehrer und Professoren intensiver um ihre Schüler und Studenten kümmern als an deutschen Schulen und Universitäten. Die Schüler und Studenten wiederum, die Studiengebühren zahlen müssen, bemühen sich, die Studiendauer möglichst kurz zu halten.

Garantiert so ein System aber auch die bestmögliche Bildung und Ausbildung für alle? Garantiert es Spitzenleistungen in der Forschung?

Die große Zahl amerikanischer Nobelpreisträger spricht für das System. Allerdings kommen diese Nobelpreisträger überwiegend von einigen wenigen Elite-Universitäten. Das US-Bildungssystem produziert also einige Institutionen, deren Qualität im Weltvergleich weit über dem Durchschnitt liegt. Ich habe aber den Eindruck, daß diese Spitzenleistungen mit unterdurchschnittlicher Qualität der vielen anderen – namenlosen – Institutionen erkauft wird. Bildungschancen werden durch solch ein privates System ungleich verteilt. Außerdem vermute ich, daß in einem privat finanzierten Bildungssystem bestimmte Fächer über- und andere unterrepräsentiert sind, weil Unternehmen der Wirtschaft naturgemäß die Hauptsponsoren der Universitäten sein werden. Diese Unternehmen finanzieren natürlich lieber natur- und wirtschaftswissenschaftliche Lehrstühle als beispielsweise Lehrstühle für Sozialpädagogik oder gar Professoren, die Systemkritisches oder Industriefeindliches lehren.

Was ist also besser für ein Bildungssystem – wenn es vom Markt gesteuert und finanziert wird oder vom Staat? Die Antwort, so scheint es, ist auf jeden Fall komplizierter als die plumpe Forderung, alles zu privatisieren. Ein Vergleich der Systeme legt kaum die Entscheidung für eines der beiden nahe. Vermutlich liegt die Lösung in einem System, das ein bißchen weniger vom Staat und ein bißchen mehr vom Markt reguliert wird.

Wie wäre es, beispielsweise, mit folgendem Modell: Schulen und Universitäten werden privatisiert. Der Staat legt nur noch die Bildungsziele fest, setzt gewisse Rahmenbedingungen, verlangt Mindeststandards für Gebäude, Lehrmittel und Personal, prüft am Ende der Ausbildung, ob die Ziele erreicht wurden, überläßt es aber den Schulen und Universitäten, wie sie diese erreichen wollen. Jedes Kind bekommt bei seiner Geburt vom Staat einen Bildungsscheck, der reicht, um die Gebühren von der Grundschule bis zu einem zehnsemestrigen Studium zu decken. Wer nicht studieren will oder kann, erhält den Restbetrag ausbezahlt und kann damit ein Unternehmen gründen, den Betrag in seine Rentenversicherung oder sonstwie sinnvoll investieren, aber jedenfalls nicht für den Konsum verwenden. Um diese Schecks konkurrieren die Schulen und Universitäten. Von diesen Schecks dürfen sie die Gebühren abbuchen. Der Wettbewerb um Eltern, Schüler, Studenten, Lehrer und Forscher wäre da. Ein Mindestmaß an Chancengleichheit für jedes Kind wäre ebenfalls gegeben. Die Wahrscheinlichkeit, daß der Staat für jede in Bildung investierte Mark mehr Qualität und Effizienz herausholte als im jetzigen System, halte ich für hoch.

Die Herausbildung von Eliteschulen und Eliteuniversitäten halte ich für möglich und sogar für wünschenswert, sofern gewährleistet ist, daß sie nur die Besten, und nicht nur die Bestbetuchten oder die mit den besten Beziehungen, aufnehmen. Würde darauf im Gegenzug das Niveau der vielen anderen unter den Durchschnitt sinken? Das kann man ausschließen, wenn der Staat die hinter dem Bildungsscheck stehende Gesamtsumme hoch genug ansetzt, um qualifiziertes Personal für alle Bildungseinrichtungen und eine hochwertige Ausstattung zu bezahlen. Daß nicht nur die Besten, sondern auch der Durchschnitt sowie die Schwachen und Lernbehinderten weiterhin bestens gefördert werden sollen, versteht sich von selbst.

Eine Realisierung dieser Vorschläge wäre revolutionär und würde gewiß auf harte Widerstände stoßen. Aber die von der Informationstechnologie ausgehenden Änderungen sind ebenfalls revolutionär. Deren Folgen kann eine Gesellschaft nur bewältigen durch bessere Bildung und Ausbildung. Das Bildungssystem wird sich daher sowieso ändern, wenn nicht freiwillig und selbstgesteuert, dann unfreiwillig und fremdgesteuert.

Die Revolution managen

Wenn sich die Basistechnologie und die auf ihr aufbauende Wirtschaft radikal ändern, kann die Gesellschaft nicht bleiben, wie sie ist. Wir könnten uns dem Technologiewechsel zwar verweigern, würden dann aber in kurzer Zeit verarmen und könnten dann erst recht nicht bewahren, was wir gerne bewahren würden. Ob wir also wollen oder nicht, wir müssen auf den Wandel reagieren, und da gibt es zwei grundverschiedene Möglichkeiten. Entweder man sagt: Man überlasse den Wandel dem freien Spiel der Kräfte, also dem Markt, und daraus werden sich nach einer kurzen Phase chaotischer Veränderungen ganz von selbst neue stabile Ordnungen »herausmendeln«, an die wir uns dann eben anzupassen haben. Oder man sagt: Wir können den Wandel zwar nicht aufhalten, aber wir wollen ihn wenigstens gestalten, wollen die in ihm steckenden Chancen nutzen und die Risiken vermeiden oder zumindest minimieren.

Ich brauche nicht zu betonen, daß ich für den zweiten Ansatz plädiere, weil ich davon überzeugt bin, daß der andere Weg in barbarischen Verhältnissen endet, und zwar nicht deshalb, weil der Markt etwas Verwerfliches wäre, sondern deshalb, weil es in Wahrheit gar nicht so sehr der Markt wäre, der die Zukunft gestaltete, sondern die Macht des Kapitals.

Ich bin außerdem überzeugt, daß der zweite Weg – aktive und bewußte Gestaltung des Wandels durch eine demokratische Öffentlichkeit – eine große Mehrheit findet. Sogar Unternehmer, Arbeitgeber, Manager und fast alle Politiker, vermute ich, stimmen hier noch zu – noch.

Diese Mehrheit wird zu bröckeln beginnen, sobald es um die Frage geht, wie denn der Wandel zu gestalten sei. Ich habe dafür eine ziemlich einfache, jedoch schwer zu realisierende Antwort. Alles darf sich ändern, nur eines nicht: unsere Verfassung. Auch in der Informationsgesellschaft möchte ich noch in einer Demokratie leben, und nicht nur in einer Demokratie, sondern in einer sozialen Demokratie. Wenn das klar ist, wenn unverrückbar feststeht, daß Solidarität auch im nächsten Jahrhundert erstrebt und daher das Erwirtschaftete auch künftig möglichst gerecht verteilt werden soll, wenn wir uns darüber einig sind, daß grundlegende Fragen weiterhin demokratisch entschieden und politische und wirtschaftliche Mächte demokratisch kontrolliert werden müssen, dann kann man über alles andere – Arbeitszeiten, Löhne, Renten, Steuern, Bildung, Besitzstände, Privatisierung, Deregulierung, Globalisierung, die EU – reden und vieles zur Disposition stellen, was derzeit noch hart umkämpft ist, aber immer unter der Bedingung, daß es in jenem Rahmen bleibt, den die Verfassung vorgibt. Selbst ein Wandel innerhalb dieser Grenzen dürfte für die meisten, nicht nur für die Shareholder, auch für Arbeitnehmer, Beamte, Selbständige, Freiberufler, Rentner und Studenten noch schmerzlich genug werden.

Darum werden schon hier die ersten abspringen, allen voran die Shareholder, Unternehmer und Manager, weil sie ahnen, daß es ihre Gewinnerwartungen dämpft. Das werden sie aber nicht sagen, sondern statt dessen Sachzwänge ins Feld führen, beispielsweise argumentieren, in einer wirtschaftlich verflochtenen Welt der offenen Märkte und der durch die Glasfaser verschwundenen Distanzen zwischen den großen Wirtschaftsräumen könne man keine »Inseln der Seligen« mehr aufrechterhalten und man könne den »Sozial- und Umweltluxus« der alten Bundesrepublik mit ihren hohen Löhnen, kurzen Arbeitszeiten, sozialen Sicherungen und scharfen Umweltschutzgesetzen nicht mehr verteidigen. Es wird uns suggeriert, Wohlstand und Vollbeschäftigung ließen sich nur noch erhalten, wenn wir Staat, Wirtschaft und Gesellschaft an nationale und internationale Aktionärsinteressen anpaßten.

Wenn das wahr wäre, wäre die Konsequenz daraus nicht die, die uns von den Shareholdern, Unternehmern und Managern unausgesprochen nahegelegt wird, nämlich die schleichende Aushöhlung unserer Verfassung, sondern dann müßten wir verlangen: Kappt die Glasfasern, baut die alten Zollschranken wieder auf, stellt die alten Hürden für den internationalen Kapitalverkehr wieder auf, stoppt die Globalisierung. Noch kann die Politik der Wirtschaft Grenzen setzen, und sie muß es tun, wenn die Wirtschaft die durch demokratische Verfassungen gesteckten Grenzen nicht mehr anerkennt.

Die soziale Demokratie unter den Bedingungen der Globalisierung ins nächste Jahrhundert und in die Informationsgesellschaft hinüberretten – das ist die anspruchsvolle Aufgabe, die es zu lösen gilt. Diese Aufgabe wird in hohem Maße erschwert durch die hohe Arbeitslosigkeit und zusätzlich durch die bereits sehr weit fortgeschrittene internationale Verflechtung der nationalen Volkswirtschaften. Daher, so scheint es, werden wir den technisch-wirtschaftlichen Wandel nicht demokratisch und sozialverträglich steuern können,wenn wir nicht gleichzeitig auch die Arbeitslosigkeit abbauen können. Und jede Strategie, die diskutiert oder versucht wird, kann offenbar nur eine gesamteuropäische sein.

In der öffentlichen Diskussion über mögliche Lösungen gibt es zwei Lager, ein sehr großes und ein sehr kleines. Das große Lager ist überzeugt, in jedem Land sei Arbeitslosigkeit die Folge einer verfehlten – nationalen – Wirtschafts- und Sozialpolitik.

Das andere Lager ist überzeugt, daß wir an einem historischen Wendepunkt angekommen sind. Die hochindustrialisierten Gesellschaften seien inzwischen so durchrationalisiert, daß mit immer weniger Beschäftigten immer mehr produziert werden könne, und weil dieser Trend sich künftig noch verstärke, werde uns langfristig die Arbeit ausgehen. Unsere Zukunft liege in der postindustriellen Freizeitgesellschaft. Keine nationale Wirtschaftspolitik könne diesen Trend stoppen oder gar umkehren, und nicht einmal eine supranationale Wirtschaftspolitik innerhalb der EU könne dagegen etwas ausrichten. Statt Zeit, Geld und Kreativität an den Versuch zu verschwenden, das Nichtwiederherstellbare, also die Vollbeschäftigung, wiederherzustellen, sollten wir uns daher lieber in der gesamten EU auf die nahende Freizeitgesellschaft vorbereiten, und dazu sei es als erstes nötig, sich von bestimmten Wertvorstellungen der Industriegesellschaft zu verabschieden, beispielsweise von der hohen Wertschätzung der Arbeit und der menschlichen Eigenschaft, sich über seine Arbeit zu definieren und den gesellschaftlichen Rang vom Beruf und der Stellung in der Unternehmenshierarchie abzuleiten.

Dieses Arbeitsethos sei an die Industriegesellschaft gebunden, einer doch relativ kurzen Epoche in der gesamten Menschheitsgeschichte. Verschwinde diese, müsse mit ihr auch das Arbeitsethos verschwinden und müsse die Arbeit wieder als das betrachtet werden, was sie in den Augen der meisten vor uns lebenden Menschen immer gewesen ist: eine Last, eine Fron, mehr Fluch als Segen, eine Strafe Gottes für den Sündenfall von Adam und Eva.

Sei es denn wirklich eine Zumutung, so wird gefragt, sich den Standpunkt der alten Griechen zu eigen zu machen, die sich als Freie bezeichneten und damit auch meinten, frei von der Mühsal der Arbeit zu sein? Für die Arbeit hatte man Sklaven, während man selbst frei war für schöpferische Tätigkeiten. Und viele Jahrhunderte später ließ Karl Marx die Entwicklung des Kommunismus in einen paradiesischen Endzustand münden, in dem niemand mehr arbeiten müsse. Was also sei so schrecklich an der Vorstellung von einer Zukunft, in der uns die Arbeit ausgeht? Warum stemmen wir uns gegen die Befreiung von der Arbeit durch Technik, statt sie herbeizusehnen und den Prozeß der Rationalisierung zu beschleunigen?

Eine vorläufige Antwort auf diese Frage lautet: Die Vorstellung von einer Gesellschaft ohne Arbeit ist für viele deshalb so schrecklich, weil sie nicht wissen, womit sie in so einer Gesellschaft ihren Lebensunterhalt bestreiten sollen. Es mag sein, daß dann jedem etwas zugeteilt wird. Aber wer teilt wieviel zu und nach welchen Kriterien?

Von solch offenen Fragen abgesehen meine ich aber, daß diese Position des kleineren Lagers kein reiner Humbug ist und in der öffentlichen Diskussion und besonders von den Politikern der etablierten Parteien zuwenig ernst genommen wird. Niemand kann am Ende dieses Jahrtausends seriös nachweisen, welches dieser beiden Lager recht hat.

Es ist durchaus möglich, daß das eintritt, was die etablierte Mehrheit erwartet, daß also die gegenwärtige hohe Arbeitslosigkeit ein Zustand ist, der in einem fortgeschritteneren Stadium der Informationsgesellschaft tatsächlich wieder verschwindet und zu erneuter Vollbeschäftigung führt. Es kann aber auch niemand ausschließen, daß wir tatsächlich an einem historischen Wendepunkt angekommen sind und immer weniger Menschen mit immer leistungsfähigeren Maschinen immer größere Teile der Produktion von Waren und Dienstleistungen übernehmen.

Wenn wir nicht wissen, was kommt, aber dennoch vorausschauend entscheiden, planen und handeln müssen, dann sollten wir Maßnahmen ergreifen, die uns in die Lage versetzen, mit beiden denkbaren Entwicklungen gleichermaßen gut fertig zu werden.

Den Wandel sozialverträglich beschleunigen

Ein Unternehmer erfährt von einer neuen Maschine, die mit der Hälfte der Arbeiter das Doppelte der alten Maschine produziert. Was wird er tun? Er wird sie kaufen, aber nicht gleich. Erst muß er sicherstellen, daß er die doppelte Produktionsmenge auch auf dem Markt absetzen kann. Also wird er zuerst seinen Absatz steigern und versuchen, die Mehrproduktion vorübergehend mit der alten Maschine zu realisieren. Mit Überstunden, Schichtarbeit, Wochenendarbeit, schließlich auch mit einigen Neueinstellungen gelingt das. Hat er auf diese Weise Produktion und Absatz verdoppelt, kann er die neue Maschine anschaffen und damit auf einen Schlag Überstunden, Schichtarbeit und Wochenendarbeit wieder abschaffen und die Hälfte seiner Belegschaft entlassen.

Schon während er die alte Maschine bis an ihre Grenzen auslastete, hat sich durch das verdoppelte Produktions- und Absatzvolumen der Gewinn des Unternehmers ungefähr verdoppelt. Dieser verdoppelte Gewinn steigt jetzt nach der Entlassung der halben Belegschaft noch einmal, denn die Personalkosten sinken um mehr als die Hälfte.

Zwar muß er jetzt eventuell Zins und Tilgung für die auf Pump gekaufte Maschine bezahlen, aber erstens reduziert das seine Steuerbelastung, und zweitens hat sich die Maschine nach sechs bis zehn Jahren amortisiert.

Würde der Unternehmer das verdiente Geld wieder in den Betrieb stecken, etwa eine zweite neue Maschine anschaffen und versuchen, die vierfache Produktionsmenge auf dem Markt abzusetzen, müßte niemand entlassen werden. Wenn er keine Chance sieht, die vierfache Menge abzusetzen, kann er mit dem verdienten Geld ein neues Unternehmen in einer ganz anderen Branche gründen, die entlassene Hälfte seiner Belegschaft umschulen und in diesem neuen Unternehmen beschäftigen. In beiden Fällen würden alle profitieren: der Unternehmer, dessen Arbeitnehmer, der Staat und die Gesellschaft.

Bis in die siebziger Jahre funktionierte die westeuropäische Wirtschaft weitgehend nach diesem Muster. Der durch die Anschaffung neuer Maschinen und durch effizientere Arbeitsorganisation entstehende Produktivitätsgewinn floß nur zu einem geringen Teil aufs Privatkonto des Unternehmers. Der größere Teil floß dank einer stabilen Konjunktur und steigender Nachfrage wieder ins Unternehmen, wo die gleiche oder sogar eine steigende Zahl von Beschäftigten deutlich mehr produzierten und damit Umsatz und Gewinn des Unternehmers weiter steigerten. Da Arbeitskräfte knapp waren, verfügten die Gewerkschaften über eine starke Verhandlungsposition und konnten dafür sorgen, daß auch die Arbeitnehmer vom Produktivitätszuwachs profitierten, und zwar durch steigende Löhne, kürzere Arbeitszeiten und soziale Sicherheit. Die gut verdienenden, sozial gut abgesicherten Arbeitnehmer erhöhten mit ihrem Konsumbedürfnis die Nachfrage nach Gütern und Dienstleistungen und sorgten so für weiteres Wachstum und neue Jobs. Die hohen Löhne zwangen die Unternehmer zu Rationalisierungen und effizienter Arbeitsorganisation. Maschinen und Fabriken waren daher immer auf dem neuesten Stand der Technik, und als Folge davon war die westeuropäische Industrie, insbesondere die deutsche, hochproduktiv und international wettbewerbsfähig.

Immer häufiger aber läuft es in letzter Zeit anders: Ein Unternehmer kauft eine neue Maschine. Weil diese Maschine nicht nur mit der neuesten konventionellen, sondern auch mit der neuesten Informationstechnik ausgestattet ist, produziert sie nicht wie früher nur das Doppelte, sondern gleich das Vierfache, und sie bedarf zu ihrer Bedienung auch nur noch eines Viertels des ursprünglichen Personals. Der Rationalisierungseffekt ist plötzlich viel größer als früher. Der Unternehmer hat Mühe, das drastisch gestiegene Produktionsvolumen auf dem Markt abzusetzen, zumal die Konkurrenz ebenfalls rationalisiert hat und den Wettbewerb auf dem Markt verschärft. Der Wettbewerb zwingt die Unternehmer zu Preissenkungen.

Dank der Preissenkungen gelingt es, das gestiegene Produktionsvolumen auf dem Markt abzusetzen. Was jetzt aber nicht mehr möglich ist, ist die Anschaffung von drei weiteren neuen Maschinen. Nur so aber könnten Entlassungen vermieden werden. Aber das Volumen, das vier neue Maschinen produzieren würden, ließe sich auf dem Markt nicht mehr absetzen. So schnell wächst der Markt einfach nicht. Was also tut der Unternehmer? Er entläßt große Teile seiner Belegschaft in die Arbeitslosigkeit und benutzt seinen gestiegenen Gewinn hauptsächlich zur Mehrung seines privaten Vermögens, kauft Immobilien, spekuliert an der Börse, finanziert für sich und seine Familie eine üppige Lebensversicherung und überhaupt einen üppigen Lebensstil, und ein paar Jahre später verwendet er seinen Spekulationsgewinn von der Börse für den Kauf einer weiteren Maschine, die noch mehr Güter mit noch weniger Arbeitern produziert. So entsteht Wachstum ohne Jobs.

Ein anderes Szenario: Der Unternehmer hat keine Lust mehr, weiter Unternehmer zu sein, weil es immer schwieriger wird, das ständig steigende Produktionsvolumen auf dem Markt abzusetzen, läßt sich deshalb vom Konkurrenzbetrieb aufkaufen und setzt sich auf Mallorca zur Ruhe. Die erste Maßnahme des aufkaufenden Unternehmens ist die Reduzierung des Personals in beiden Unternehmen. Auch hier ist das Ergebnis Wachstum ohne Jobs.

In beiden Fällen ist der Unternehmer der einzige, der von seiner Entscheidung profitiert. Die entlassenen Arbeitnehmer dagegen werden ärmer und fallen den sozialen Sicherungssystemen des Staates zur Last. Staat und Gesellschaft zahlen also drauf. Sie finanzieren die Reichtumsvermehrung des Reichen, aber der Reiche kann im Grunde gar nichts dafür, daß es so ist. Es kann ja niemand von ihm verlangen, vier neue Maschinen anzuschaffen, wenn er keine Chance sieht, schlagartig 16mal mehr zu verkaufen als bisher.

Den meisten Unternehmern wäre es sicher auch lieber, wenn sie niemanden entlassen müßten. Aus diesem Grund machen sie Vorschläge, wie Entlassungen zu vermeiden seien. Doch diese Vorschläge zielen in die falsche Richtung. Wenn ihr eure Arbeitsplätze erhalten wollt, sagen sie den Arbeitnehmern, dann müßt ihr eben eure Ansprüche herunterschrauben. Wenn ihr euch mit niedrigeren Löhnen und geringeren Sozialleistungen begnügt und bereit seid, dafür länger und flexibler zu arbeiten, und wenn der Staat bereit ist, unsere Steuerbelastung zu verringern, entfällt für uns die Notwendigkeit, jene neuen Maschinen anzuschaffen, die euch arbeitslos machen. Es entfällt für uns auch der Druck, die Produktion in jene Länder zu verlegen, die mit niedrigeren Löhnen und Steuern werben, und es entfällt für uns der Druck, unseren Absatz so drastisch zu erhöhen.

Dieser Standpunkt ist aus zwei Gründen inakzeptabel. Erstens führt die Realisierung dieser Lösung zu einer drastischen Einkommensumverteilung zugunsten der Unternehmer und zu Lasten der Arbeitnehmer und des Staates, und in manchen Fällen läuft das sogar auf ihre Erpressung hinaus.

Zweitens entfiele für die Unternehmer der beständige Druck zu rationalisieren, zu modernisieren und die Unternehmensabläufe effizienter zu gestalten, wenn Staat und Arbeitnehmer der Erpressung nachgäben. Und das wäre auf Dauer für eine hochentwickelte Wirtschaft wie die westeuropäische gefährlich, ja tödlich.

Entgegen der Annahme vieler liegt Rationalisierung im gesamtgesellschaftlichen Interesse, denn nur durch Rationalisierung entstehen Produktivitätsgewinne, und nur aus Produktivitätsgewinnen wächst Wohlstand, und sofern diese Gewinne gerecht verteilt werden, wächst aus ihnen Wohlstand für alle.

Wohlstand entsteht, wie es der Frankfurter Soziologe Karl Otto Hondrich einmal ausdrückte, aus einem »Prozeß ironischer Kooperation«[83] zwischen Arbeitgebern und Gewerkschaften. Ironisch, weil die Konfliktpartner darin einen ganz anderen Part spielen, als sie zu spielen meinen: Die Gewerkschaften mit ihrer Politik hoher Löhne und Sozialleistungen dienten weder der umverteilenden Gerechtigkeit noch den Arbeitslosen, sagt Hondrich. Vielmehr seien sie die Triebfeder der Modernisierung und Wettbewerbsfähigkeit der deutschen Industrie auf den Weltmärkten. Insofern verträten sie unternehmerische Interessen. Was die Unternehmer für ihre eigenen Interessen halten – sinkende Löhne und Lohnnebenkosten, volle

Kündigungsfreiheit, schwache Gewerkschaften –, stelle ihnen zwar ein bequemeres Leben in Aussicht. »All dies würde vielleicht tatsächlich zusätzliche Arbeitsplätze schaffen, aber zugleich der deutschen Produktivitätsdynamik den Todesstoß versetzen«,[84] langfristig also zu noch höherer Arbeitslosigkeit führen.

Die Konsequenz daraus lautet also: Lohndrückerei ist sinnlos. Das Gegenteil ist nötig: steigende Löhne. Die Gewerkschaften haben recht, wenn sie die Formel vom »Ende der Bescheidenheit« in die Debatte werfen und nach Jahren stetigen Wirtschaftswachstums bei zugleich gesunkenen Arbeitnehmereinkommen fordern, nun auch die Arbeitnehmer wieder am Wachstum teilhaben zu lassen.

Auch eine andere beliebte Forderung aus der Arbeitgeberlitanei erweist sich inzwischen zunehmend als Rohrkrepierer, die Forderung nach totaler Flexibilisierung der Arbeitszeiten. Bei Volkswagen in Wolfsburg wurde es probiert. In der ersten Hälfte der neunziger Jahre stand VW mit 1,8 Milliarden Mark Verlust vor der Wahl, entweder pleite zu gehen oder massiv Arbeitnehmer zu entlassen. Mit dem Betriebsrat und der Gewerkschaft einigte sich die Unternehmensführung im Jahr 1994 auf eine dritte Lösung: Senkung und Flexibilisierung der Arbeitszeit bei gleichzeitiger Lohnsenkung. Betriebsrat und Gewerkschaft stimmten zu, weil dadurch 30 000 Jobs gesichert wurden. Vereinbart wurden die Einführung der Vier-Tage-Woche und für den einzelnen eine flexible Arbeitszeit zwischen 28,8 und 35 Stunden, Abschaffung der festen Schichtzeiten, Anpassung der Arbeitszeiten an die jeweilige Autonachfrage und an die Maschinenlaufzeiten.

Anfang 1999 stellten die Mitarbeiter, aber auch die Unternehmensführung fest: Es funktioniert nicht.[85] »Ehen gingen massenhaft in die Brüche. Freunde, die bei VW in Dienst standen, fanden keine gemeinsame Zeit mehr, Mütter wußten zu den Arbeitszeiten ihre Kinder nicht unterzubringen. Firmenmannschaften konnten nicht mehr Fußball spielen. Fahrgemeinschaften waren unmöglich. Jeder mußte mit dem eigenen Auto zur Arbeit fahren. Das soziale Leben von Wolfsburg verödete, geriet aus dem Takt.«[86]

Aber auch das Unternehmen selbst litt unter Chaos und Reibungsverlusten. Es gab keine eingespielten Teams mehr. Die verschiedenen Arbeitszeiten würfelten immer wieder neue zusammen. Es gab 150 verschiedene Arbeitszeitmodelle bei VW. Jede Abteilung hatte eigene Systeme. Die Versetzung von Personal wurde zum Drama. Daraus erwuchs eine unübersehbare und letztlich nicht mehr beherrschbare Komplexität.[87] Mit anderen Worten: Die Manager blickten nicht mehr durch.

Deshalb zog VW die Notbremse und kehrte zur Acht-Stunden-Schicht und geregelten Arbeitszeiten zurück. Jeder arbeitet weiterhin vier Tage pro Woche. Als Puffer dient der Freitag. Geht die Nachfrage zurück, wird freitags weniger gearbeitet.

Das ist immer noch flexibel genug und beweist zweierlei: Die Gewerkschaften haben recht, wenn sie sagen, die Arbeit in Deutschland sei schon genügend flexibilisiert, weitere Flexibilisierung sei für die Arbeitnehmer nicht mehr zumutbar, und, wie sich jetzt herausgestellt hat, für die Unternehmen bringt es nichts. Und zweitens bestätigt es Hondrich, der sagt, die Arbeitgeber verfolgten Ziele, die sie fälschlicherweise für ihre Interessen halten.

Allerdings muß man auch zugeben: Die radikale Reform im Jahr 1994 hat sowohl VW wie auch die Arbeitsplätze gerettet und dazu geführt, daß VW heute ein Unternehmen ist, das vor Gesundheit strotzt. Das widerlegt aber nicht die Generalthese, daß Lohndrückerei und Totalflexibilisierung der Arbeitszeit für eine hochentwickelte Industriegesellschaft auf Dauer kontraproduktiv sind. Lohnsenkung und übergroße Flexibilisierung können allenfalls für eine gewisse Frist und wohldosiert eingesetzt werden, um eine akute Krise zu bewältigen. Langfristig müssen aber auch in Wolfsburg die Löhne wieder steigen, wenn VW wettbewerbsfähig bleiben will.

Das frühere chaotische Arbeitszeitenmodell bei VW sollten sich besonders jene gut ansehen, die viel weitergehende Vorstellungen von Flexibilität haben. Nicht nur die Arbeitszeit soll den sich ständig verändernden Ansprüchen einer stetig hektischer werdenden Produktion angepaßt werden, auch die Mitarbeiter sollen dauernd durcheinandergewirbelt werden. Auf Managementschulen wird gelehrt, daß man Teams alle sechs bis acht Monate völlig umkrempeln muß, damit die Leute sich nicht zu sehr aneinander gewöhnen.

Dieser Trend gipfelt in der Vorstellung vom Unternehmen als Atom: Im Innern wirkt ein kleiner, harter Kern von Festangestellten und organisiert die Peripherie, die Atomhülle, in der stetig wechselnde Teams herumschwirren wie Elektronen, für kurze Zeit zusammenkommen, um ein Projekt zu realisieren und danach wieder auseinandergehen, sich in alle Himmelsrichtungen verstreuen und sich neue Kerne suchen, für die sie kurzzeitig die Atomhülle spielen, und so fort.

Natürlich minimiert diese Art der Arbeitsorganisation die Personalkosten. Die Propagandisten dieser Idee sollten sich aber einmal fragen, welch langfristige Folgen es hat, wenn ein Großteil der Arbeit von Teams geleistet wird, deren Mitglieder sich nur flüchtig kennenlernen und dann wieder auseinandergehen. Wirkliches Vertrauen, Zusammenhalt, gemeinsamer Erfolgswille, Teamgeist können da nicht wachsen. Vertrauen in das Unternehmen wird es ebenfalls nicht mehr geben. Und wie sollen Engagement und Motivation bei Teammitgliedern entstehen, wenn sie wissen, in ein paar Monaten, einem Jahr, spätestens nach zwei Jahren ist alles wieder vorbei? Warum soll sich ein Team-Mitarbeiter für ein Unternehmen engagieren, von dem er weiß, daß es sich für ihn ja auch nicht engagiert?

Man kann natürlich fehlende Motivation und fehlendes Engagement kompensieren, indem man eine Konkurrenzsituation herstellt und mehrere Teams an der gleichen Aufgabe arbeiten läßt. Wer die Aufgabe am schnellsten und besten löst, bekommt die Erfolgsprämie und den Anschlußauftrag. Aber man sollte einmal durchrechnen, ob das wirklich so effizient ist. Auch die anderen Teams müssen ja bezahlt werden, und davon abgesehen werden Diebstahl, Sabotage und Mitnahme von Firmen-Know-how in flexiblen Unternehmen an der Tagesordnung sein. Das erfordert eine stärkere Überwachung der Mitarbeiter. Die Überwachung kostet Geld und weckt Aggressionen bei den Überwachten. Kreativität, Innovationen, ein positives Image, öffentliche Sympathie für das Unternehmen werden so kaum entstehen. Unternehmen, die auf all diese Werte verzichten können, mögen den Weg der flexiblen Organisation gehen. Die anderen sollten es sich überlegen.

Den Forderungen der Arbeitgeber nach niedrigeren Löhnen, Abbau sozialer Sicherheit und grenzenloser Flexibilität darf man also nicht nachgeben. Diese Wege können allenfalls empfohlen werden, um einigen Unternehmen kurzfristig aus akuten Schwierigkeiten herauszuhelfen. Aber langfristig führen diese Wege nur tiefer in die Misere.

Nein, der Marsch kann nur in die entgegengesetzte Richtung weitergehen: Hochlohnland bleiben und die Löhne weiter steigern, hochproduktiv bleiben und die Produktivität weiter steigern, wirtschaftlich, technisch, industriell, gesellschaftlich, sozial und rechtsstaatlich auf hohem Niveau bleiben und stets das nächsthöhere Niveau anstreben.

Ich will nicht ausschließen, daß dadurch mehr bestehende Jobs vernichtet werden als neue entstehen. Aber es werden hochproduktive Jobs sein. Die Zahl der Jobs mag sinken, aber der Wohlstand kann steigen.

Es bleibt natürlich das ungelöste Problem der Freizeitgesellschaft, die Frage, wovon der von Arbeit »befreite« Mensch leben soll? Weitere Rationalisierung führt zu weiteren Entlassungen, und es sieht nicht so aus, als ob man alle Entlassenen nach kurzer Umschulung anderweitig rasch wieder beschäftigen könnte.

Für dieses Problem gibt es nur eine Lösung. Das Unternehmen muß für Entlassungen zur Verantwortung gezogen werden. Ein probates Mittel dazu wäre eine Rationalisierungs- oder Maschinensteuer. Wenn eine neue Maschine oder ein neues EDV-System zur Entlassung führt, muß sie etwas zum Lebensunterhalt und zur Altersversorgung der Entlassenen beisteuern. Der durch die Maschine entstehende Produktivitätsgewinn darf nicht allein in die Taschen des Unternehmers und in die der verbliebenen Arbeitnehmer fließen. Es müssen zusätzlich auch die Entlassenen etwas abbekommen. Das Modell kann nur funktionieren, wenn von dem Wohlstand, der mit den wenigen hochproduktiven Jobs und den Maschinen erwirtschaftet wird, auch jene profitieren, die für die Produktion nicht mehr gebraucht werden.

Daß eine Rationalisierungs- oder Maschinensteuer nur einen Sinn hat, wenn sie europaweit eingeführt wird, weil nur so innerhalb eines großen Wirtschaftsraums Wettbewerbsgleichheit herrscht, versteht sich von selbst. Natürlich steckt in dieser Steuer die Gefahr, daß notwendige Rationalisierungen dann doch unterbleiben, weil sich der Unternehmer sagt, die durch die Steuer verminderte Gewinnsteigerung fällt so gering aus, daß er dafür die Investition in eine neue Maschine nicht riskiert. Das spricht aber nicht generell gegen die Steuer, sondern legt nur nahe, sie nicht zu hoch anzusetzen. Eine geringere Steuer dämpft die Rationalisierungsbemühungen des einzelnen Unternehmers, verhindert sie aber nicht. Der wagemutige Unternehmer wird es trotz Steuer riskieren, und wenn es der erste riskiert hat, bleibt den anderen keine Wahl mehr. Dann müssen sie gleichziehen. Natürlich müssen Unternehmen von dieser Steuer befreit werden, wenn sie trotz Rationalisierung niemanden entlassen, und wer nach etlichen Jahren Personal wieder einstellt, sollte die Steuer erstattet bekommen.

Wahrscheinlich wird die Maschinensteuer die Entlassenen nicht ernähren können. Es müssen mit Sicherheit weitere Einkommensquellen erschlossen werden, beispielsweise eine Gewinn- oder Aktienbeteiligung am Unternehmen. Man darf in diesem Zusammenhang auch nicht vergessen, daß Rationalisierung nicht nur höhere Löhne für die verbliebenen Arbeitnehmer ermöglicht, sondern auch Preissenkungen bei den Produkten. Trotz stagnierender Einkommen bei den Entlassenen kann also deren Kaufkraft steigen.

Die Frage, wovon in einer Gesellschaft, der die Arbeit ausgeht, die von der Arbeit Befreiten leben sollen, ist nicht einfach zu beantworten. Aber wenn Maschinen die Menschen verdrängen, ist es logisch, zu fordern, die Maschinen sollen nun für den Lebensunterhalt der Verdrängten aufkommen. Die Vorstellung, Maschinen statt Menschen arbeiten zu lassen, verliert ihren Schrecken, wenn gewährleistet ist, daß sie nicht nur für die Eigner von Kapital, sondern für alle arbeiten.

Eine Maschinen- oder Rationalisierungssteuer mag wirkungsvoll sein, eine besonders phantasievolle Lösung unserer Arbeitsmarktprobleme ist sie nicht. Weitaus innovativer klingt, was der Philosoph und Anthropologe Frithjof Bergmann, der an der Universität von Michigan in den USA lehrt, fordert: eine Arbeitseinstellung, »die sich weniger vom Jobsystem abhängig macht«.[88] Anfang der achtziger Jahre hat Bergmann in der Auto-Stadt Flint gezeigt, was er damit meint. Bei General Motors, dem wichtigsten Arbeitgeber der Stadt, standen Entlassungen bevor, und die Arbeitslosigkeit in der Region lag bereits bei 30 Prozent. Bergmann gewann General Motors für eine Alternative: Anstatt die Hälfte der Arbeiter zu entlassen, solle General Motors alle Arbeiter nur für ein halbes Jahr beschäftigen und ihnen in der anderen Hälfte des Jahres die Zeit für eine andere Art von Arbeit lassen.[89]

»Die Absicht war, in den anderen sechs Monaten eine sinnvollere, den persönlichen Talenten entsprechende Arbeit zu tun – und mit dieser höheren Arbeit Geld zu verdienen.«[90] Zwar mußten anfangs Spendengelder dem Projekt zum Start verhelfen, aber es kam erfolgreich ins Ziel. Erfüllen »ließ sich der Anspruch, Arbeiten zu finden, die den Wünschen und Talenten der Fabrikarbeiter entsprachen. So eröffnete einer eine Yogaschule. Eine andere vertiefte sich in balinesische Kunstformen vom Tanz bis zu Töpferarbeiten und unterrichtete sie dann. Dritte gründeten kleine Betriebe, in denen sie etwa metallene Bootsbeschläge herstellten.«[91]

Auch Bergmann plädiert für Rationalisierung der industriellen Produktion, denn sie eröffne die Möglichkeit, nur noch einen Teil der Arbeit als abhängige Erwerbsarbeit betreiben zu müssen.

Ideal erscheint ihm eine Drittelung nach der Formel: ein Drittel traditionelle Arbeit, ein zweites Drittel für Arbeit, die mittels moderner Technik die Herstellung der meisten Dinge erlaubt, und ein Drittel jene Arbeit, die man wirklich will. Das Geld soll von den Unternehmen kommen, deren Produktivität dank höchst entwickelter Technik genügend Gewinne erzielt.[92]

Die Maschinen- oder Rationalisierungssteuer ist die Lösung für den Fall, daß wir tatsächlich in die postindustrielle Freizeitgesellschaft gleiten. Die Steuer ermöglicht uns zugleich, den technischen Fortschritt zu bejahen, unsere Wirtschaft auf dem technisch höchsten Niveau zu halten, Massenarmut zu verhindern, Kaufkraft zu erhalten, dadurch für Nachfrage zu sorgen und die Wirtschaft in Gang zu halten, denn die produktivsten Maschinen nützen den Unternehmern nichts, wenn niemand da ist, der ihre Produkte kauft.

Die Steuer entbindet den Staat und die Wirtschaft aber nicht von der Pflicht, alles zu unternehmen, was geeignet erscheint, gute und qualifizierte neue Jobs zu ermöglichen und die Fahrt in die Freizeitgesellschaft so zu verzögern, daß wir heil darin ankommen. Und vielleicht gelingt es sogar, die Arbeitslosigkeit auf ein erträgliches Maß zu senken und die Freizeitgesellschaft für spätere Generationen aufzuheben, denn die Lust auf diese Gesellschaftsform scheint bei den meisten Menschen nicht sehr groß zu sein. Die meisten Menschen, so scheint es, arbeiten gerne.

Das Programm für neue Arbeitsplätze

Deutschland war im 19. Jahrhundert ein Motor der Industriegesellschaft. Von den deutschen Erfindungen, Patenten und Innovationen zehrte unser Land bis weit in die siebziger Jahre hinein. Aber jetzt wandelt sich die Industrie- zur Informationsgesellschaft. Deren Motoren brummen in Asien und vor allem in den USA.

Wenn es daher überhaupt irgendeine Chance geben soll, die Sockelarbeitslosigkeit in Europa abzubauen, zumindest neue und qualifizierte Jobs zu schaffen, dann kann das nur gelingen, wenn die Motoren der Informationsgesellschaft auch in Europa brummen. Dann muß jetzt mit großen Anstrengungen nachgeholt werden, was 40 Jahre lang versäumt wurde: die Investition in die Mikroelektronik, denn die meisten und besten Jobs entstehen im Silicon Valley.[93] Wir brauchen diese Basistechnologie, und wir brauchen sie nicht nur in Deutschland, sondern in ganz Europa.

Ohnehin kann diese Aufholjagd nicht mehr national, sondern nur gesamteuropäisch bewältigt werden, denn diese Technologie erfordert Investitionssummen, die nationale Etats – übrigens auch die Leistungsfähigkeit großer Konzerne wie Siemens – übersteigen. Eine Chipfabrik ist heute teurer als ein Stahlwerk. Aber während das Stahlwerk 30 Jahre lang arbeitet, muß sich eine Chipfabrik spätestens nach sechs Jahren amortisiert haben, denn schon für die übernächste Chip-Generation braucht man wieder eine neue Fabrik, und die wird mindestens doppelt so teuer wie die alte. Zumindest war es so in den letzten 20 Jahren. Inzwischen zeichnet sich ab, daß es auch bei der Verdoppelung nicht bleiben wird. Rund eine Milliarde Dollar hat eine Chipfabrik Mitte der neunziger Jahre gekostet. Heute kalkulieren die Chiphersteller nicht mehr mit zwei, sondern mit drei Milliarden Dollar.

Eine ähnliche Entwicklung erfährt auch die chemische Industrie, besonders die pharmazeutische. »Vor 20 Jahren kostete die Entwicklung eines neuen Medikaments 60 Millionen Dollar. Heute kostet das 800 Millionen Dollar«,[94] weil die Forschung teurer geworden ist, aber auch die Produktion. Und die gestiegenen Sicherheitsanforderungen der Gesundheitsbehörden verlangen längere und intensivere klinische Studien, bevor sie ein Medikament zulassen. Die höheren Kosten müssen in kürzerer Zeit hereingeholt werden als früher, denn der Lebenszyklus der meisten neuen Medikamente hat sich verkürzt.

Bei solch hohen Investitionen mit solch kurzen Amortisationszeiten muß man sich von zwei Dogmen verabschieden, die aber in anderen Branchen weiterhin ihre Gültigkeit haben: Subventionen sind von Übel, und Fusionen sind schädlich für den Wettbewerb. Nicht einmal ein Riese wie Siemens kann die Milliarden aufbringen, die nötig sind, um in der Mikroelektronik international konkurrenzfähig zu bleiben. Entweder muß man Siemens erlauben, mit anderen Riesen zu fusionieren, oder man muß dem Konzern Subventionen in der Größenordnung von mehreren 100 Millionen Mark pro Jahr zugestehen, oder man muß sogar beides, die Fusion und die Subvention dulden.

Doch dafür muß auch eine Gegenleistung erbracht werden. Wenn ein Unternehmen das Geld und den Goodwill von Staat und Gesellschaft beansprucht, dann sollte es ihm verboten sein, sich nur seinen Shareholdern verpflichtet zu fühlen. Dann ist die Verpflichtung gegenüber Staat und Gesellschaft und gegenüber seinen Mitarbeitern vorrangig. Für eine Shareholder-Machtwirtschaft gibt dieses Modell also keinerlei Legitimation.

Schon in wenigen Jahren wird die Mikroelektronik vermutlich noch weitaus kostenintensiver als heute, denn dann gelangt die zentrale Technologie der Chipherstellung, die Fotolithografie, an ihre natürlichen Grenzen. Chipdesigner entwerfen die komplexen Schaltungen eines Chips zuerst am Computer. Um mit bloßem Auge etwas von den feinen Strukturen dieser Schaltungen erkennen zu können, muß man sie auf Papier vom Ausmaß einer Plakatwand drucken. Und um diese Strukturen dann wieder so zu schrumpfen, daß sie auf ein fingernagelkleines Plättchen Silizium passen, bedient man sich einer Technik des Beschichtens, Belichtens und Ätzens.

Eine runde dünne Siliziumscheibe von 20 Zentimetern Durchmesser, der Wafer, wird mit einem lichtempfindlichen Film beschichtet. Eine Lichtquelle projiziert über ein Linsensystem durch eine Maskenvorlage die Schaltungsstrukturen der Chips auf den Film. Die belichteten oder auch unbelichteten Bereiche werden mit einem Entwickler herausgelöst, und die sich daraus ergebenden Strukturen dienen jetzt selbst als Maske für weitere Prozesse des Dotierens oder Füllens oder nachfolgender Ätzungen.

Die Leistung eines Computers hängt letztlich von der Kleinheit der Strukturen auf dem Chip ab. Je kleiner sie sind, desto mehr Schaltelemente pro Quadratmillimeter lassen sich unterbringen, desto größer wird die Speicherkapazität, desto kürzer sind die Schaltwege, desto schneller wird geschaltet, desto schneller kann der Computer rechnen. Mit natürlichem, aber sehr kurzwelligem Licht ist es in den letzten Jahrzehnten gelungen, Strukturen in der Größenordnung von 0,25 Mikrometern zu beherrschen. Dafür ist schon tiefultraviolettes Licht nötig. Die Fachleute schätzen, daß mit UV-Licht noch Strukturen bis 0,1 Mikrometer möglich sind, dann ist Schluß, denn ab einer bestimmten Wellenlänge spielen die optischen Linsen nicht mehr mit. Statt das Licht zu brechen, absorbieren sie es.

Das bedeutet: Demnächst wird dringend eine neue Technologie für die Chipherstellung benötigt. Mögliche Alternativen zeichnen sich bereits ab. Die Lithografie wird bleiben, aber das natürliche Licht wird entweder durch Röntgenstrahlen, Elektronen oder Ionen ersetzt. Jede dieser Alternativen erfordert eine jeweils eigene »Infrastruktur«: Man braucht andere Lacke, Filme, Masken, Lösungsmittel, Maskenschreiber, Prüfwerkzeuge, Steuerungen und vor allem völlig neue Apparate für die Fokussierung der Röntgen-, Elektronen- oder Ionenstrahlen. Da dies alles ungemein teuer wird – ein Lithografiesystem kostet gegenwärtig eine Milliarde Dollar, Tendenz steigend –, ist es nicht sehr wahrscheinlich, daß alle drei Wege beschritten werden. Irgendwann wird sich eine der drei Technologien als die wirtschaftlichste erweisen, und die wird dann das Ende der beiden anderen bedeuten.

Es beginnt also ein neues Rennen, und die Europäer sind in diesem Rennen sogar gut dabei, bekommen eine neue Chance, eine Zukunftsindustrie mit hochproduktiven Arbeitsplätzen zu schaffen. Auch in der Mikrosystemtechnik,[95] der Miniaturisierung mechanischer und optischer Elemente, haben die Europäer ein paar Eisen im Feuer. Allerdings sehen die Startbedingungen ziemlich trostlos aus. In den USA arbeiten Dutzende von Labors an den Alternativen zur Lichtlithografie und profitieren von stetig fließenden Forschungsgeldern. In Europa haben wir mit dem IMEC (Interuniversity Micro-Electronics Center) in Löwen bei Brüssel ein exzellentes Institut, aber es ist das einzige, das weltweit konkurrieren kann und das mit einem geradezu lächerlichen Etat von 130 Millionen Mark jährlich.[96]

Weltweit arbeiten zahlreiche Forscher an der übernächsten Technologiewelle, erproben Alternativen zur Siliziumtechnologie, versuchen Atome und Moleküle als Datenspeicher zu nutzen oder Kunststoffe zu Halbleitern zu entwickeln. Auch hier halten deutsche und europäische Wissenschaftler noch wacker mit. Doch wenn nicht bald in der EU die Kräfte gebündelt und in einer einheitlichen europäischen Forschungspolitik bestimmte Ziele fokussiert werden, und wenn die Subventionen für die Landwirtschaft weiterhin der größte Posten im Etat der EU bleiben und die Ausgaben für Forschung und Entwicklung weiterhin eine Marginalie, dann werden auch die Produkte der Zukunft und die an sie gekoppelten Jobs wieder in Asien und in den USA entstehen. Das vor allem dann, wenn in der EU-Forschungspolitik jemand wie Edith Cresson das Sagen hat.

Wenn es denn überhaupt eine Chance gibt, jemals wieder hochbezahlte Jobs in großen Mengen zu schaffen, dann liegt diese Chance in der Hochtechnologie. Um diese Chance zu nutzen, müssen die Ausgaben für Bildung, Ausbildung, Forschung und Entwicklung massiv erhöht werden, sowohl vom Staat als auch von der Industrie.

Was geschieht, ist das Gegenteil. Deshalb schlugen die Chefs renommierter deutscher Wissenschaftsorganisationen[97] Anfang 1997 Alarm: In Deutschland »sind die Ausgaben für Forschung und Entwicklung in weniger als einem Jahrzehnt um mehr als ein Viertel auf 2,2 Prozent des Bruttoinlandsprodukts gesunken«.[98] Nur der Versuch, diesen Anteil wieder der Dreiprozentmarke anzunähern, würde Deutschland einen vorderen Platz unter den OECD-Ländern sichern.

Nicht nur der Staat versäumt es, in die Zukunft zu investieren. Auch die Wirtschaft läßt in ihren Anstrengungen nach. »Derzeit gehen in Deutschland Staat und Wirtschaft Arm in Arm in die falsche Richtung.«[99] Wenn man dann noch bedenkt, daß auch die Ausgaben für Bildung und Ausbildung seit Jahren stagnieren und wiederum auch die Wirtschaft in ihrem Ausbildungs-Engagement nachläßt, wenn man sich vergegenwärtigt, daß Inhaberinnen von Boutiquen mehr verdienen als Lehrer, daß Devisenmanager und Börsenspekulanten offenbar wichtiger sind als Ingenieure, dann werden wir tatsächlich mit ziemlich hohem Tempo in die Freizeitgesellschaft schlittern, aber in eine, in der es keine Maschinen gibt, die für uns arbeiten.

Bei der Suche nach der wichtigsten Ursache für die Vernachlässigung der Investitionen in die Zukunft stoßen wir wieder auf die unselige Shareholder-Mentalität. Der Staat hat kein Geld mehr, weil die Shareholder und Unternehmen kaum noch Steuern zahlen. Und die Unternehmen lassen in ihren Forschungsanstrengungen nach, weil sie den Shareholdern nicht nachweisen können, daß die Ausgaben sich innerhalb von vier Jahren amortisieren. Das größte Wettbewerbshindernis in unserer Wirtschaft sind nicht die Löhne, nicht der Sozialstaat, nicht die Steuern, nicht die Gewerkschaften, nicht die mangelnde Bereitschaft der Arbeitnehmer zur Flexibilität und Mobilität, das größte Wettbewerbshindernis sind die Shareholder mit ihrem kurzfristigen Denken und ihrem Verlangen nach Kapitalrenditen von 20 Prozent und mehr.

Für solch phantastische Gewinnerwartungen gibt es keine Rechtfertigung. Es kann sie nicht geben, wenn Banker ihren Kleinsparern gerade mal 2,5 Prozent auf deren Guthaben zugestehen, und es kann sie nicht geben, wenn Kapitalrenditen von mehr als 20 Prozent nur zu Lasten anderer – des Staates, der Arbeitnehmer, der Zukunft des Unternehmens – erzielt werden können.

Gerechtfertigt sind solche Renditen nur in einem einzigen Fall: Wenn ein Unternehmen seinen ganzen Gewinn, oder zumindest den Löwenanteil, Jahr für Jahr immer wieder ins Unternehmen steckt, damit seine Innovationskraft dauerhaft stärkt und dadurch den Wert des Unternehmens stetig erhöht. Es gibt solche Ausnahmen. Hewlett Packard zum Beispiel zahlt seinen Aktionären kaum je eine Dividende, macht aber gute Gewinne, die gleich wieder ins Unternehmen fließen. Sowohl die Aktionäre als auch die Mitarbeiter sind zufrieden, denn das Unternehmen wächst und gedeiht, der Kurs steigt.

In den meisten anderen Unternehmen aber entsteht Shareholder value durch Entlassungen, Steuersparmodelle, Firmensitzverlagerungen, Fusionen, Übernahmen, Subventionsmitnahmen, Lohndrückerei, Streichung von Sozialleistungen, Verringerung der Kosten für die Aus- und Fortbildung der Mitarbeiter und Kappung der Ausgaben für Forschung und Entwicklung. So kann das Management seinen Shareholdern von Quartal zu Quartal schönere Zahlen vorlegen. Und die Quartalskäufer, die sich an solchen Zahlen berauschen und deshalb in das Unternehmen investieren, werden sehr schnell sehr reich. Wenn die Manager dann irgendwann alle Möglichkeiten ausgeschöpft haben und wenn die Zahlen wieder häßlicher werden, weil es plötzlich an qualifizierten Mitarbeitern und Innovationen mangelt, haben die Shareholder längst Kasse gemacht und das Geld in ein anderes Unternehmen gesteckt, dessen Management gerade erst damit begonnen hat, für schönere Zahlen auf Kosten der Zukunft zu sorgen. Doch mit diesem Raubbau wird auf Dauer die ganze Wirtschaft ruiniert.

Die europäische Einigung vorantreiben

Für die europäische Vereinigung gibt es viele Gründe. Einer davon lautet: Wenn internationale Großkonzerne fusionieren und damit große wirtschaftliche Macht auf sich vereinen, müssen auch die nationalen Regierungen fusionieren, um dieser Macht ein politisches Gegengewicht entgegenzusetzen.

Mit dem Euro ist für die weitere europäische Einigung die bisher weitreichendste Voraussetzung geschaffen worden. Er ist nicht automatisch ein Garant dafür, daß es auf diesem Weg nun rascher, effizienter und auch demokratischer weitergehen wird. Aber er schafft einen merkwürdigen Zwischenzustand, bei dem es auf Dauer nicht bleiben kann. Die gemeinsame Währung ohne gemeinsamen Staat produziert eine Eigengesetzlichkeit, die über kurz oder lang zur Entscheidung zwingt über die Frage: Wollen wir Europa jetzt richtig und ganz, oder wollen wir es doch lieber bleibenlassen? »Entweder zurück zum Nationalstaat oder vorwärts in die Vereinigten Staaten von Europa« – etwas Drittes gibt es nicht, schrieb Josef Joffe in der ›Süddeutschen Zeitung‹.[100]

Warum? Weil der Euro den elf Mitgliedsstaaten mehr Macht wegnehme, als es früher eine siegreiche Fremd-Armee tun konnte, argumentiert Joffe und fragt: Werden die Staaten ihren Macht- und Bedeutungsverlust auf Dauer akzeptieren, oder werden sie versuchen, sich ihre verlorene Macht wieder zurückzuholen?

Wenn sie es nicht tun, meint Joffe, dann können sie auf dem einmal eingeschlagenen Weg des Souveränitätsverzichts nicht verharren, sondern müssen ihn weitergehen bis zum Ende, denn in einer gemeinsamen Wirtschafts- und Geldzone ließen sich nationale Steuersysteme kaum auf Dauer halten. Die Steuer-Systeme müssen also angepaßt werden, und das bedeutet weiteren Autonomieverlust für den Nationalstaat.

Wenn aber die Währungs-, Finanz-, Steuer- und Wirtschaftspolitik und immer mehr auch das Recht in Brüssel gemacht werden, dann, so erwartet Joffe, werden sich die Leute über kurz oder lang fragen: »Wie kann ich Einfluß nehmen auf dieses Europa, das immer mehr Macht über mich hat? Dann werden sie ein richtiges Parlament mit richtigen Befugnissen haben wollen. Und eine richtige Regierung, die sie auch feuern können – nicht die anonyme EU-Bürokratie in Brüssel und den Ministerrat. Das wird die Geburtsstunde der VSE sein«, der Vereinigten Staaten von Europa (Joffe, a. a. O.).

Und das wäre auch das beste für die Bürger der EU, denn nur ein mächtiger Einheitsstaat kann den Weltkonzernen Paroli bieten, nur eine europäische Zentralregierung kann eine für die Zukunft Europas so wichtige Bildungs-, Forschungs- und Entwicklungspolitik aus einem Guß realisieren. Auch internationale Großspekulanten und Shareholder-Gruppierungen können von einer starken Zentralgewalt wesentlich besser in die Schranken verwiesen werden als von elf halbsouveränen Klein- und Mittelstaaten. Nur eine Zentralregierung kann Umwelt- und soziale Standards in der ganzen EU durchsetzen und so für Wettbewerbsgleichheit in allen elf Mitgliedsländern sorgen. Der in allen Staaten wuchernde Steuerdschungel, der schon längst keine Steuergerechtigkeit mehr ermöglicht, könnte von Brüssel aus gelichtet und zurechtgestutzt werden. Und es wäre auch endlich an der Zeit, daß die EU außen- und militärpolitisch mit einer Stimme spricht. Ich glaube, die Mehrheit der Bürger in der EU will das längst. Sie sind in ihrem Denken schon weiter als die nationalen Politiker und die Kommissare der EU.

Umverteilen und das Steuersystem reformieren

Um in der Mikroelektronik aufzuholen, mehr in Forschung und Entwicklung zu investieren, die Qualität der Bildung und Ausbildung zu verbessern und um die Opfer von Rationalisierung nicht in die Armut zu entlassen, braucht es drei Dinge: Geld, Geld und Geld. Woher soll es kommen?

Der Staat muß sich das Geld dort holen, wo es ist, bei den Vermögenden. Sie sind in der Vergangenheit übermäßig geschont worden, und darum bedarf es dringend einer Steuerreform, die wirklich den Namen verdient, und den verdient sie nur dann, wenn endlich jene zur Kasse gebeten werden, die bisher verschont wurden, die Reichen.

Bei den Wohlhabenden »gibt es nicht nur fast unerschöpfliche Goldadern, sondern ganze Goldberge, die sich erschließen ließen, wenn die Politik nicht einer bestimmten Klientel gefällig wäre«, sagte der ehemalige Präsident des Bundesverfassungsgerichts, Wolfgang Zeidler, schon vor 15 Jahren. In einem ›Spiegel‹-Interview[101] – es ging um die Benachteiligung von Familien – gab er zu Protokoll, daß von Steuergerechtigkeit in unserem Land nicht die Rede sein könne.

Um mehr Gerechtigkeit zu realisieren, »müßte Ernst gemacht werden mit dem Abbau zahlreicher Steuervergünstigungen. … Vor allem hat der Staat in den letzten Jahrzehnten einige 100 Milliarden dadurch verschenkt, daß er darauf verzichtet hat, die ungeheuren Vermögen, die im Grundeigentum stecken, in einer auch nur annähernd angemessenen Weise zu besteuern«. (Zeidler, a. a. O.)

Das jetzige Recht bewirke eine »ungeheure Bevorzugung teils des Grundeigentums, teils aber auch der Gewinne, die aus dem Handel mit Grundstücken fließen … Um es deutlich zu sagen: Die bisherigen Maßstäbe bei der Besteuerung des Grundeigentums haben das materielle Prinzip der Steuergerechtigkeit in solchem Maße mißachtet, daß seit 1948 von Einnahmeverzichten des Staates in Höhe von mehreren 100 Milliarden Mark ausgegangen werden kann, wahrscheinlich mehr, als heute die Verschuldung aller öffentlichen Hände beträgt.« (Zeidler, a. a. O.)

Auch die Erbschaftssteuer lasse sich noch anheben. »Ich meine, es ist sowohl im Interesse des Wirtschaftslebens, der ökonomischen Vitalität einer gesellschaftlichen Ordnung, als auch im Interesse der Gerechtigkeit dringend erforderlich, daß im Abstand eines Generationswechsels die Karten neu gemischt und neu verteilt werden. Daß die Söhne und Töchter der Reichen, die vielleicht heillose Taugenichtse sind, ein Leben in Saus und Braus führen, dafür sehe ich keinerlei Berechtigung.« (Zeidler, a. a. O.)

Der »Weltclub der Milliardäre« zählt mittlerweile 450 Mitglieder und repräsentiert ein Vermögen, das wesentlich größer ist als die Summe der Bruttosozialprodukte aller armen Länder, die 56 Prozent der Weltbevölkerung ausmachen.[102] Allein das Spielgeld, das Börsenzocker während eines einzigen Tages um den Erdball jagen, erreicht die Höhe der Jahresetats nationaler Regierungen. 1995 war der tägliche Devisenumsatz (1 500 Milliarden Dollar) aller Weltbörsen höher als die Summe der Devisenreserven aller Zentralbanken weltweit.[103]

Ein Investor, der Anfang 1993 eine Million Mark in den DAX anlegte, besaß fünf Jahre später ein Vermögen von 3,7 Millionen Mark.[104] Wenn er die Aktien verkauft, kann er den Gewinn von 2,7 Millionen Mark kassieren, ohne dafür einen Pfennig Steuer zu zahlen. Wer 1980 eine Allianz-Aktie kaufte, hat bis 1998 eine Wertsteigerung von 2 700 Prozent[105] erzielt, steuerfrei.

Die frühere Bundesregierung unter Kanzler Helmut Kohl hat die Vermögensteuer abgeschafft. Ihr Beitrag zum Gesamt-Steuereinkommen war marginal, aber nur deshalb, weil, wie Zeidler in dem ›Spiegel‹-Interview monierte, nie das tatsächliche Vermögen der Vermögenden besteuert wurde und weil der Staat auch nie richtig geprüft hatte, wie steuerehrlich die Reichen ihr Vermögen angeben.

Ende 1997 verfügten die Bundesbürger über Grundstücke, Häuser, Wohnungen, Wertsachen und Geldvermögen in Höhe von 14 Billionen Mark.[106] Angeblich gehört nur ein Drittel dieser Summe Kleinsparern, Bauern, Häuslebauern und Besitzern selbstgenutzter Eigentumswohnungen, denen niemand ans Leder will. Zwei Drittel des gesamten Besitzes sollen sich in den Händen von sehr wenigen konzentrieren. Zwei Drittel von 14 Billionen sind rund neun Billionen Mark. Läßt man die kleinen Vermögen ungeschoren und würde man nur das Neun-Billionen-Mark-Vermögen der wirklich Reichen mit nur einem Prozent besteuern, hätte der Staat Steuereinnahmen in Höhe von 90 Milliarden Mark jährlich.

Wenn der Staat noch weiter eine Existenzberechtigung haben soll, dann muß er sein Anrecht auf diese 90 Milliarden durchsetzen, um der Gerechtigkeit willen, und weil wir sie brauchen, um den demokratischen Rechtsstaat in die Informationsgesellschaft hinüberzuretten.

Der ehemalige Verfassungsrichter Zeidler stellte fest, unsere Rechtsordnung habe sich bisweilen so ausgewirkt, »daß Eigentum in der Hand eines Reichen und Mächtigen auch wirken konnte wie eine gegen die Mitmenschen gerichtete Waffe. Das lief oft weniger darauf hinaus, dem Täter die Axt zu entwinden, als vielmehr darauf, ihren Griff auch noch zu vergolden.«[107]

Und auch das sagte er: »Wo die Möglichkeit zur Reform fehlt, wird Revolution legitim.«

Öffentlich Druck machen und Widerstand leisten

Die Vermögenden werden kaum freiwillig etwas von ihrem Reichtum abgeben. Wer 100 Millionen hat, will nicht 50 abgeben, sondern auf 200 aufstocken. Es ist wohl einfach zuviel verlangt, von Menschen zu erwarten, gegen ihr eigenes Interesse zu handeln. Ohne gesetzlichen Zwang wird es daher kaum gehen.

Ohne politischen Druck, ohne die öffentlich erhobene und regelmäßig wiederholte Forderung nach angemessener Besteuerung der Reichen und notfalls auch nach Aufhebung des Steuergeheimnisses werden wir keine Steuergerechtigkeit bekommen. Auch Länder wie Luxemburg, die Niederlande, Dänemark, die Schweiz müssen unter Druck gesetzt werden, weil sie das Geld der Reichen vor dem legitimen Zugriff der anderen Staaten schützen.

Ohne Beteiligung der Vermögenden an den Gemeinkosten ist der Sozialstaat nicht finanzierbar, fehlt das Geld für Bildung, Forschung und Entwicklung. Und ohne eine Beendigung der Shareholder-Wirtschaft entwickeln sich die Mitgliedsländer der EU zurück zu Schwellenländern. Es ist darum an der Zeit, Widerstand zu leisten.

Als in den siebziger und achtziger Jahren eine Umweltkatastrophe die nächste jagte, formierte sich aus Tausenden von Bürgerinitiativen der Protest gegen unsere umweltzerstörerische Art des Wirtschaftens. Die Umweltbewegung hat zwar nicht alles erreicht, was sie sich erträumte, aber doch viel mehr als nichts. Umweltschutz wird jetzt auch von der Wirtschaft als Notwendigkeit anerkannt. Zwar sträuben sich einzelne Unternehmen und Branchen gegen jede Umweltschutz-Auflage, aber dies geschieht eher diskret und verdeckt, weil die Manager wissen: Aktiver Widerstand gegen Umweltschutz ist in Deutschland zwecklos, weil die Öffentlichkeit sensibel reagiert, weil es für ein Unternehmen imageschädigend ist, als

Umweltsünder am Pranger zu stehen. Die Umweltbewegung hat mit den Grünen sogar eine neue Partei hervorgebracht, die jetzt an der Regierung beteiligt ist.

Engagierte Umweltschützer werden einwenden: Nützt alles nichts, der Umweltverbrauch geht in hohem Tempo weiter. Ich halte dagegen: Ohne Umweltbewegung wäre die Entwicklung noch katastrophaler verlaufen, und daß die Erfolge der Ökoparteien und Ökobewegungen nur begrenzt sind, hat damit zu tun, daß sie zu lange gebraucht haben, um sich zu internationalisieren. Sowohl die Gewerkschaften als auch die Umweltbewegung wie auch die politischen Parteien haben nicht Schritt gehalten mit dem Internationalisierungstempo der Wirtschaft.

Ökologische Katastrophen haben die Umweltbewegung hervorgebracht. Soziale Katastrophen wie Massenarbeitslosigkeit, Zerstörung des Sozialstaats, Zensur der Presse durch den Markt, Zersetzung der Demokratie, Schwächung des Staats und der Gewerkschaften werden eine neue soziale Bewegung hervorbringen. Der Protest hat schon begonnen, ist zwar noch so leise, daß er kaum gehört wird, aber er ist da, und er wird um so lauter werden, je weiter die Machtwirtschaft voranschreitet.

Am Anfang der Umweltbewegung war das Wort. Vor allem ein Buch war es, das weltweit Aufsehen erregte: ›Die Grenzen des Wachstums‹ des »Club of Rome«. Seit rund zwei Jahren gibt es ein neues Buch: ›Die Grenzen des Wettbewerbs‹. Die Verfasser bezeichnen sich als 22 »alternative Wissenschaftler« und nennen sich »Die Gruppe von Lissabon«. Gründer ist der Italiener Riccardo Petrella. Er war früher einer der führenden Technologieforscher der Europäischen Kommission in Brüssel und lehrt heute Ökonomie im belgischen Louvain.

Die Gruppe von Lissabon fordert vier weltweite Verträge: Im ersten Vertrag soll vereinbart werden, daß alle Erdenbürger mit Unterstützung der großen Infrastrukturkonzerne ihren Grundbedarf an Wasser, Energie und Wohnen befriedigen. Der zweite fordert zum Dialog zwischen den Kulturen auf, der dritte soll helfen, die Macht der Mega- und Gigakonzerne zu brechen und die Demokratie wieder in ihr Recht versetzen. Eine »globale Bürgerversammlung« soll über das »globale

Gemeinwohl« und über »kooperative Wirtschaftssteuerung« nachdenken. Im vierten Vertrag möchte die Gruppe festschreiben, daß die vom Umwelt- und Entwicklungsgipfel in Rio beschlossenen Ziele umgesetzt werden.

Eine Schwalbe macht noch keinen Sommer, ein Buch noch keine Bewegung und ein Bündel politischer Forderungen eines einzelnen Autors noch keinen Wind. Doch inzwischen gibt es einige Publikationen, die in die gleiche Richtung zielen.

Christoph Gauer, ein Manager aus der Halbleiterforschung von Siemens, und Jürgen Scriba,[108] ein Redakteur des ›Spiegel‹, weisen nach, daß die Zahlen, mit denen der BDI-Chef und »Nadelstreifen-Rambo« Hans-Olaf Henkel seit nunmehr anderthalb Jahrzehnten den Standort Deutschland kaputtredet, nicht stimmen. Sie entlarven die märchenhaften Züge der Geschichten über die »Erfolge« von Reagonomics und Thatcherismus, sie begründen, warum niedrige Löhne die Wettbewerbsfähigkeit eines technisch hochentwickelten Landes nicht erhöhen, sondern senken, und sie entlarven die Berichte über Arbeitsplatzexporte der deutschen Wirtschaft als Teil der Standortpropaganda der Arbeitgeber. Diese gehen laut Gauer / Scriba gar nicht so oft und gern ins Ausland, wie sie glauben machen wollen, denn es gefällt ihnen ganz gut hier, aber sie haben die Drohwirkung des Arbeitsplatzexports entdeckt.

Gerald Boxberger, Dozent für Volkswirtschaft, und Harald Klimenta,[109] Physiker und Globalisierungsexperte, nehmen die zehn wichtigsten Argumente der Arbeitgeber in der Globalisierungsdebatte auseinander und widerlegen deren Propaganda gegen das Primat des Staates, den Sozialstaat und zu hohe Löhne. Auch diese beiden Autoren entlarven die Berichte über die »Job-Maschine USA« und das »Investoren-Paradies England« als Mythos.

Rudolf Hickel,[110] Professor für Wirtschaftswissenschaft, bestreitet die Dogmen der neoliberalen Politik ebenso wie Lester Thurow,[111] Wirtschaftsprofessor am renommierten Massachusetts Institute of Technology (MIT). In Frankreich ist Viviane Forrester eine vielgefragte Referentin, seit sie sich mit einem Buch gegen den »Terror der Ökonomie«[112] gewehrt hat. Für den französischen Soziologen Pierre Bourdieu ist der Begriff

»Globalisierung« lediglich ein Euphemismus für »ökonomischen Imperialismus«.[113] Er ist der Meinung, daß »Europa jetzt um eine Bank herum aufgebaut wird«. Seine Frage lautet: Will man einen Finanzstaat, gar einen Polizeistaat oder doch lieber einen Sozialstaat?

Die Franzosen erwarten von einem vereinten Europa offenbar etwas mehr, als nur ein Rollfeld für die Multis abzugeben. Sie möchten sich von der globalen Machtwirtschaft nicht ihren Lebensstil kaputtmachen lassen, wehren sich gegen die McDonalds'-, Cola- und Hollywood-Kultur und auch gegen die Übermacht der englischen Sprache.

Dagegen die Deutschen: Kaum hat sich mal wieder ein französischer Politiker über die Vorherrschaft des Englischen im Internet beklagt, schon belächeln auf der anderen Seite des Rheins sich weltmännisch dünkende Journalisten diesen »französischen Provinzialismus«. Dabei steckt nichts als alter deutscher Untertanengeist im neuen weltmännischen Gewande hinter diesem überlegenen Lächeln. Auch die von deutschen Ökonomen vorgebrachte barsche Aufforderung an die deutschen Arbeitnehmer, sich endlich den Gesetzen des Weltmarktes anzupassen, vor der Knute ausländischer Investoren zu kuschen und sich angeblichen Sachzwängen zu unterwerfen, appelliert vor allem an den alten deutschen Untertanengeist.

Viele Schwalben machen zwar einen Schwarm und sind ein Indiz für den Sommer, aber ob er wirklich kommt, das hängt nicht von den Schwalben ab. Und ob eine neue soziale Bewegung entsteht, hängt nicht von den Büchern ab, sondern von den Lesern dieser Bücher. Wenn die Leser entscheiden: Da muß etwas geschehen, dann wird auch etwas geschehen. Wenn die Leser auf die Straße gehen und öffentlich Druck machen gegen das Diktat der Wirtschaft, dann werden sich auch die Presse und die Politiker damit beschäftigen müssen. Dann wird es weitere Bücher, Zeitungsartikel und eine kontinuierliche TV-Berichterstattung geben, und dann werden wir die Debatte haben, die wir brauchen.

Wird über das Diktat der Wirtschaft öffentlich debattiert, wird der Wirtschaft das Diktieren viel schwerer fallen als bisher. Der Druck der Straße, die Demonstration der ohnmächtigen Vielen gegen die mächtigen Wenigen ist unerläßlich für eine Korrektur der Machtbalance.

Debatten und Demonstrationen werden auch die Universitäten beeinflussen, zu neuen wissenschaftlichen Fragestellungen, Projekten und vielleicht auch zu neuen Fächerkombinationen führen. Führt Freihandel wirklich in jedem Fall und automatisch zu mehr Wohlstand in allen Ländern, die sich am Freihandel beteiligen? Ist Freihandel wirklich in jedem Fall ein Spiel, bei dem automatisch alle gewinnen? Oder ist er ein Nullsummenspiel, bei dem der Gewinn des einen den Verlust des anderen bedeutet? Gibt es bestimmte Bedingungen, die erfüllt sein müssen, damit alle Teilnehmer profitieren? Was kostet uns der weltweite Handel?

Wieviel Umwelt wird verbraucht, wenn die Einzelteile für einen BMW auf der ganzen Welt gebaut, nach Deutschland gebracht und dort zum BMW zusammengebaut werden? Um wieviel Prozent würde sich ein BMW verteuern, wenn alle seine Teile ausschließlich in Europa hergestellt würden? Würde sich seine Qualität dadurch verbessern oder verschlechtern, oder wäre die Produktionsverlagerung nach Europa ohne Einfluß auf die Qualität? Um wieviel Prozent würde sich ein BMW verteuern, wenn dessen weltweit produzierte Teile nach europäischen Sozial- und Umweltstandards produziert würden?

Wo auf der Welt zahlen Daimler, die Deutsche Bank, Bayer, BMW oder Opel Steuern, und wieviel? Wie sieht ihre Sozialbilanz an den verschiedenen Produktionsstandorten aus? Was holen sie aus einem Land heraus? Und was stecken sie hinein?

Welchen volkswirtschaftlichen Nutzen haben Fusionen? Sinken die Verbraucherpreise, oder steigen sie? Ist es wirklich wahr, daß fusionierte Unternehmen mehr Geld für Forschung und Entwicklung ausgeben? Auf welchen Märkten bilden sich durch Fusionen Oligopole, Duopole, Quasimonopole? Welchen Einfluß haben Oligopole auf die Innovationsrate? Hemmen oder befördern sie den technischen Fortschritt? – lauter Fragen, denen bisher allenfalls von Soziologen nachgegangen wird, nicht aber von Volks- oder Betriebswirten.

Solche Fragen könnten von kritischen Wissenschaftlern untersucht werden, wenn es eine öffentliche Debatte über das

Diktat der Shareholder gäbe. Kritische Studenten der Philosophie oder der Soziologie würden vielleicht als zweites Fach Volks- und Betriebswirtschaft wählen und mit ihren andersartigen Fragen diese Fächer samt zugehörigem Lehrpersonal ordentlich aufmischen. Abiturienten, die eigentlich vorhatten, Philosophie, Geschichte oder Kunstgeschichte zu studieren, überlegen es sich unter dem Eindruck von Demonstrationen gegen die Machtwirtschaft vielleicht anders und studieren Volks- und Betriebswirtschaft – nicht um einer Karriere als Manager willen, sondern um der Erkenntnis willen und um später in nationalen oder internationalen Gremien als Widerpart der Wirtschaftslobby die Interessen der Vielen und Machtlosen wahrzunehmen.

Neue soziale Bewegungen müssen sich mit Kirchen, Gewerkschaften und bestimmten Flügeln bestimmter Parteien verbünden, müssen sich untereinander verflechten und vernetzen, so, wie das die Umweltbewegung auch getan hat. Aber diesmal wird das alles noch nicht reichen. Wenn neue soziale Bewegungen Erfolg haben wollen, müssen sie sich internationalisieren. Und es genügt nicht mehr, nur schlechte Entwicklungen verhindern zu wollen. Es genügt auch nicht mehr, nur Forderungen an den Staat zu richten. Man muß gute Entwicklungen initiieren, auf den Weg bringen und vorantreiben, und man muß die gesetzten Ziele möglichst selbst in die Tat umsetzen.

Beides, die Internationalisierung und die Initiation neuer Entwicklungen, bedarf neuer, unerprobter und unkonventioneller Methoden.

Die Befreiungstechnologie

Der Widerstand gegen die Machtwirtschaft beginnt mit dem Kauf eines Computers, und dieser Computer läuft unter Linux. Wer schon einen Computer hat, löscht Windows von seiner Festplatte und installiert Linux.[114]

Der Kauf eines Computers ist natürlich nicht der eigentliche Akt des Widerstands, sondern nur dessen Voraussetzung. Wie Megakonzerne ihre über die Welt verstreuten Unternehmensteile mit Hilfe von Computern und dem Internet organisieren, so kann sich auch der weltweite Widerstand gegen die Megakonzerne übers Internet organisieren. Deshalb, für die globale Organisation des Widerstands, braucht es Computer und das Internet. Der Personal Computer erhält damit seinen ursprünglichen Sinn, Mittel einer demokratischen Volksbewegung zu sein, wieder zurück.

Das Unternehmen Microsoft verkörpert all das, was eine Machtwirtschaft ausmacht, Microsoft ist geradezu das Symbol des häßlichen Kapitalismus in der Informationsgesellschaft. Und das Betriebssystem Linux ist das ideale Gegensymbol, eignet sich wie kaum etwas anderes zum Symbol des Widerstands gegen die Machtwirtschaft. Linux gegen Windows, das ist wie David gegen Goliath. Der vernetzte Linux-Computer – das ist die Befreiungstechnologie.

Linux ist, genau wie Windows, ein Betriebssystem für Personal Computer. Aber hinter Linux steht nicht irgendein Konzern, der das Produkt entwickelt hat und verkauft und den Daumen draufhält, sondern ein weltweites Netz engagierter Programmierer ohne kommerzielle Interessen, aber mit besonderen Ideen. Sie haben dieses System gemeinsam entwickelt. Jeder einzelne arbeitet an einzelnen Verbesserungen des Systems und stellt seine Verbesserung dem Ganzen zur Verfügung. Jeder kann, darf, soll mitmachen und mithelfen, das System immer noch weiter zu verbessern.

Hinter Linux steht eine andere Idee als hinter Windows, genauer gesagt: zwei andere Ideen. Das Wissen darüber verdanke ich dem deutschen Online-Magazin ›Telepolis‹[115] des Heise-Verlags in Hannover. Dieses Magazin wird von Florian Rötzer geleitet und ist das interessanteste deutschsprachige Diskussionsforum zum Thema Informationsgesellschaft. Die eine Idee hinter Linux – hinter freier Software generell – hat Eric S. Raymond[116] formuliert, ein amerikanischer Theoretiker der Hackerkultur, der meint, daß die Gesellschaft etwas lernen könnte von der Hackerkultur. Über diese Hackerkultur sagt Raymond: »Man erwirbt Status und Anerkennung nicht durch Herrschaft über andere Menschen und nicht dadurch, daß man schön ist oder Dinge besitzt, die andere nicht haben, sondern indem man etwas hergibt, insbesondere die eigene Zeit, die eigene Kreativität und die Produkte der eigenen Fähigkeiten.« Man schenkt der Gemeinschaft etwas, bekommt aber auch wieder etwas von ihr zurück, was sich nicht unbedingt in barer Münze ausbezahlen läßt.

Das ist das Gegenteil der Gates-Kultur, die der Gemeinschaft nichts schenkt, aber aus ihr herausholt, was herauszuholen ist. Hacker dagegen programmieren etwas, lösen damit interessante Probleme, erschaffen etwas und stellen den damit verbundenen Quellcode der Öffentlichkeit zur Verfügung, vor allem anderen Hackern, die damit weiterarbeiten und das Geschaffene verbessern oder erweitern können. Die Hackerkultur, sagt Raymond, baue auf einer »Kultur des Schenkens« auf, auf Anerkennung, auch auf Prominenz innerhalb der Szene, und wenn diese Prominenz dann später irgendwann einmal auch in Geld oder eine Karriere umgesetzt werden kann, sei dagegen auch nichts einzuwenden.

Das klingt idealistisch, aber das ist es nicht, sagt Linus Torwalds,[117] einer der »Gründerväter« von Linux. Er formuliert die zweite Idee, die hinter Linux steckt: Software, die so programmiert werde wie Linux, sei zwangsläufig einfach besser als Software, die von einem einzigen Unternehmen hinter verschlossenen Türen entwickelt werde. Programme, deren Quellcode öffentlich ist, würden durch die kooperative Arbeit robuster und sicherer als kommerzielle Produkte.

Hacker verlieren nichts, wenn sie zusammenarbeiten, sondern gewinnen nur, sagt Torwalds. Aber auch Unternehmen könnten gewinnen, wenn sie den Quellcode ihrer Softwareprodukte nicht im Panzerschrank aufbewahrten, sondern veröffentlichten. Durch Kooperation mit den Hackern würde das Produkt nicht nur verläßlicher, weil rasch viele Fehlerquellen aufgespürt würden, sondern auch schneller an die Bedürfnisse der Nutzer angepaßt.

Der Standard, den Microsoft mit seinen Produkten geschaffen hat, wäre wahrscheinlich heute schon viel weiter entwickelt, wenn Microsoft seine Produkte nicht nur als Privateigentum behandeln würde, sondern auch als öffentlichen Standard, der allen gehört.

Sollte man also nicht versuchen, Linux gegen Windows als Weltstandard zu etablieren? Genau diese Frage hat sich auch Philippe Quéau gestellt, der Direktor der UNESCO-Abteilung für Information und Informatik.[118] Die Tendenz zur Standardisierung sei dem Wesen des globalisierten Informationsaustausches inhärent, sagt Quéau. »Wenn ein Standard universell akzeptiert wird, erhält er einen universellen Wert, was folglich dem Allgemeininteresse nutzt.« Das Problem sei aber, daß bestimmte »quasi-universelle« Standards nicht zum öffentlichen Bereich gehören, sondern sich im Besitz von privaten Gruppen befinden.

Deshalb fragt Quéau: Sollten sich nicht die Regierungen der Welt vereinen, um mit Hilfe der UN Standards zu entwickeln, die zum weltweiten öffentlichen Bereich gehören? Anders formuliert: Wie lange will es sich eine Welt, in der Software einer der wichtigsten Produktionsfaktoren ist, eigentlich noch gefallen lassen, dem Software-Diktat eines einzigen Amerikaners ausgeliefert zu sein? Deshalb bringt Quéau Linux ins Spiel und regt an, die Staaten sollen die hinter Linux stehende Idee des öffentlichen Zugangs zum Quellcode unterstützen, nicht nur, um von Microsoft unabhängig zu sein, sondern auch, weil Linux und voraussichtlich auch Linux-Anwendungen billiger sind, und darauf kommt es bei der Mehrzahl der ärmeren Länder dieser Welt besonders an.

In den USA hat unterdessen Eric Raymond eine »Open Source«-Initiative[119] gestartet. Er sammelt im Internet Unterschriften für eine Petition an die amerikanischen Bundesbehörden. Diese sollen, wenn sie Institutionen mit neuen Computern ausstatten oder Computersysteme erneuern, nicht nur kommerzielle, sondern auch freie Software wie Linux einsetzen.

Die Sache hat noch einen allgemeinen Aspekt, der vom Besonderen der Standard-Software hinführt zu einem Problem, das bald schon eine wichtige weltpolitische Bedeutung bekommen wird, nämlich die Frage nach dem Privateigentum an neuartigen Produkten. Wir erleben beispielsweise in der Gentechnik, daß Tiere patentiert werden, daß Pharma-Unternehmen die genetische Pflanzenvielfalt eines ganzen Landes aufkaufen oder daß mathematische Formeln aus der Grundlagenforschung von einzelnen Unternehmen als Privateigentümer gehütet werden. Karl Marx ist tot, aber die Frage nach dem Anspruch auf Privateigentum wird sich demnächst wieder in ganz neuen Zusammenhängen stellen, und es ist nicht unwahrscheinlich, daß so »sozialistische Marterinstrumente« wie Enteignung und Vergesellschaftung einfach deshalb wieder aus der alten Folterkammer geholt werden müssen, weil die Menschheit unter den kapitalistischen Marterinstrumenten ächzt und stöhnt.

Von Citoyens, Citizens und Netizens

Widerstand gegen Machtwirtschaft und Shareholder-Kapitalismus bewirkt nichts, wenn er nur von wenigen Gruppen ausgeht und nur innerhalb nationaler Grenzen entsteht. Er muß von großen gesellschaftlichen Gruppierungen wie den Kirchen und Gewerkschaften, auch von Teilen politischer Parteien mitgetragen werden, und vor allem: Er muß international, mindestens europaweit organisiert und massiv genug sein, um die Aufmerksamkeit der Medien auf sich zu lenken.

Das Internet ist das beste Medium, um öffentlichen Druck international zu organisieren. Wenn man schon einmal einen Linux-Computer hat, um Microsoft zu zeigen, was eine Harke ist, dann kann man diesen auch benutzen, um den Machtwirtschaftlern dieser Welt die rote Karte zu zeigen. Sich übers Internet national und international organisieren, übers Internet diskutieren und kommunizieren, politische Forderungen stellen – das ist der Königsweg zum Widerstand gegen die Machtwirtschaft.

Worte und öffentlicher Druck allein werden aber nicht reichen. Demonstrationen schaffen keine Arbeitsplätze, Informationen allein helfen keinem Obdachlosen, und der Ruf nach dem Staat verliert seinen Sinn, wenn der Staat an Macht, Geld und Einfluß verloren hat. Darum muß man das, was nicht sein soll, selber verhindern, und was sein soll, das muß man selber machen. Das ist meistens auch billiger, effizienter und schneller als die Ochsentour durch die Parlamente.

Was hat unsereins von seiner Bank zu erwarten? Gewiß nichts Überraschendes. Eine Bank zahlt geringe Zinsen auf Guthaben und nimmt hohe Zinsen auf Kredite. Es ist also im Grunde völlig egal, bei welcher Bank man ist.

Angenommen, eine Million Bundesbürger würde beschließen, gleich morgen früh ihre Girokonten bei ihren Banken zu kündigen und ab sofort ihre Geldgeschäfte über die Öko-Bank abzuwickeln – was würde geschehen? Ein gewaltiges Medienecho würde ausgelöst. Die Medien müßten über die Motive der Bankkunden berichten, über die Öko-Bank und über den Widerstand einer neuen sozialen Bewegung gegen die Machtwirtschaft. Daraufhin würde sich eine zweite Million von Bundesbürgern entschließen, ihrer Bank ade zu sagen und die Öko-Bank zu stärken. Diese könnte sich endlich als »richtige« Bank mit mindestens einer Filiale in jeder Stadt etablieren, viele Bundesbürger hörten zum ersten Mal, daß es so etwas wie die Öko-Bank überhaupt gibt, und die Grünen wären für ihre Parteitage nicht mehr auf einen Zigarettenkonzern als Sponsor angewiesen, sondern könnten die Öko-Bank dafür nehmen. Auch die Öko-Bank würde uns niedrige Zinsen auf Guthaben zahlen und hohe Zinsen für Kredite berechnen, aber mit unserem Geld würden ausschließlich ökologisch bedeutsame Projekte finanziert, und künftig auch sozial bedeutsame.

Noch etwas würde geschehen, und das ist viel wichtiger: Die Banken würden verblüfft entdecken, daß sie außer Geld, Konten, Wertpapieren, Schuldnern, Unternehmen, Geschäftspartnern und Großkunden auch noch Kleinkunden haben, ganz normale Menschen, die man in der Vergangenheit einfach nach dem Motto »Kleinvieh macht auch Mist« ins Großgeschäft integriert und auch wie Kleinvieh behandelt hat. Die Banken würden entdecken, daß diese Menschen genug haben von Shareholder value und sich unter Wirtschaft etwas anderes vorstellen. Die Banken würden entdecken, daß ihnen am Jahresende ein paar Milliarden fehlen werden, und plötzlich würde sich bei ihnen die Erkenntnis einstellen: Shareholder value rechnet sich nicht mehr.

Bleibt nur die Frage: Was, außer einer gewissen Trägheit, hindert eine Million Bundesbürger daran, ihr Girokonto bei der Öko-Bank zu eröffnen? Was, außer einer gewissen Trägheit, hindert uns daran, Versicherungen künftig bei einer noch zu gründenden Öko-Versicherung abzuschließen?

Angenommen, eine Million Bundesbürger würde beschließen, ab morgen kein Fleisch mehr zu kaufen, das aus der Massentierhaltung stammt und/oder von Tieren, die über weite Strecken transportiert worden sind, keine Eier von Käfighühnern, keine Milchprodukte von gequälten Kühen – was würde geschehen?

Angenommen, eine Million Bundesbürger würde beschließen, ab morgen keine Produkte des Unternehmens xy mehr zu kaufen, weil die Shareholder der Meinung sind, zwecks Value-Maximierung müßten ein paar tausend Leute entlassen werden, und mal angenommen, eine Million Bundesbürger würden bestimmte Zeitungen und Zeitschriften einfach nicht mehr kaufen, bestimmte TV-Sendungen nicht mehr sehen und bestimmte Sender einfach nicht mehr einschalten, und sie würden statt dessen eine neue Zeitschrift abonnieren, in der nur solche Unternehmen inserieren dürfen, die vorher nachgewiesen haben, daß ihre Produkte ökologisch und sozial unbedenklich sind – was würde passieren?

Angenommen, eine Million Bundesbürger würde beschließen, keine Produkte mehr zu kaufen, die nur deshalb »preiswert« sind, weil die Hersteller ihren Arbeitnehmern Hungerlöhne zahlen, auf die Umwelt keine Rücksicht nehmen und kaum Steuern zahlen, und eine Million Bundesbürger würden statt dessen beschließen, bestimmte Produkte ganz gezielt zu kaufen, weil man damit einem Entwicklungsland hilft, auf die Beine zu kommen, oder einer ostdeutschen Firma oder einer verarmten Region in Griechenland oder Spanien, und mal angenommen, die Franzosen, die Engländer, Italiener, Spanier, Holländer, Skandinavier und der Rest der EU täten das auch?

Wenn sich jetzt jeder sagt, das sei illusorisch und das habe ja alles keinen Sinn und deshalb beteilige ich mich auch nicht daran, dann ist es tatsächlich illusorisch. Dann sollte man sich aber auch nicht mehr darüber beklagen, daß die Welt so ist, wie sie ist, und daß alles so läuft, wie es läuft.

Sollte man es nicht einfach ausprobieren? Die Möglichkeiten von einer Million organisiert handelnden Bundesbürgern wären mit den paar von mir aufgezählten natürlich lange nicht erschöpft. Welche Möglichkeiten so eine Gruppe sonst noch hätte, das kann und soll sie sich selber ausdenken.

Ich möchte noch einmal auf die Öko-Bank zurückkommen. Bei meinen bisherigen Vorschlägen ging es nur darum, etwas zu verhindern. Mit dem über die Öko-Bank plötzlich hereinbrechenden Geldsegen könnte man aber auch beispielsweise in jeder Stadt ein Kaufhaus finanzieren, in dem nur verkauft wird, was vorher genauestens geprüft wurde. Anfangs würden die Regale dieses Kaufhauses ziemlich leer aussehen. Es läge an der Öko-Bank, Projekte zu finanzieren, mit denen jene Produkte hergestellt oder importiert werden, die in den Regalen fehlen. Die Arbeit in den Projekten könnte man so organisieren, daß Väter und Mütter sich ihrem Job *und* ihrer Familie widmen können.

Bevor man solche Kaufhäuser baut oder andere Projekte in Angriff nimmt, könnte man es erst einmal mit einem Versandhandel versuchen. Dort bekäme man dann auch einen Linux-Computer. Den braucht man schon deshalb, weil man nur so erfährt, welche Produkte man unbedenklich kaufen kann und welche nicht, wann gegen was demonstriert wird und wann wofür, wann im Bundestag und in der EU über welches Gesetz verhandelt wird und wie man dann Druck ausübt. Über den Computer könnte man die Ideen der neuen sozialen Bewegung in der ganzen Welt verbreiten, man könnte sich verabreden, sein Handeln weltweit abstimmen, und man könnte über den Computer die unbedenklichen Produkte bestellen. So würde von Anfang an Geld verdient, Geld, das wieder in andere Projekte gesteckt werden könnte, Geld, das Arbeitsplätze schüfe, Geld, das der Machtwirtschaft zeigte: Es geht auch anders, und trotzdem läßt sich dabei was verdienen. Die Politiker und Arbeitgeber hätten dann endlich jene unternehmerisch handelnden Menschen und Innovationen, die sie immer fordern.

Das Schöne an dieser Vorstellung ist, daß man für ihre Realisierung jeden, jede und alles gebrauchen kann, den Programmierer, der den Online-Shop realisiert oder Linux-Anwendungen entwickelt, den Buchhalter, der auf das Geld achtet, die Übersetzerin, die die Ideen der neuen sozialen Bewegung in alle Sprachen übersetzt, den Arbeitslosen, der im Versandhandel einen neuen Job findet, die Erzieherin, die sich in einem Betriebskindergarten um die Kinder der im Versandhandel arbeitenden Leute kümmert, die ausländische Studentin, die Kontakte zu ihrem Heimatland herstellt und hilft, daß die internationale Zusammenarbeit klappt, den Computerfreak, der den anderen den Linux-Computer erklärt, die Managerin, die weiß, wie man so einen Laden führt, die Lehrer, die eine andere Vorstellung von Schule haben als die Kultusminister und darum gern ihre anderen Vorstellungen realisieren möchten, und viele andere mehr.

Schön ist auch, daß jeder über das Maß seines Engagements selber bestimmen kann. Man kann die Sache ganz distanziert betrachten, vielleicht mit einer gewissen Sympathie anderen davon erzählen, gemeinsam erst eine Weile zuschauen und sich dann irgendwann entschließen, näherzukommen und auf irgendeine Weise mitzuhelfen. Man kann aber auch voll einsteigen, seine ganze Zeit und seine Qualifikation in die Waagschale werfen und mit aller Kraft versuchen, die Sache voranzubringen. Und dazwischen sind alle Abstufungen möglich. Man kann ehrenamtlich mitarbeiten, und man kann mit Hilfe vorhandener Teil- und Vollzeit-Arbeitsplätze seinen Lebensunterhalt verdienen.

Und wir können sofort anfangen. Man bräuchte vorerst kein Büro, keinen Ort, kein Firmenschild, keine Satzung, keinen Verein, kein Auto, nicht einmal eine Portokasse. Für den Anfang reicht ein einziger Computer. Der steht in meinem Büro, arbeitet vorläufig noch unter Windows und hat folgende E-Mail-Adresse: Christian.Nuernberger@t-online.de.

Dorthin kann jeder schreiben, beispielsweise: Ich studiere Romanistik, ich kann Internet-Texte ins Französische übersetzen, habe Freunde in Frankreich, denen ich von der Sache erzähle. Oder: Wenn ich wüßte, daß tausend andere ihr Girokonto ebenfalls zur Öko-Bank verlegen, täte ich es auch. Oder: Wann startet der Versandhandel? Ich brauche einen neuen Computer. Linux wäre mir recht. Oder: Das Unternehmen, in dem ich arbeite, erfreut sich einer Kapitalverzinsung von 15 Prozent, das genügt den Eigentümern aber noch nicht, nächstes Jahr wollen sie 20 Prozent, und dafür müssen zehn Prozent der Belegschaft gefeuert werden. Oder: Mein Arbeitgeber überwacht meine Telefongespräche, liest in meinen E-Mails, und sogar in den Toilettenräumen sind Videokameras aufgehängt. Oder: Ich bin Web-Designer, ich könnte für die neue soziale Bewegung eine Homepage im Internet einrichten. Oder: Ich habe einen Computer, etwas Zeit und Lust mitzumachen. Ich könnte anfallende Büroarbeiten, Schriftverkehr, Adreßlisten, E-Mails etc. erledigen.

Mir geht es nicht um Revolution, Rückkehr zum Sozialismus oder den Versuch, eine Utopie zu verwirklichen, sondern zunächst um etwas sehr Konservatives, die Bewahrung dessen, was wir mal als soziale Demokratie bezeichnet haben. Es dürfte auch klar geworden sein, daß es mir nicht um Maschinenstürmerei geht. Ich bin sehr für neue Technik, neue Produkte und technischen Fortschritt überhaupt, aber nur, wenn er sich mit gesellschaftlichem Fortschritt verbindet und verbündet. Ich habe nichts gegen das freie Unternehmertum, im Gegenteil, ich bin sehr dafür, aber ich bin ebensosehr dafür, daß sich die Unternehmer wieder der alten Kaufmannsregel erinnern: Ein Geschäft ist nur dann ein gutes Geschäft, wenn alle Beteiligten etwas davon haben. In einer sozialen Demokratie sind das die Unternehmer, die Arbeitnehmer, die Nichtbeschäftigten (Hausfrauen, Mütter, Kinder, Schüler, Studenten, Alte, Kranke, Behinderte) und der Staat.

Seit einiger Zeit gilt diese Kaufmannsregel nicht mehr, und wenn wir nicht gegensteuern, wird sie gänzlich in Vergessenheit geraten. Was jetzt läuft, ist die Ausbeutung der Schwachen durch die Starken. Dagegen zu protestieren ist gut und wichtig. Besser und wichtiger wäre es, den Beweis zu erbringen, daß es auch unter den neuen Bedingungen einer Informationsgesellschaft möglich ist, an der sozialen Demokratie festzuhalten. Der Beweis wäre eine soziale Gegenwirtschaft, in der man auch richtig Geld verdient, dieses Geld aber gerecht verteilt wird.

Kann sein, daß dieses Modell einigen Gruppen viel zu konservativ ist. Es ist ihnen unbenommen, radikalere, neuere, revolutionärere Modelle auszuprobieren. Das würde ich sogar begrüßen. Ein Wettbewerb der Ideen und Modelle würde uns voranbringen. Nur müßten sie auch in Angriff genommen werden.

Das Modell, das ich favorisiere, ist zwar im Kern konservativ, hat aber erstens den Vorzug, praktikabel zu sein, und zweitens, die Zustimmung vieler unterschiedlicher Menschen zu erhalten. Darüber hinaus steckt in meinem Modell aber auch noch ein revolutionärer Aspekt: daß eine große, wirkmächtige Zahl von Menschen sich übers Computernetz organisiert, sich abstimmt, gemeinsam handelt, und das kontinuierlich über einen längeren unbestimmten Zeitraum hinweg, ist jetzt dank des Internet möglich. Würde diese Idee realisiert, bedeutete das eine Revolution der Politik. Es wäre ein Novum in der Geschichte.

Es wäre zugleich die Kompensation des Macht- und Souveränitätsverlusts nationaler Staaten und Regierungen. Die Souveränität, die eine Regierung teils freiwillig, teils unfreiwillig an supranationale Organisationen und an multinationale Konzerne abgibt, könnte sich der Souverän, das Volk, durch Selbstorganisation via Internet zurückholen. So könnte eine Weltdemokratie von unten aufgebaut werden, diese muß wachsen, und dann kann man auch daran denken, ein paar Weltämter einzurichten, die regeln, was anders nicht geregelt werden kann.

All das, was in den vergangenen Jahrzehnten als politisch wünschenswert artikuliert, auf Parteitagen programmatisch festgeschrieben, in den Parlamentsausschüssen nach mühsamen Verhandlungen und mit tausend Kompromissen versehen in Gesetzesform gegossen, in den Parlamenten diskutiert, nach tausend Änderungen verabschiedet wurde – und dann seinen intendierten Zweck nur unzureichend erfüllte –, kann durch das organisierte Handeln aktiver Minderheiten rasch und effizient an den Mühlen der Bürokratie und teilweise auch an Diktaturen vorbei durchgesetzt werden – weltweit. Und vieles, was in Parlamenten eigentlich überhaupt nicht möglich ist, wäre durch das organisierte Handeln von ein paar hunderttausend Aktivisten möglich, beispielsweise die Verhinderung des Ökonomismus.

Daß Unternehmen Profitmaximierung auf Kosten der Allgemeinheit betreiben, ist vom Gesetzgeber, wenn überhaupt, nur schwer zu verhindern. Ein paar hunderttausend Bankkunden, die ihrer Bank Lebewohl sagen, könnten so etwas über Nacht verhindern. Daß die ökonomische Sichtweise ihr angestammtes Feld der Wirtschaft verläßt und sich krebsartig ausbreitet, die Medien erfaßt, die Wissenschaft, die Kultur, den Sport und sogar die zwischenmenschlichen Beziehungen dominiert, kann von Politikern kaum verhindert werden. Die Netizens dagegen, die Citizens des globalen Dorfes, die sich als Citoyens der Informationsgesellschaft verstehen, könnten einiges tun, um den überbordenden Ökonomismus zurückzudrängen und einzudämmen.

Nichts hindert sie daran, es zu tun.

Europa im dritten Jahrtausend

Der 16. November 1532 war ein denkwürdiger Tag in der Weltgeschichte. Trotzdem wird dieser eine Tag wegen der vielen Rückblicke, die nun wegen der Millenniumsfeiern überall auf der Welt auf uns herniedergehen, wohl kaum erwähnt werden.

An jenem Tag hat der spanische Conquistador Francisco Pizarro in der Stadt Cajamarca im Hochland von Peru den Inka-Herrscher Atahualpa gefangengenommen.[120] Pizarro hatte 168 Soldaten bei sich, befand sich auf für ihn fremdem Terrain und war ohne Verbindung zum nächstgelegenen spanischen Posten, der 1000 Meilen weiter nördlich in Panama lag. Atahualpa »befand sich dagegen in seinem eigenen Reich mit Millionen von Untertanen und war umgeben von seinem 80 000 Mann starken Heer«.[121]

Trotzdem hat Pizarro Atahualpa binnen weniger Minuten in seine Gewalt gebracht, ihn acht Monate als Geisel gehalten und gegen das Versprechen, ihn freizulassen, das größte Lösegeld der Geschichte erpreßt. Nachdem Pizarro es erhalten hatte – Gold im Volumen von 6,5 Metern mal fünf Meter mal 2,5 Meter –, ließ er den Inkakönig ermorden und eroberte das ganze Reich.

Wie war es möglich, mit 168 Soldaten ein Heer von 80 000 Mann matt zu setzen und ein ganzes Reich zu erobern? Warum kam Pizarro nach Amerika, um den Inkakönig zu töten und das Inkareich zu erobern, und warum war nicht Atahualpa in Spanien, um Kaiser Karl V. zu töten und dessen Heiliges Römisches Reich zu erobern?

Die Inkas hatten keine Schiffe, mit denen sie den Ozean hätten überqueren können. Und daher hatten sie auch keinerlei Fähigkeiten der Navigation entwickeln können.

Die Inkas kannten keine Schrift, wie die Europäer sie hatten. Ihr Wissen über die Spanier stützte sich daher auf wenige und spärliche mündliche Berichte. Die Spanier dagegen konnten sich über Südamerika und deren Bewohner aus einem großen schriftlichen Fundus informieren. Seit den ersten Fahrten des Kolumbus über die Weltmeere wurde auf den Schiffen gewissenhaft Buch geführt, wurden Reiseberichte verfaßt, Bücher geschrieben.

Die Inkas kannten kein Eisen. Den spanischen Schwertern und Rüstungen aus Eisen, Stahl und Blech hatten die Inkas nur leichte Rüstungen und Waffen aus Stein, Bronze und Holz entgegenzusetzen. Sie kannten kein Schießpulver. Gegen die spanischen Kanonen konnten die Inkas nur mit Schleudern kämpfen. Den spanischen Pferden hatten sie überhaupt nichts entgegenzusetzen.

Und dann hatten die Spanier auch noch eine Ideologie. Als Pizarro sich mit Atahualpa zu einem Treffen verabredet hatte und dieser erschien, schickte Pizarro einen seiner Brüder mit einer Bibel zu dem Inkakönig, und der Bruder sagte: »Ich bin ein Priester Gottes und unterweise die Christenmenschen in den Dingen des Herrn. In gleicher Manier komme ich nun, dich zu unterweisen.«[122] Dann forderte er den Inkaherrscher »im Namen Gottes und der Christen« auf, »ihr Freund zu sein« und überreichte ihm eine Bibel. Atahualpa warf sie wütend in hohem Bogen fort.

Das war für die Spanier das Signal für ihren wohlvorbereiteten Angriff. Die Mehrzahl hatte sich gut getarnt im Hintergrund postiert. Nur Pizarro und ein paar seiner Soldaten waren für die Inkas zu sehen. Pizarros Bruder drehte sich zu seinen Landsleuten um und rief ihnen zu: »Kommt heraus, Christenmenschen! Bekämpft diese feindseligen Hunde, die das Wort Gottes zurückweisen.«

Und in diesem Augenblick donnerten die Kanonen und stoben die Spanier auf ihren Pferden aus ihren Verstecken hervor mitten hinein in die Menge der unbewaffneten Inkas. Dazu ertönten die Trompeten, an ihre Pferde hatten die Spanier Rasseln gebunden. Die Kanonen, die Trompeten, die Rasseln, die Pferde und die Soldaten in den Rüstungen, sie haben offenbar die Inkas in einen apokalyptischen Schrecken versetzt, der sie vor Entsetzen so lähmte, daß sie sich widerstandslos hinmetzeln ließen. Von ähnlichem Entsetzen waren wenige hundert Jahre später wahrscheinlich jene Indianer Nordamerikas gepackt, die zum ersten Mal in ihrem Leben das Fauchen und Pfeifen und Stampfen einer Dampflokomotive gehört haben.

Wo immer der weiße Mann auftauchte, verbreitete er mit seiner technischen Überlegenheit Angst und Schrecken unter den Einheimischen, unterjochte sie, enteignete sie, beutete die natürlich vorhandenen Ressourcen aus und verfrachtete Millionen von Afrikanern in die weißen Heimatländer und die amerikanischen Kolonien, um sie dort als Sklaven für sich arbeiten zu lassen.

An jenem 16. November 1532, der Gefangennahme Atahualpas, begann die Herrschaft der weißen Rasse über die Welt. Den Spaniern folgten die Portugiesen, die Holländer, die Briten, die Franzosen und ganz zuletzt auch die Deutschen. Mit der Bibel und mit Kanonendonner unterwarf sich der weiße Mann die Welt, und sein Wohlstand, sein Reichtum, seine Bildung und seine Kultur sind mit dem Blut der nicht-weißen Völker getränkt.

Die Geschichte zwischen der weißen Rasse und dem Rest der Welt hätte auch anders verlaufen können. Daß die Weißen die anderen Völker und Rassen versklaven sollen, steht nicht in der Bibel. Wenn die Europäer ihre gemeinsame moralische Grundlage, die Bibel, wirklich ernst genommen hätten, dann hätten sie friedlich und freundlich mit dem Rest der Welt zusammengelebt und einen Handel betrieben, von dem beide profitiert hätten.

Ein halbes Jahrtausend lang hatte Europa zwei Gesichter, das freundliche des Humanismus und das fratzenhafte des Kolonialismus und Imperialismus. Am Ende des zweiten Jahrtausends könnte sich Europa eigentlich endgültig für das freundliche Gesicht entscheiden und das fratzenhafte ablegen. Europa hat an dieser Welt etwas gutzumachen. Wenn die Deutschen die Erinnerung an ihre in der Weltgeschichte einmaligen Verbrechen mit einem Holocaust-Mahnmal wachzuhalten versuchen, stünde es den Weißen in ihrer Gesamtheit gut an, in Europa und Amerika auch die Erinnerung an den Kolonialismus, die Sklaverei und den Imperialismus wachzuhalten, damit technische Überlegenheit und ideologisch getarnte Habgier nie wieder benutzt werden, um die Menschenwürde mit Füßen zu treten.

Es wäre durchaus möglich, die Informationstechnik wieder als Waffe gegen andere einzusetzen. Diesmal verliefe die Front aber nicht mehr zwischen den Rassen und Völkern, sondern innerhalb der Rassen und Völker zwischen den Besitzern dieser Technik und den Nichtbesitzern.

Zu verhindern ist solch ein Verhängnis nur, wenn wir dem Markt und der Technik Grenzen setzen und – wichtiger noch – Ziele vorgeben. Markt und Technik ohne Ziele und Grenzen münden in das Faustrecht des Stärkeren.

Wir haben seit nunmehr einem halben Jahrhundert in unserem Land etwas sehr Kostbares, was leider von vielen nicht als Kostbarkeit erkannt oder geschätzt oder aber für selbstverständlich genommen wird. Diese Kostbarkeit ist das, was dem Markt und der Technik die Grenzen setzt und die Ziele vorgibt: unsere Verfassung. In meinem Kopf habe ich drei Bilder, die mir diese Kostbarkeit erschließen und an die für mich das Wesen unserer Verfassung geknüpft ist. Das erste zeigt Willy Brandt bei seiner Vereidigung zum Bundeskanzler. Aus diesem als Willy Frahm geschmähten unehelichen Kind, dem Verrat vorgeworfen wurde, weil er im Ausland gegen die Nazis agitierte, aus diesem Mann mit seiner gegen alle Karriere-Normen verstoßenden Biographie hätte in einem Land ohne unsere Verfassung niemals etwas werden können. Es hätte wahrscheinlich nicht einmal zu einer mittleren Karriere gereicht. Aber weil wir eine Verfassung haben, hat er sich durchsetzen können gegen seine Verleumder und gegen alle Konformisten, die eine festgefügte Vorstellung davon haben, wer in einem Land etwas werden darf und wer nicht.

Das zweite Bild ist Holger Börner, wie er den Turnschuhminister Joschka vereidigt. Börner, der kurz zuvor noch nach eigenem Bekunden am liebsten mit der Dachlatte auf die Grünen, die Atomkraftgegner und die Demonstranten gegen die Startbahn West eingeschlagen hätte, mußte sich der Verfassung beugen und nun einen Repräsentanten dieser verhaßten Opposition in sein Kabinett aufnehmen. Börner tat es mit Würde. Diese Würde und die Tatsache an sich haben mir ein weiteres Mal klargemacht, was für eine wunderbare Einrichtung unsere Verfassung ist.

Das dritte Bild zeigt das Verfassungsgericht bei der Verkündung seines umstrittenen Kruzifix-Urteils. Das Gericht ist für dieses Urteil von Leuten, die sich für Christen halten, heftig gescholten worden. Aber wenn sich diese sogenannten Christen wenigstens einmal für einen kurzen Moment die Mühe gemacht hätten zu verstehen, was Christus eigentlich gemeint und gewollt hat, dann wüßten sie, daß das Urteil gerecht war. Gebt dem Kaiser, was des Kaisers ist, und Gott, was Gottes ist.

Daß ein weltanschaulich neutrales Gericht ein im tieferen Sinn christliches Urteil fällte, zeigte mir, daß die Menschen in unserer Verfassung im Zweifel besser aufgehoben sind als im organisierten Christentum und gewiß besser als in jener Brauchtums- und Folklore-Frömmlerei, die jederzeit bereit ist, den Herbergssuchenden aus dem Land zu werfen und den Andersdenkenden zu attackieren. Der Protest der Kreuzzügler zeigt aber auch, daß unser demokratischer Rechtsstaat zwar in der Verfassung, diese aber noch längst nicht in allen Köpfen verankert ist.

Es ist leider nicht so, daß das einmal Erkämpfte für immer Bestand hat. Es kann auch wieder verlorengehen. Darum ist unsere Verfassung etwas, was wir erhalten und pflegen und hüten sollten wie unseren Augapfel.

Die Herrschaft der Starken über die Schwachen ist in der menschlichen Geschichte das Normale. Was wir dagegen in den westlichen Demokratien haben, die Kontrolle und Begrenzung der Starken und den Schutz der Schwachen, ist etwas historisch sehr Neues, ziemlich Einmaliges, höchst Fortschrittliches, die seltene Ausnahme von der Regel. Es ist ein noch relativ junges Pflänzchen, das noch intensiver Hege und Pflege bedarf.

Nur wenn sich Europa diese Hege und Pflege auf seine Fahnen schreibt, lohnt es sich, für dieses Europa zu kämpfen. Und nur, wenn dem Markt und der Technik Grenzen und Ziele von einer demokratischen Verfassung gesetzt werden, hat der wirtschaftliche, wissenschaftliche und technische Fortschritt einen Wert und einen Sinn, denn nur dann besteht die Chance auf ein lebenswertes Leben für alle Menschen.

Das »gemeinsame Haus Europa« bekäme einen Sinn, wenn seine Bewohner sich vornähmen, im 21. Jahrhundert für Demokratie, Menschenrechte und Wohlstand auf dieser Erde zu sorgen. Das klingt utopisch. Aber als die Amerikaner sagten, wir wollen einen Menschen auf dem Mond landen lassen, klang auch das utopisch. Es ist zwar wahr: Hinter dem Apollo-Programm der Amerikaner steckten vor allem militärische Motive. Es ging um Macht und Vorherrschaft. Aber daneben lehrte uns das Apollo-Projekt noch zwei andere Dinge:

Wenn sich eine große, mächtige Nation ein nationales Ziel setzt, wie die Landung eines Menschen auf dem Mond, und sich mit aller Kraft für die Realisierung dieses Ziels einsetzt, dann wird das scheinbar Unmögliche möglich.

Als die Astronauten zwischen Erde und Mond schwebten und vom All auf die Erde schauten, waren sie ergriffen, stammelten mit den Worten, die ihnen gerade zur Verfügung standen, wie schön dieser blaue Planet doch ist und wie dumm es wäre, ihn zu zerstören. Nach ihrer Rückkehr vom Mond brachten die Astronauten ein paar Brocken Mondgestein mit. Wegen dieser Brocken hätte sich das Unternehmen nicht gelohnt. Aber sie hatten noch etwas anderes im Gepäck, eine Erkenntnis, und um ihretwillen hat sich das Unternehmen vielleicht doch gelohnt, die Erkenntnis: Wir haben nur diesen einen Planeten, wir sind noch lange, und vielleicht für immer, auf ihn angewiesen. Wir sind eine Welt. Diese Erkenntnis hätte man zwar auch billiger haben können, aber manchmal sind halt teure Umwege nötig.

30 Jahre nach der Mondlandung erinnern uns Mikrochips und Glasfasern, diese Entfernungs-Entferner, erneut an die Einheit unserer Welt. Die geographische Distanz zwischen New York und Frankfurt existiert nicht mehr, wenn wir über die Glasfaser kommunizieren. Wir sind eine Welt. Und wir sollten in Frieden, Freiheit und Wohlstand auf ihr miteinander leben. Das wäre die Landung der Vernunft auf dem Planeten Erde.

Anmerkungen

1 Mit Shareholder value ist der Wertzuwachs der Unternehmen gemeint. Der Kurs einer Aktie muß steigen. Der Begriff, zu dem sich vor kurzem noch viele Manager, wie beispielsweise DaimlerChrysler-Chef J. Schrempp bekannt haben, ist inzwischen anrüchig geworden, wird daher kaum noch verwendet. Statt dessen sprechen Manager jetzt von »Wertmanagement« oder »wertorientierter Unternehmensführung«. Gemeint ist stets dasselbe: Profitmaximierung.

2 ›Süddeutsche Zeitung‹, 26.11.1998, Wirtschaft, »Auch 2010 noch vier Millionen Arbeitslose, Neuer Deutschland-Report der Prognos AG«

3 Hans-Gerd Heine, »Halbierung der Arbeitslosenzahl bis zum Jahr 2000?«, ›Süddeutsche Zeitung‹ vom 23.12.1997

4 a. a. O.

5 a. a. O.

6 ›Capital‹, 11/1998, S. 440

7 zitiert nach einem Vorabdruck in ›Capital‹, 11/1998, S. 179 ff.

8 ›Süddeutsche Zeitung‹ vom 14.12.1998, Wirtschaft, »Backzutaten für den Arbeitsmarkt«

9 a. a. O.

10 Dieses Kapitel beruht auf einer Veröffentlichung im Magazin der ›Süddeutschen Zeitung‹ vom 28.2.1997 unter dem Titel »Zukunft von der Rolle«. Diesen Beitrag gebe ich hier gekürzt, aktualisiert und verändert wieder.

11 Hans-Peter Martin, Harald Schumann, ›Die Globalisierungsfalle‹, Reinbek 1996

12 a. a. O.

13 Ich berichtete darüber in ›highTech‹, 5/1989.

14 aktualisierte und erweiterte Fassung meiner Veröffentlichung in der ›Süddeutschen Zeitung‹ vom 28.5.1998, »Nachtwächter im Netz«

15 vgl. Telepolis, http://www.heise.de/tp/deutsch/inhalt /te/1017/1.html

16 http://www.eff.org/pub/Publications/John_Perry_Barlow/barlow_0296.declaration

17 Florian Rötzer, Telepolis v. 30.7.1998, http://www.heise.de/bin/tp/issue/tp.htm?artikelnr=2417&mode=html

18 Craig Potton Publishing, PO Box 555, Nelson, New Zealand. Die ersten beiden Kapitel dieses Buches sind im Internet nachzulesen unter http://www.fas.org/irp/eprint/sp/index.html.

19 Sie wurde am 6. Januar 1998 vom Europäischen Parlament unter der Nummer PE 166 499 veröffentlicht.

20 Telepolis hat den Wortlaut des STOA-Dokuments – »An Appraisal of Technologies of Political Control« – im Internet veröffentlicht. Der Text – ohne Tabellen, Grafiken und Literaturapparat – kann nachgelesen werden unter http://www.heise.de/tp/deutsch/special/info/6280/anchor1.html.

21 Christiane Schulzki-Haddouti, Telepolis, 2.12.98, http://www.heise.de/tp/deutsch/special/enfo/6333/1.html, Schulzki-Haddouti berichtet, daß dieser Entwurf »zwischen den Ministerien und Strafverfolgungsbehörden – sogar das FBI stand auf der Verteilerliste – abgestimmt« war, die Abgeordneten des EU-Parlaments hätten jedoch das Papier von der Presse erhalten – von Telepolis (a. a. O.).

22 Einen guten Überblick über die ganze Problematik verschaffen die »Enfopol Papiere« von Telepolis im Internet unter der Adresse http://www.heise.de/tp/deutsch/special/enfo/default.html.

23 Florian Rötzer, »Der Arbeitgeber liest mit«, Telepolis, 28.7.1997

24 American Civil Liberties Union, »Legislative Briefing Kit on Electronic Monitoring«, http://www.aclu.org/issues/worker/legkit2.html, s.a. Chris Oaks, »Email Spy Lurks in Corporate Future«, Wired News, 21.7.1997, http://www.wired.com/news/technology/story/5315.html

25 »Privacy and human rights, An International Survey of Privacy Laws and Practice«, http://www.gilc.org/privacy/survey/

26 a. a. O.

27 Dieses Kapitel enthält Passagen aus zwei meiner Veröffentlichungen in der ›Süddeutschen Zeitung‹: »Klickt euch selbst« (30.8.1996) und »Schwarzes Brett vorm Kopf« (13.2.1998).

28 vgl. Kapitel über »Die kalifornische Ideologie«

29 Konrad Seitz schreibt in seinem Buch ›Wettlauf ins 21. Jahrhundert‹ (Berlin 1998): »28 Millionen Amerikaner, gut ein Zehntel der Bevölkerung, leben heute in ummauerten Wohngebieten oder bewachten Apartmenthäusern. Wie im Mittelalter verschanzen sich die Reichen in Burgen. Gleichzeitig werden 1,5 Millionen ›Asoziale‹ hinter Gittern von der Gesellschaft ferngehalten.« (zit. nach Vorabdruck in ›Capital‹ 11/1998)

30 Große Passagen dieses Kapitels habe ich veröffentlicht in ›Spiegel special‹, 3/1997, »Wenn Roboter Pizza essen« und ›Süddeutsche Zeitung‹ vom 11.10.1996, »Frankensteins gelehrige Schüler«.

31 vgl. Dietmar H. Lamparter und Fritz Vorholz, »Bequemlichkeit, Sicherheitswahn und Genußsucht«, Zeit-Gespräch mit Nestlé-Chef Helmut Maucher, ›Die Zeit‹, 30/1996

32 Roger de Weck, ›Die Zeit‹, 17/1998

33 Roger de Weck, a. a. O.

34 Diese Geschichte entnahm ich der Zeitschrift ›Evangelist‹, 3/1998 der New Yorker Stern Stewart & Co. (The EVA Company). »Evangelist« und »EVA« haben keinen biblischen Hintergrund, EVA steht

vielmehr für »Economic Value Added« und meint eine neue Methode der Unternehmensbewertung.

35 Telepolis, »Arbeit in der globalen Gesellschaft«, 5. 5. 1996, aus einem Gespräch zwischen Meinhard Miegel und Florian Rötzer

36 Aus: Infopedia 3.0 © 1998 The Learning Company, Inc.

37 Joachim Lang, lt. ›Spiegel‹, 3/1999. Lang ist Rechtsprofessor der Universität Köln und Mitglied einer Expertenkommission, die im Auftrag des Finanzministers Vorschläge für eine Reform des Unternehmenssteuerrechts erarbeiten soll.

38 Uwe Jean Heuser, Zeitserie ›Die neue Teilung‹: »Wohlstand für wenige«, ›Die Zeit‹, 44/1997

39 Thomas Hanke, »Wer zahlt eigentlich noch Steuern?«, ›Die Zeit‹, 35/1997

40 a. a. O.

41 Gernot Mittler, »Vom Verteilungskampf in Deutschland. Die Steuerlast ist so niedrig wie noch nie/Bund und Länder streiten sich um die Einnahmen«, ›Süddeutsche Zeitung‹, 22. 9. 1998

42 Gerd Zitzelsberger, »Täter und Opfer zugleich«, ›Süddeutsche Zeitung‹ vom 28. 11. 1998

43 Hanke, a. a. O.

44 ›Süddeutsche Zeitung‹ vom 23. 9. 1998

45 Hans-Peter Martin, Harald Schumann, ›Die Globalisierungsfalle. Der Angriff auf Demokratie und Wohlstand‹, Reinbek 1996

46 a. a. O.

47 a. a. O.

48 a. a. O.

49 DIW (Deutsches Institut für Wirtschaftsforschung), »Geldvermögen und Vermögenseinkommen der privaten Haushalte 1997«, http://www.diw.de/diwwbd/98-30-2.html

50 Uwe Jean Heuser, ›Die Zeit‹, 44/1997

51 Uwe Jean Heuser, a. a. O.

52 Christoph Gauer, Jürgen Scriba, ›Die Standortlüge‹, Frankfurt 1998, S. 194

53 Diese Passagen über Chefs im Tierreich habe ich, leicht abgewandelt, zuerst in ›Capital‹ 4/1984 unter der Überschrift »Affenfelsen« veröffentlicht.

54 zuerst veröffentlicht in der ›Süddeutschen Zeitung‹ vom 30. 4. 1998, hier geringfügig verändert und erweitert

55 Susanne Mayer, »Also doch lieber nur Mutti sein?«, ›Die Zeit‹, 30/1998

56 a. a. O.

57 a. a. O.

58 a. a. O.

59 a. a. O.

60 Passagen aus diesem Kapitel habe ich zuerst in der ›Süddeutschen Zeitung‹ vom 19. 3. 1998 in dem Artikel »Der geplatzte Wechsel« veröffentlicht.

61 vgl. Kapitel »Das Kürzel MAI«
62 lt. Roger de Weck, ›Die Zeit‹, 17/1998
63 ›Die Zeit‹, 48/1995
64 ›Süddeutsche Zeitung‹, 21. 12. 1998
65 ›Süddeutsche Zeitung‹, 11. 11. 1998
66 Roger de Weck, ›Die Zeit‹, 17/1998
67 dpa lt. ›taz‹, 1. 10. 1998
68 a. a. O.
69 Christian Tenbrock, ›Die Zeit‹, 21/1998
70 Frank A. Linden, ›manager magazin‹, 1/1999
71 Wer hier laut aufschreit und dem Autor überzogene Polemik vorwirft, der lese das Kapitel »Ein Kürzel namens MAI«.
72 Mario Müller, Oliver Schumacher, ›Die Zeit‹, 6/1998
73 a. a. O.
74 Niki Koop, ›PC Welt‹, 12/1998
75 http://www.stateandlocal.org/report.html
76 in: Fritz R. Glunk (Hrsg.), ›Das MAI und die Herrschaft der Konzerne. Die Veränderung der Welt durch das Multilaterale Abkommen über Investitionen‹, München 1998
77 a. a. O.
78 a. a. O.
79 Nachzulesen unter http://www.vprt.de/aktuelles/
80 http://www.vprt.de/aktuelles/, lt. Kapitel 2.1 Legitimation für Rundfunkangebote in öffentlich-rechtlicher Trägerschaft
81 a. a. O., unter 2.3 Programmstruktur und Angebote
82 Eine gekürzte Fassung dieses Kapitels ist am 9. 4. 1998 in der ›Süddeutschen Zeitung‹ erschienen.
83 »Die Mär vom Ende der Arbeit«, ›Die Zeit‹, 41/1996
84 a. a. O.
85 »Rückkehr zur Realität, VW kippt einen Teil seines revolutionären Arbeitszeitmodells«, ›Süddeutsche Zeitung‹ vom 26. 1. 1999
86 a. a. O.
87 a. a. O.
88 vgl. Imke Henkel, »Bilder einer neuen Arbeitswelt«, ›Süddeutsche Zeitung‹ vom 23. 9. 1998
89 a. a. O.
90 a. a. O.
91 a. a. O.
92 a. a. O.
93 Die Informationstechnologie sei jetzt bereits für ein Drittel des amerikanischen Wirtschaftswachstums verantwortlich und beschäftige 7,4 Millionen Menschen, die im Vergleich mit dem amerikanischen Durchschnittslohn 60 Prozent höhere Gehälter beziehen, sagte der US-Vizepräsident Al Gore lt. Telepolis vom 26. 1. 1999 (Florian Rötzer, Al Gore: Mehr Geld für die IT-Forschung, http://www.heise.de/newsticker/data/fr-26.1.99-000/).

94 lt. Daniel Vasella, Chef des aus Ciba-Geigy und Sandoz fusionierten Pharmakonzerns Novartis, in ›Capital‹, 1/1999

95 Neuerdings spricht man immer häufiger von Nanotechnologie. Das meint nicht ganz dasselbe. Nanotechnologie ist der allgemeinere Begriff und bezeichnet die Weiterentwicklung der Miniaturisierung zu Strukturgrößen, die nicht mehr in Mikro-, sondern in Nanometern gemessen werden. Die Mikrosystemtechnik läßt sich unter diesem Begriff subsumieren, meint aber die Integration elektronischer, mechanischer und optischer Funktionen in einen Siliziumchip und die dreidimensionale Beherrschung kleinster Strukturen. Diese Technik wird von der Nanotechnologie entscheidend profitieren.

96 Richard Sietmann, »Maskenbildner«, ›c't‹ 2/1999 (Computermagazin des Verlags Heinz Heise, Hannover)

97 Wolfgang Frühwald, Präsident der Deutschen Forschungsgemeinschaft, Wolf Lepenies, Rektor des Wissenschaftskollegs zu Berlin, Reimar Lüst, Präsident der Alexander von Humboldt-Stiftung, Hubert Markl, Präsident der Max-Planck-Gesellschaft, Dieter Simon, Präsident der Berlin-Brandenburgischen Akademie der Wissenschaften

98 »Wissenschaftsorganisationen schlagen Alarm: Ein Manifest gegen den Kahlschlag in der Forschung«, ›Die Zeit‹, 5/1997

99 a. a. O.

100 »Die Macht des Geldes. Der Euro wird zum Treibsatz des Vereinigten Europas – oder zu dessen Sprengsatz«, ›Süddeutsche Zeitung‹ vom 2. 1. 1999

101 ›Spiegel‹, 50/1984, S. 52 ff.

102 International Billionaires, The World's Richest People, ›Forbes Magazine‹, New York, 28. 7. 1997

103 Martin Khor, »SEA Currency Turmoil Renews Concern on Financial Speculation«, ›Third World Resurgence‹, Montevideo, Nr. 86, Oktober 1997

104 Gauer, Scriba: ›Die Standortlüge‹, Frankfurt 1998

105 a. a. O.

106 lt. Analyse der Bundesbank, ›Süddeutsche Zeitung‹, 22. 1. 1999

107 a. a. O.

108 Gauer, Scriba: ›Die Standortlüge. Abrechnung mit einem Mythos‹, Frankfurt 1998

109 Boxberger, Klimenta: ›Die 10 Globalisierungslügen. Alternativen zur Allmacht des Marktes‹, München 1998

110 Rudolf Hickel: ›Standort-Wahn und Euro-Angst. Die sieben Irrtümer der deutschen Wirtschaftspolitik‹, Reinbek 1998

111 Lester C. Thurow: ›Die Zukunft des Kapitalismus‹, Regensburg 1998

112 Viviane Forrester: ›Der Terror der Ökonomie‹, München/Wien 1997

113 Pierre Bourdieu: ›Das Elend der Welt‹, Konstanz 1998

114 Hinzufügen müßte ich: In dem Computer sollte ein Prozessor von Cyrix oder AMD ticken, denn das Quasimonopol, das Microsoft bei

Software hat, hat Intel bei Prozessoren. Deshalb spricht man auch vom »Wintel-Duopol« (Windows + Intel), das es zu brechen gelte. Den Intel-Aspekt lasse ich hier jedoch weg, erstens, weil das für viele Leser zu speziell und kompliziert würde, und zweitens, weil es augenblicklich so aussieht, also ob das Wintel-Duopol von selbst zerbricht. Jedenfalls läßt Intel zur Zeit deutliche Absetzbewegungen von Microsoft erkennen und versucht, auf den Linux-Zug aufzuspringen. Auch über Netscape, den Konkurrenzbrowser zu Microsofts Internet Explorer, hätte ich hier etwas schreiben sollen, aber ich habe soeben die druckfrische Meldung bekommen, der zu Bertelsmann gehörende Onlinedienst AOL habe Netscape gekauft. Das verändert das Internet grundlegend – es könnte bedeuten, daß Bertelsmann und Microsoft sich das Internet aufteilen und würde zum Thema Machtwirtschaft passen, aber Spekulationen darüber lasse ich jetzt ebenso bleiben wie weitere Ausführungen über Netscape, Sun und Java.

115 http://www.heise.de/tp/

116 Florian Rötzer: »Hacker und Aufmerksamkeitsökonomie«, veröffentlicht am 17.11.1998 unter http://www.heise.de/tp/deutsch/special/auf/2532/1.html

117 Florian Rötzer, http://www.heise.de/tp/deutsch/special/auf/2532/1.html

118 Philippe Quéau: »Vom Allgemeininteresse im Cyberzeitalter. Offene Programme für die Weltgesellschaft«, veröffentlicht am 22.11.1998 unter http://www.heise.de/tp/deutsch/inhalt/co/2540/1.html

119 http://www.e-thepeople.com/etp/affiliates/national/fullview.cfm?ETPID=0&PETID=74386&ETPDIR=affiliates/national

120 Die Informationen darüber verdanke ich dem sehr lesenswerten Buch von Jared Diamond: ›Arm und Reich. Die Schicksale menschlicher Gesellschaften‹, Frankfurt 1998. Ich referiere die Fakten, wie sie Diamond im Kapitel »Kollision in Cajamarca« schildert. Diamond wiederum bezieht sich auf schriftlich überlieferte Augenzeugenberichte von sechs Gefolgsleuten Pizarros.

121 a. a. O.

122 a. a. O.